홈스, 고대사 비밀을 밝히다

홈스, 고대사 비밀을 밝히다

발행일	2021년 5월 31일

지은이	이준한		
펴낸이	손형국		
펴낸곳	(주)북랩		
편집인	선일영	편집	정두철, 윤성아, 배진용, 김현아, 박준
디자인	이현수, 한수희, 김윤주, 허지혜	제작	박기성, 황동현, 구성우, 권태련
마케팅	김회란, 박진관		
출판등록	2004. 12. 1(제2012-000051호)		
주소	서울특별시 금천구 가산디지털 1로 168, 우림라이온스밸리 B동 B113~114호, C동 B101호		
홈페이지	www.book.co.kr		
전화번호	(02)2026-5777	팩스	(02)2026-5747

ISBN	979-11-6539-775-3 03910 (종이책)	979-11-6539-776-0 05910 (전자책)

(주)북랩 성공출판의 파트너

북랩 홈페이지와 패밀리 사이트에서 다양한 출판 솔루션을 만나 보세요!

홈페이지 book.co.kr • **블로그** blog.naver.com/essaybook • **출판문의** book@book.co.kr

---

작가 연락처 문의 ▶ ask.book.co.kr

작가 연락처는 개인정보이므로 북랩에서 알려드릴 수 없습니다.

한국 고대사의 주인공, 월지족의 뿌리를 찾아서

홈스,
고대사 비밀을
밝히다

신라를 세우고 일본으로 건너가 한일 고대사의 주역으로
활동했던 **월지족**. 셜록 홈스가 되어 그들이 남긴 찬란한
역사의 비밀을 풀어보자.

이준한 지음

북랩 book Lab

2015년 7월에 전작 『고집불통 고대사 다시 쓰기』를 출간한 뒤에 4년에 걸친 후속 연구를 통해 2019년 3월경에 『홈스, 고대사 비밀을 밝히다』라는 제목으로 원고 작업을 끝냈습니다. 그런데 1권을 출간한 출판사에서 몇 가지 이유를 들먹이면서 2권 원고를 출간할 수 없다는 연락을 주더군요. 주된 이유는 기존 역사학자들의 반발 때문이었습니다. 한마디로 말도 안 되는 이야기라는 것이죠.

그 후 몇 군데 출판사를 더 알아봤지만 다들 출간이 어렵다는 대답만 돌아왔습니다. 그래서 개인적으로 여유가 되면 자비 출판을 하기로 하고 지금까지 원고를 내버려두고 있었습니다. 그런데 우연한 기회에 고등학교 동기 대화방에서 지금까지 진행해온 제 고대사 연구를 쉽게 풀어서 소개하기로 했는데, 지금까지 미적대다가 더 이상 미룰 수 없어서 오늘부터 연재를 시작하기로 했습니다.

연재할 내용은 1권에서 소개했던 내용과 준비된 2권 원고에서 주요 내용만 발췌해서 소개할 생각입니다. 그중 중요한 것만 몇 가지 소개하면 다음과 같습니다.

- 부여·신라·고구려·백제·가야 왕국을 세운 한국 고대사 주인공들의 정체와 그들이 한반도로 오게 된 배경에 대해서 살펴보겠습니다.
- 신라가 박·석·김 3성이 돌아가면서 왕이 된 이유와 신라 왕조와 부처의 혈통 간의 관계에 대해서 살펴보겠습니다.
- 일본 야마타이 왕국을 세운 사람들과 신라·가야·백제의 관계, 즉 일본 천황가의 뿌리는 과연 누구인가의 문제에 대해서 살펴보겠습니다.
- 오늘날 한·일 양 국민들의 마음속 깊이 깔려 있는 증오심의 근원적인 배경을 광개토대왕릉 비문의 내용을 통하여 자세히 살펴보겠습니다.
- 고고학 분야에 있어서 한반도 곳곳에서 발견되는 소위 구석기·신석기·청동기·철기 유물과 유적들을 남긴 주체들에 대해서 자세히 살펴보겠습니다.

이상의 내용과 관련하여 한·중·일의 역사 자료는 물론이고, 각종 유골들의 DNA 비교 분석 결과를 소개할 계획입니다. 그리고 한국 고대사와 관련된 역사 자료의 부족은 암각화, 고분 벽화 등과 같은 다양한 도상학적 증거를 통하여 보충해서 제시할 계획입니다.

또한 고고학자들이 구석기 시대의 유적지라고 밝힌 한반도 곳곳의 흔적들이 과학적 근거에 의하여 결코 있을 수 없는 일임을 자세히 밝히도록 하겠습니다.

● 차 례 ●

한국 고대사의 주인공 월지족

오늘은 첫 강의로 제가 한국 고대사의 주인공들이 월지족인 것을 파악하게 된 경위에 대해 살펴보겠습니다.

지금까지 한국 고대사학자들은 소위 선사 시대의 유적과 유물들, 예를 들면 고인돌, 빗살무늬토기, 패총 등등과 한반도 곳곳에서 발견되는 다양한 구석기 시대 유물의 용도와 의미에 대해서 제대로 된 설명을 하지 못했습니다. 물론 나름대로는 여러 가지 이론을 제시해왔지만 알고 보면 그것들은 진실과는 아주 거리가 먼 설명들이었죠.

그뿐만 아니라 역사 시대로 들어와서는 문헌으로 남아 있는 자료가 부족하다는 핑계를 대면서 삼한과 삼국 시대의 여러 가지 사건 및 유적·유물들에 대해서 제대로 된 설명을 하지 못했습니다. 예를 들면, 특이하게도 신라에서 박·석·김 세 성씨가 돌아가면서 왕이 된 이유, 광개토대왕릉 비문에 등장하는 백잔신라의 정체, 왜倭가 바다를 건너 백잔신라를 정벌하고 신민으로 만들었다는 문구의 정확한 의미와 이 기록에서 등장하는 왜의 진정한 정체 등에 대해서 정확한 설명을 하지 못했습니다.

또한 3~4세기 무렵에 백제 지역인 영산강 유역에서 대형 옹관이 발생한 이유와 경주 지역에서 주로 볼 수 있는 대형 고분이 나주 인근에서도 형성된 이유에 대해서 제대로 된 설명을 못 해 왔습니다.

그런데 알고 보면 이 모든 것들의 배후에는 월지족이라는 한국 고대사의 주인공이 있었으며, 월지족이야말로 지금까지 제대로 설명하지 못해 왔던 한국 고대사의 모든 비밀을 밝히기 위한 키워드이자 핵심 단서가 되는 존재였습니다. 즉, 한국 고대사에서 지금껏 풀리지 않았던 수많은 문제들은 그야말로 월지족이라는 하나의 뿌리에서 파생된 다양한 문제로 일관되어 왔던 것이죠.

사실 1900년대까지는 쉽지 않았겠지만 2000년대에 들어와서는 그동안 제대로 설명되지 못했던 많은 고대사 문제 중 일부가 밝혀질 수 있는 기회가 있었습니다. 그런데 한국 고대사학자들이 방향을 제대로 잡지 못하고 엉뚱한 곳에서 삽질을 하는 바람에 그런 기회를 스스로 차버리고 말았던 것입니다. 이게 무슨 뜻인지 지금부터 차근차근 설명을 해드리도록 하겠습니다.

앞에서도 소개한 경주 지역의 천마총과 같은 대형 고분을 그 구조에 의해 적석목곽분이라고 부릅니다. 즉, 무덤의 중심에 나무로 만든 곽이 있고 그 주위를 돌로 쌓아서 만든 것이죠. 이런 구조의 무덤은 도굴이 어려워서 부장된 다양한 유물들이 오늘날의 우리들에게 전해질 수 있었던 것입니다.

그런데 이처럼 경주 지역에 널려 있는 적석목곽분들을 만든 주체가 과연 누구인지에 대해 학자들에 따라 다양한 의견이 있습니다만 크게 두 가지로 요약하면 다음과 같습니다. 하나는 원래부터 한반도에서 살았던 토박이들이 만든 것이라는 것(대표적인 학자가 저와 같은 학교에 근무했던 고고학자 강봉원 교수입니다)과 다른 하나는 고분 구조와 부장 유물의 유사성으로 미루어 봐서 중앙아시아의 이시크 고분과 알타이 고원 파지리크 지역의 기마 민족들이 한반도로 이동해서 만든 것이라고 주장하는 역사학자 최병현입니다.

그 밖에도 고고학자 김원룡과 인문학자 김열규 등이 신라 적석목곽분에서 많이 나오는 황금 유물은 기본적으로 스키타이를 비롯한 북방아시아 유목 민족들의 전통이라고 주장한 바 있습니다. 여기서 김원룡과 김열규가 언급한 스키타이는 다른 말로 사카족이라고 하며, 중국 역사서에는 새족塞族이라는 명칭으로 등장하는데, 보통은 사카-스키타이라고 부릅니다.

그런데 월지족이 한반도 고대사의 주인공이라면 이 사카족은 한반도 고대사의 부 주인공(혹은 안타고니스트)이거나 비중이 높은 조연 정도의 역할을 하는데, 그 이유는 신라 김씨 왕조의 뿌리가 바로 사카족이기 때문입니다. 그리고 월지족은 앞으로 차차 자세히 설명하겠지만 신라를 수립한 박씨와 석씨 왕조를 담당했었고, 그 외 부여·고구려·백제·가야 왕국을 수립했기 때문에 한국 고대사의 원 톱one top 주인공이 되는 것이죠.

그러면 한반도 곳곳에서 발견되는 적석목곽분을 만든 사람의 정체에 대한 두 부류의 학자들 중 누구의 의견이 맞느냐하면 바로 그 기원을 카자흐스탄 알마티 지역에 위치한 이시크 고분과 남부 시베리아 알타이 고원 파지리크 지역의 기마 민족들로 파악한 최병현 교수입니다. 그리고 파지리크 지역에서 쿠르간이라고 불리는 대형 고분을 만들고 살았던 사람들이 바로 기마 민족인 월지족이었던 것입니다.

지금부터는 이 월지족의 정체와 그들이 기원전 6세기에서 기원전 3세기까지 몇 백 년간 파지리크 문화라는 것을 이루면서 잘 살고 있다가 왜 정든 고향을 떠나 머나먼 한반도까지 오게 되었는지에 대해서 살펴보겠습니다. 그리고 그 전에 중국 역사서에 한반도에 월지국이 있었다는 기록이 분명히 있음에도 불구하고 지금까지 왜 한국 고대 사학자들이 엉뚱한 곳에서 삽질을 하고 있었는지에 대해서 살펴보도록 하겠습니다.

1970년대 중반, 당시 중학생이었던 저의 집에는 교편을 잡으셨던 아버지께서 보시던 국사책이 있었습니다. 저자가 누군지는 기억나지 않는데, 종이 질이 얇으면서도 매끈매끈한 고급 용지를 사용하여 전체 500페이지 이상 되면서도 책 두께가 아주 두껍지는 않았던 것으로 기억됩니다. 제가 최근 몇 년 동안 한국사 연구에 몰두한 것을 제외하면 한국사 관련 책을 가장 열심히 봤던 때가 그 무렵이었는데, 각종 용어나 특징적인 사건은 별도로 박스 기사로 다루는 등 책의 구성이 아주 알찼었습니다. 그 책에서 지금도 기억나는 부분이 삼한 지역에 '월지국月支國' 또는 '목지국目支國'이 존재했다는 내용이었는데, 이 부분 역시 박스 기사로 자세히 설명하고 있었습니다. 즉, 이 무렵까지는 '월지국'과 '목지국'을 같은 비중을 두고 '목지국(월지국)'과 같이 병기倂記했었다는 것입니다.

원래 '월지국'이라는 국가명은 진수가 편찬한 정사 『삼국지』〈위서동이전〉에서 처음 등장하고, '목지국'이라는 국가명은 범엽이 지은 『후한서』〈동이열전〉에 등장하는데, 범엽은 이 부분을 기록할 때 어환이 편찬한 『위략』을 참고했다고 밝히고 있습니다. 이처럼 서로 다른 기록을 어떻게 받아들이느냐와 관련하여 한국의 역사학자들은 크게 세 가지 부류로 구분됩니다.

첫째는 신채호 선생과 정인보 선생처럼 '월지국'이라는 기록이 맞다고 받아들이는 한 부류가 있고, 둘째는 이병도와 천관우처럼 '목지국'이 맞다고 받아들이는 부류이며, 마지막으로는 윤내현과 최몽룡처럼 처음에는 한반도 중부 지역에 근거를 둔 '목지국'이었으나 백제의 세력이 커지면서 남부로 이동해 '월지국'으로 이름을 변경했다고 주장하는 부류입니다.

그런데 제가 찾아본 결과 식민사학과 관련되어 비판을 많이 받고 있는 이병도나 심지어 일본 역사학자들마저도 1970년대 이전의 관련 논문 및 저서 등에서는 항상 '목지국(월지국)'으로 병기하고 있었지, '목지국'이라는 단일 명칭으로 표기하지는 않았습니다. 그런데 1900년대 후반의 어느 순간부터 중·고등학교 국사책뿐만 아니라 모든 한국사 서적의 고대사 부분에서 '월지국'이라는 용어는 사라지고 '목지국'이라는 용어만 남아 있더군요. 이때부터 한국 고대사 연구의 비극이 시작되었던 것입니다.

왜냐하면 월지국과 목지국이 같은 비중으로 국사책에서 계속 다뤄왔더라면, 경주 지역 적석목곽분의 기원인 파지리크 문화를 만든 주체가 월지족이라는 사실을 밝힌 최근 러시아 학자들의 연구 결과에 힘입어 목지국이 아니라 월지국이 올바른 표기였다는 것이 밝혀졌을 것이기 때문입니다. 그리고 한국 고대사 연구는 올바른 방향으로 제대로 된 연구가 진행될 수 있었을 것인데, 월지국이 국사책에서 사라

짐으로 인해서 그런 기회를 놓치고 만 것이죠. 한국 고대사 연구의
첫 단추가 잘못 끼워진 순간이었습니다.

범엽이 목지국이라고 잘못 기록한 이유는?

오늘은 범엽이 『후한서』에서 삼한 지역에 '월지국'이 아니라 '목지국'이 있다고 잘못 기록한 이유에 대해서 살펴보겠습니다.

사실 이 부분은 원래 원고에는 작성되어 있었지만, 이 강의에서 너무 세세하게 다루면 읽는 분들이 지겨워하실까 봐 건너뛰려고 생각했었습니다. 그런데 동기 대화방에서 한 친구가 오민교육을 받은 대아고등학교 출신답게 역사가들이 '월지국月支國'을 '목지국目支國'으로 착각한 이유가 '月'이라는 글자와 '目'이라는 글자가 비슷해서 그런 것이 아니냐는 의문을 제기하더군요. 이런 까닭에 독자들이 다소 지겨워하실 수도 있겠지만 이 부분에 대해 좀 더 자세하게 밝히도록 하겠습니다.

먼저 진수가 기록한 『삼국지』〈위서동이전〉의 '월지국'과 범엽이 기록한 『후한서』〈동이열전〉의 '목지국'이라는 표기와 관련하여 누구의 기록이 더 정확한지 확률을 따져보도록 하겠습니다. 어떤 학자는 '월지국'이라는 표기는 진수의 『삼국지』에만 나오는 반면, '목지국'이라는 표기는 범엽의 『후한서』와 어환의 『위략』 두 곳에 기록되어 있기 때문에 '목지국'이 더 정확한 표현이라고 주장하기도 합니다. 하지만 범엽은 원본이 전해지지 않는 어환의 『위략』을 참조했기 때문에 이 주장은 아무런 의미가 없으며, 오히려 '목지국'이라는 표기가 틀릴 가능성이 더 높습니다. 즉, 어환의 『위략』을 참조하여 범엽이 기록한 '목지국'과 관련해서 세 가지 가능성이 존재합니다.

첫째는 어환이 '목지국'이라고 잘못 기록한 것을 범엽도 '목지국'이라고 있는 그대로 읽은 경우입니다. 둘째는 어환은 '月支國'이라고 정확하게 기록했는데, 범엽이 '目支國'이라고 잘못 읽은 경우입니다. 그리고 세 번째는 어환이 '月支國'이라고 제대로 기록한 것을 범엽도 정확히 읽었음에도 불구하고, '目支國'이라고 수정한 경우입니다.

독자 여러분들도 알다시피 달 '月'과 눈 '目'은 비슷한 글자입니다. 그런데 당시는 오늘날과 같은 인쇄술이 발명되기 이전이기 때문에 필사에 의존해야만 했습니다. 따라서 어환도 '月支國'이라고 기록했음에도 불구하고, 그의 필체를 잘못 읽은 범엽이 '目支國'이라고 옮겨 적었을 가능성이 존재하는데 이것이 두 번째 경우입니다.

세 번째 경우가 발생한 이유는 전작에서 기술한 "월지는 서역의 국명이니 『삼국지』에서 월지라 한 것은 후대 사람이 월지라는 이름에 익숙해져서 멋대로 고친 것은 아닌지 숙고해야 할 것이다"라는 부분과 관련된 것입니다. 즉, 범엽이 한반도에 머나먼 서역에 존재했던 '월지'가 있을 리가 없으니 어환이 제대로 기록한 '월지'는 '목지'의 오류라고 자의적으로 판단하고 수정했을 가능성인 것입니다.

전작에서는 그렇게 판단한 사람이 범엽이라고 기술했는데, 알고 보니 그렇게 판단한 사람은 『역주 중국정사 조선전』을 번역한 국사편찬

위원회 번역팀의 총괄책임자였습니다. 그렇지만 당시 범엽 역시도 그렇게 판단했을 가능성도 없지는 않았을 것으로 생각됩니다. 혹은 두 가지의 경우가 결합하여 어환의 필체가 月자인지 目자인지 판독하기가 애매한 상황에서 범엽이 "설마하니 한반도에 머나먼 서역에 있던 월지국이 존재할 리가 없다"라고 자의적인 판단을 내렸을 가능성도 배제할 수 없습니다. 그리고 『위략』을 저술한 어환도 범엽과 같은 생각을 해서 '목지국'으로 기록했을 수도 있겠죠.

아무튼 진수는 '월지국' 기록과 관련하여 하나의 가능성만 존재하지만, 범엽은 이처럼 세 가지 가능성 중 하나이기 때문에 그 신뢰성이 진수의 ⅓로 떨어지게 되는 것입니다. 즉, 확률적으로도 진수의 기록이 범엽의 기록보다 세 배 더 높은 신뢰성을 가지게 되는 것이죠. 어쩌면 진수 기록의 신뢰성이 범엽보다 세 배가 아니라 무한대일 수도 있구요. 왜냐하면 저의 연구 결과가 밝히듯이 진수의 기록은 사실이기 때문에 신뢰도가 1이라면 범엽의 기록은 틀린 것이기 때문에 신뢰도가 0이기 때문이죠.

다음은 진수와 범엽이 살았던 당시의 유명 서예가들이 쓴 月과 目 글자를 비교해서 과연 이런 착각이 실제로 일어날 수 있는지에 대해서 살펴보도록 하겠습니다. 앞에서 어환의 필체를 범엽이 잘못 판

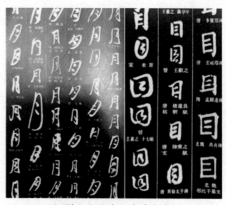

〈그림 2-1〉 月과 目의 필적 비교

독했을 가능성에 대해서 지적했습니다. 이처럼 판독 오류의 가능성이 있다는 것과 두 단어를 구분하기가 애매한 실제 사례가 있다는 것은 천지차이입니다. 그런 까닭으로 진수와 어환이 살았던 진晉나라 시절의 글씨 사례를 살펴봄으로써 제 주장의 타당성 여부를 따져보도록 하겠습니다.

달 月과 눈 目의 기본적인 차이는 글자 밑 부분이 떨어졌느냐 혹은 붙었느냐 입니다. 그러면 두 글자의 필적 사례들을 살펴보도록 하시죠. 〈그림 2-1〉은 『서예대자전』에 수록된 중국 여러 시기 서예가들이 '月'과 '目'을 쓴 필적들입니다.

왼쪽 여섯 줄은 月자를 쓴 것이고, 오른쪽 세 줄은 目자를 쓴 것입니다. 月자 중 오른쪽 밑 부분의 삐침이 왼쪽에 붙는 글씨들이 몇몇 있는 것을 볼 수 있습니다. 마찬가지로 오른쪽 세 줄 目자 가운데도 역시 진나라 시절의 명필 왕희지의 필적 중에는 글자 밑 부분이 붙지 않고 月처럼 적은 글씨가 있군요. 이외에도 다소 후대이긴 하지만 당나라 구양순의 천자문에도 目을 月처럼 쓴 글씨가 있습니다. 또한 어환이 수십만 자에 이르는 『위략』을 저술할 때, 자필이력서 작성하는 것처럼 정자체로 또박또박 작성하지는 않았을 것이고 이처럼 흘려 썼을 것이니 범엽이 구분하기가 힘들었을 가능성이 높은 것입니다.

그러면 진수나 어환은 당시 한반도 사정을 어떻게 알고 기록했을까요? 오늘날과 같이 인터넷을 통하여 전 세계 소식을 알 수 있는 시절도 아닌데, 그들은 어떻게 한반도에 '월지국' 혹은 '목지국'이 있다는 사실을 알았을까요? 이에 대해 신채호 선생은 위나라 장수 관구검이 고구려의 환도성을 침공했을 때에 고구려의 기록이나 전설들을 가져다가 전했으며, 이것을 관구검과 같은 시대 사람인 진수와 어환이 보고 그러한 기록을 남겼을 것이라고 추정하고 있습니다. 그뿐만 아니라 범엽의 『후한서』 기록 중 진수의 『삼국지』 기록과 다른 것과 관련하여 다음과 같이 꾸짖고 있습니다.

> "진수·어환·왕침(위서魏書의 저자: 필자 주) 등은 다 관구검과 동시대 사람들로서 관구검이 가져간 고구려의 기록을 직접 본 자들일 것이니, 범엽의 개찬이 어찌 미친 짓이 아니겠는가.
>
> 그런데도 이전 학자들은 다만 후한後漢이 삼국三國의 전대인 것만 알고 『후한서』의 저자 범엽이 『삼국지』의 저자 진수보다 후의 사람이란 것은 미처 생각하지 못하였던지, 매번 『후한서』에 보이는 삼한을 주요 재료로 삼고 『삼국지』는 도리어 보조품으로 인용하였던 것이다(『조선사연구초』)."

이처럼 신채호 선생은 한반도에 월지국이 있었다고 정확히 파악했음에도 불구하고 오늘날의 고대사학자들이 신채호 선생의 주장을 한 귀로 듣고 흘리는 바람에 한국 고대사 연구가 올바른 방향을 잃고 표류하게 되었으니 이 어찌 통탄할 일이 아니겠습니까?

그뿐만 아니라 신채호 선생은 일찌감치 부여·신라·고구려·백제·가야가 한 뿌리에서 나왔음을 직감하고 이에 대한 논증을 『독사신론』에서 실시했습니다. 그럼에도 불구하고 서울대 국사학과 출신을 필두로 한 소위 주류 역사학자들은 이 말을 무시하고 고구려와 신라는 서로 다른 뿌리에서 나왔다고 주장함으로써 말도 안 되는 동북공정의 빌미를 중국에게 내어주고 말았습니다. 이와 관련해서는 뒤에서 다시 자세히 다루도록 하겠습니다.

　아무튼 소위 주류 역사학자들의 한국 고대사 연구 방향은 신채호 선생의 말을 무시하는 바람에 엉뚱한 곳에서 계속 삽질을 해왔던 것이니, 참으로 한심하기 그지없는 일이 아닐 수 없습니다.

3강

월지족의 정체

　오늘은 한국 고대사의 주인공인 월지족의 정체, 즉 종족적 뿌리와 월지와 흉노의 관계에 대해서 살펴보겠습니다.

　『신장의 역사(유라시아의 교차로)』를 저술한 제임스 밀워드는 "기원전 2세기에 중국 자료에 나타난 월지족의 정체성과 이동이 고대 중앙아시아의 역사에 큰 난제 중 하나"라고 하였습니다. 또한 『유라시아 유목 제국사』를 쓴 르네 그루쎄도 월지족의 기원에 대해서 확실하게 파악하지 못하고, 단지 파지리크 지역에 살던 월지족이 중국 감숙성 지역으로 남하한 뒤의 흔적으로만 추측하고 있을 뿐입니다. 그런데 저는 전작에서 파지리크 지역의 고분에서 출토된 유물 및 그 밖에 몇몇 단서로 월지족의 뿌리가 페르시아 아케메네스 왕조와 관련이 있다고 추정했는데, 그 근거는 다음과 같습니다.

　첫 번째 근거는 신라 시조 박혁거세의 죽음과 관련한 『삼국유사』의 다음과 같은 기록입니다

　　"왕이 죽은 지 일주일 만에 시체가 하늘에서 흩어져 땅에 떨어졌고, 백

성들이 시체를 모아서 합장을 하려고 했지만 큰 뱀이 나타나서 이것을 방
해했으므로 5체를 각각 5릉에 장사지내고 사릉蛇陵이라고 불렀다.”

　얼핏 보기에 이 기록은 단순히 황당무계하고 〈전설 따라 삼천리〉
같은 허황된 이야기로 보일 수도 있습니다. 하지만 저는 이것을 조로
아스터교를 믿었던 월지족의 조장鳥葬 풍습과 관련된 신화적 기록이
라고 파악했습니다. 이렇게 판단한 이유는 고인돌과 관련된 내용에서
다시 자세히 다루겠지만 당시 조로아스터교를 믿었던 페르시아인들
은 조장을 하면서 새가 먹기 좋게 시체를 토막내었기 때문인데, 이러
한 조장 풍습은 지금도 티베트에서 볼 수가 있습니다.
　두 번째 근거는 〈그림 3-1〉과 같은 파지리크 고분에서 발견된 카펫
에 그려진 기사도인데요. 이 그림에서 관을 쓰고 있는 여제사장 앞으
로 다가가는 기사는 곱슬머리에 콧수염을 기르고 큰 코를 가진 용모
로서 아리안 계통의 인물로 추정되고 있기 때문입니다. 또한 이 기사
도에는 말의 앞가슴과 콧잔등에 신라 금관에 주렁주렁 매달려 있는
굽은 옥, 즉 곡옥曲玉이 매달려 있는데, 앞으로 이 곡옥의 의미에 대해
서도 자세히 밝히겠지만 곡옥은 월지족의 유물임을 알아보는 주요
표지가 되는 것입니다.
　즉, 고대 유적지에서 고인돌·옹관·곡옥·검은간토기·붉은간토기·패
총·빗살무늬토기·아슐리안형 주먹도끼 등등의 유물이 같이 출토되면
그 유적지는 월지족과 관련있다고 생각하면 된다는 것이죠. 그리고
이것들은 한반도뿐만이 아니라 전 세계 모든 곳에서 다 적용되는 월
지족의 대표 표지인 것입니다. 관련된 자세한 내용은 차차 말씀드리

도록 하겠습니다.

<그림 3-1> 파지리크 고분 기사도

패총(조개무덤)의 경우도 지금까지 선사 시대 사람들이 바다나 하천에서 조개를 잡아먹고 버린 일종의 음식물 찌꺼기를 모아놓은 곳이라고 배웠지만 실상은 전혀 다릅니다. 가끔씩 높은 산 중턱에서 패총의 흔적을 발견하는 경우가 있는데, 그러면 예전에는 그곳까지 바닷물이 올라와서 그런 것일까요? 전혀 그렇지가 않습니다. 그러면 왜 높은 산 중턱에서도 패총이 발견될까요? 그 이유는 바로 월지족들은 철기를 만들어서 사용하는 민족이었는데, 철과 그 밖의 다른 금속을 만드는 과정에서 조개에 들어있는 탄산칼슘을 일종의 중화제로 사용했기 때문입니다.

그러니 산에서 패총이 발견된다는 것은 그곳에 틀림없이 조개를 중화제로 이용해서 작업을 해야 할 어떤 광물이 매장되어 있었다는 뜻이 됩니다. 그런 것을 지금까지 국내외 역사·고고학자들은 패총을 단순히 선사 시대인들의 음식물 쓰레기 더미로 파악해왔던 것이니 그들의 상상력 부족이 참으로 놀라울 따름이고, 한심하기 그지없는 일입니다.

그 외에도 월지족을 페르시아 아케메네스 왕조와 결부시키는 몇몇 단서들이 있는데, 2015년에 발간된 전작에서 밝힌 이러한 저의 추측은 1년 후인 2016년 8월에 발간된 러시아 학자 N. V. 폴로스막의 저서인『알타이 초원의 기마인』에서 증명되고 있습니다.

지금부터는 월지족이 대이동을 시작하게 된 근본 이유가 되는 흉노와 월지의 관계에 대해서 살펴보겠습니다. 모 종교방송에서『환단고기』를 텍스트로 하여 한민족의 뿌리가 흉노인 것처럼 강연하는 것을 얼핏 본 적이 있는데, 이것은 천만의 말씀 만만의 콩떡이 되겠습니다. 오히려 흉노는 한민족의 뿌리인 월지족과는 같은 하늘을 이고 지낼 수 없는 불구대천의 원수 관계였습니다.

원래 월지는 철기를 사용하는 기마 민족인데다가 활을 잘 쏘는 강맹한 민족이었습니다. 무용총 수렵도에는 말을 타고 달리면서 몸을 뒤로 돌려서 활을 쏘는 장면이 그려져 있습니다. 고삐를 잡지 않고, 말에서 떨어지지 않기 위해 두 다리만으로 말을 힘껏 조인 상태에서 몸을 돌려 목표물을 향해 활을 쏴야 하기 때문에 아주 고난도의 사법射法인 것입니다. 이렇게 활 쏘는 법을 파르티안 샷Parthian shot이라고 하는데, 이것은 고대 페르시아 파르티아 왕조의 궁기병이 로마군과 전투하며 구사한 기술이라는 데서 붙여진 이름입니다.

그런데 파르티아는 월지족의 뿌리인 아케메네스 왕조를 이어서 생긴 왕조이기 때문에 월지인들은 당연히 이러한 사법을 구사할 줄 알았습니다. 그런 까닭에 월지족들이 원래 거주했던 알타이 지역의 암각화에는 이러한 사법을 이용해서 사냥을 하는 장면이 있습니다. 그리고 월지족의 후예인 고구려인들 역시 이러한 사법을 이용해서 사냥을 하는 장면이 무용총 수렵도에 등장하게 된 것이죠.

아무튼 이처럼 원래 월지는 흉노보다 강맹했지만 흉노에 묵돌이라는 뛰어난 선우(흉노의 왕)가 등장함에 따라 오히려 흉노에게 밀리고 맙니다. 묵돌은 두만 선우의 맏아들이었는데, 두만은 월지족 출신의 후궁이 낳은 어린 아들에게 왕위를 물려주기 위해 장남인 묵돌을 월지에 인질로 보냈습니다. 그리고는 인질로 보낸 장남을 죽이기 위해 일부러 월지와 전쟁을 일으키는데, 묵돌은 월지인에게 죽기는커녕 오히려 월지의 명마를 훔쳐서 흉노로 도망쳐 옵니다. 이에 두만 선우는 묵돌에게 태자에게 주게 되어 있는 좌현왕左賢王의 작위를 내리고 1만 명 기병의 대장으로 삼게 됩니다. 그 후 묵돌은 아버지를 죽이고 흉노의 왕이 되죠.

여기서 흉노와 월지 간에 혼인을 통한 인적 교류가 있었다는 사실을 눈여겨 볼 필요가 있는데요. 월지족 출신 여자가 흉노의 왕에게 시집을 갔다는 것은 반대로 흉노의 여자가 월지족의 왕에게 시집을 올 수도 있다는 것을 의미하는 것입니다. 옛날에는 이런 식으로 인접 국가 간에 결혼을 통한 화친 정책이 있었다는 것을 우리는 익히 알고 있습니다.

나중에 신라 김씨 왕조의 뿌리에 대해서 강의할 때, 고대 인골 DNA 분석 결과를 소개할 텐데요. 이 결과를 보면 신라인은 부계에서는 흉노와 아무런 관계가 없지만 모계에서는 서흉노와 약간의 관계가 있는 것으로 나옵니다. 이런 결과가 나오는 이유는 바로 월지와 서흉노가 서로 인접하고 있었기 때문에 앞에서 소개한 것과 같은 인적 교류가 일어났기 때문인 것으로 추정됩니다.

4강
월지족과 사카족의 인연과 악연

    오늘은 한국 고대사의 주인공인 월지족과 부 주인공인 사카족 간의 인연과 악연에 대해 살펴보겠습니다.

    『사기』「대완 열전」에는 월지에 대한 다음과 같은 기록이 있습니다.

> "묵돌 선우가 흉노의 왕이 되자 월지를 깨뜨렸고, 노상 선우(묵돌 선우의 아들) 때에는 대월지의 왕을 죽이고 그 두개골로 술잔을 만들었습니다. 처음에 월지는 돈황군과 기련산 사이에서 살았으나, 흉노에게 패하자 대월지는 멀리 떠나 대완을 지나 서쪽의 대하를 쳐서 복속시킨 뒤 규수 북쪽에 도읍하여 왕정(선우가 있는 곳)으로 삼았습니다. 같이 떠나지 못한 소수의 무리는 남산에 있는 강족과 합류하여 그 땅을 지키면서 소월지라고 부르고 있습니다."

    지난 시간에 흉노는 한민족의 뿌리와 상관없고 오히려 한민족의 뿌리인 월지족과는 같은 하늘을 이고 살 수 없는 불구대천의 원수라고 하였는데, 그 이유가 바로 위의 기록에 나타나고 있습니다. 묵돌 선우가 월지를 격파했을 뿐만 아니라 그 아들은 대월지의 왕을 죽이고 해골로 술잔을 만들었으니 어찌 불구대천의 원수가 아니겠습니까?

원래 월지족은 남부 시베리아 알타이 지역의 파지리크 계곡 주변에서 거주하고 있었습니다. 그런데 흉노에서 묵돌 선우라는 불세출의 지도자가 등장하여 주변 부족국가들을 침략하기 시작하자, 그것을 피해 신장 지역으로 이동한 것은 기원전 200년 초반이었습니다.

위에서 월지가 기련산(중국 청해성과 감숙성의 경계에 위치)과 돈황군 사이에서 살았다는 『사기』「대완 열전」 기록은 아마도 월지가 알타이 파지리크 지역에서 거주하다가 흉노에 밀려 서역 지역으로 내려오게 된 사실을 사마천이 몰랐기 때문에 흉노에 의해 남하한 뒤의 사실만으로 기록한 것으로 추정됩니다.

〈그림 4-1〉 월지족과 사카족의 이동

그 후 계속된 흉노의 침략으로 인해 월지족은 기원전 170년대 중반 무렵 대월지와 소월지로 갈라지게 됩니다. 즉, 월지 중 일부가 중국 서북쪽 변방인 청해성으로 이동하고 나머지 일부가 신장 위구르 지역인 타림 분지로 조금씩 유입되는 동안 대월지는 카자흐스탄 일리 계곡 상류로 이주합니다. 그러자 이러한 대월지의 이동에 압박을 받아서 이시크 고분이 있던 일리 계곡 지역에서 활동하던 사카족은 남하하기 시작하여 아무다리아 강을 건너서 아프가니스탄 북부 발흐 지역에 위치한 박트리아 왕국을 무너뜨립니다.

그 후 일리 계곡으로 이주했던 월지족이 기원전 174~161년 사이에 또다시 오손과 연합한 흉노의 공격을 받아 일리 강 유역으로부터 축출되어 아무다리아로 가서 사카족이 차지하고 있던 박트리아를 장악하게 됩니다. 그러자 사카족은 또다시 월지족을 피해 남쪽으로 가서 계빈을 지배했는데, 계빈은 지금의 카슈미르 지방입니다.

이런 역사 기록에서 알 수 있듯이 월지족과 사카족 간에는 어마어마한 악연이 처음부터 내재되어 있었습니다. 그런데 월지족과 사카족 간에는 이런 악연만 있었던 것이 아니라 다음과 같은 인연도 있었습니다.

〈그림 4-2〉 감천궁 기와

〈세한도〉는 추사 김정희가 제주도 유배 시절에 그린 한국 문인화의 최고 걸작 중 하나입니다. 원래 추사의 집안은 쟁쟁한 명문 집안이었으며 외가도 노론계 명문이었지만 극렬한 세도 정쟁의 틈바구니 속에서 모함을 받아 55세의 나이에 제주도 귀양살이를 하게 되었습니다. 이처럼 추사가 만년에 어려운 시절을 보낼 때 통역관이던 제자 이상적은 중국에 사신으로 갈 때마다 귀중한 서적을 구해서 추사에게 보내주었습니다.

어려운 시절에 과거 친분 있던 모든 사람이 외면할 때 이상적만이 변함없이 호의를 베풀어주는 것을 보고 추사는 세한도 그림에 '세한 연후지송백지후조歲寒然後知松柏之後凋'라는『논어』의 한 구절을 같이 적었습니다. '겨울이 되어서야 소나무와 잣나무가 늦게까지 시들지 않는다는 사실을 알게 된다'는 뜻으로서, 사람은 어려운 시절을 만나야 진정한 친구를 알게 된다는 뜻입니다.

그리고 그림의 우측 아래에 '장무상망長毋相忘'이란 낙관도 같이 찍었는데, 그 뜻은 '오랫동안 서로 잊지 말자'라는 것입니다. 이러한 '장무상망'이란 글귀가 〈그림 4-2〉와 같이 중국 섬서성에 위치한 감천궁에서 발견된 기와에도 새겨져 있는데, 역사 기록에 의하면 한나라 무제가 방사인 소옹의 건의를 받아 들여 서왕모를 만나기 위해 감천궁을 짓고 그곳에서 선도성모의 전신前身으로 추정되는 무술인을 만났다고 합니다. 또한 제가 사실과 허구를 적절히 섞어 놓은 일종의 팩션faction으로 추정하는『한무내전漢武內傳』에도 칠석날 감천궁에서 한무제가 서왕모를 만나서 선도를 얻어먹었다고 묘사되어 있습니다.

그런데 이러한 '장무상망'이란 글귀가 경주 조양동에서 발견된 청동 거울에도 새겨져 있습니다. 한 무제가 서왕모를 만났다는 감천궁에서 발견된 와당에 '장무상망'이란 글귀가 새겨져 있고, 동일한 글귀가 경주 조양동에서 발견된 청동 거울에도 새겨져 있는 것은 과연 우연의 일치일까요?

전작에서 제가 밝혀낸 한·중·일 고대사의 비밀 중에서 우연의 일치라는 것은 결코 없었으며, 반드시 그 사이에는 인과 관계가 엄연히 존재했다고 강조했습니다. 그리고 "그런 일들을 '우연의 일치'라고 말하는 학자들은 겉으로는 우연처럼 보이는 그 사건들의 배후에 존재하는 명확한 인과 관계를 밝히지 못한 스스로의 무지를, 단지 '우연의 일치'라는 단어로 덮어버리려는 어리석은 행위를 하는 것에 불과하다"는 말까지 서슴지 않았습니다. 그렇다면 감천궁 와당과 경주 조양동에서 발견된 청동 거울에 새겨진 '장무상망'이란 공통된 글귀의 인과 관계는 과연 무엇일까요?

저는 중국에서 신선술을 익히고 왔다는 박혁거세의 어머니 선도성모의 전신은 중국의 서왕모였으며, '선도仙桃'라는 이름 자체가 신선들이 먹고 불로장생한다는 서왕모의 반도蟠桃에서 비롯된 것이라고 여러 번 밝혀 왔습니다. 결국 한 무제가 감천궁에서 만났다는 무술인이 바로 당시 서왕모로 추앙받던 선도성모의 전신이었으며, 감천궁에서 거주하던 선도성모의 전신을 비롯한 월지족들이 감천궁을 떠나 한반도로 이주하는 과정에서, 떠나는 자와 남는 자 간의 슬픈 이별의 감정을 나타낸 것이 바로 '장무상망'이라는 글귀였던 것입니다.

또한 당시 감천궁에는 한 무제의 명에 의하여 사카족인 투후 김일제의 어머니도 거주하고 있었습니다. 그러므로 감천궁에서 김일제의 사카족과 선도성모의 전신을 비롯한 월지족이 같이 생활했을 가능성이 높습니다. 왜냐하면 그들은 비록 다른 부족이긴 했지만 아리안 계통이라는 큰 틀에서는 같은 종족이었기 때문입니다. 나중에 다시 설명하겠지만 그런 까닭에 인도에서 부처의 부계는 사카족이고 모계는 월지족이었던 것입니다.

따라서 이별의 아쉬운 감정을 표현한 장무상망의 글귀는 월지족들 간의 이별뿐만이 아니라, 월지족과 사카족의 이별의 감정을 같이 표현했을 수도 있습니다. 한족漢族인 중국인들 사이에서 같은 아리안계인 월지족과 사카족은 서로 의지하는 관계였을 것이며, 이런 관계가 한참 뒤에 사카족 김알지가 한반도 경주에서 먼저 자리를 잡고 있는 월지족에 의해 쉽게 받아들여질 수 있는 이유가 되었을 것으로 추정됩니다.

셜록 홈스는 〈노우드의 건축업자〉에서 다음과 같이 말하고 있습니다.

> "사실 나는 가장 사소한 흔적, 가장 희미한 자취만 보고도 배후에 숨어 있는 지독하게 사악한 두뇌를 간파해 낸 적이 많네. 거미줄 가장자리가 보일 듯 말 듯하게 떨리는 것만 봐도 가운데 엎드려 있는 흉측한 거미의 존재를 알 수 있는 것처럼 말일세. 좀도둑질, 이유 없는 폭력, 무익한 불법 행위……. 단서를 쥐고 있는 사람은 이 모든 것을 전체와의 관련 속에서 파악할 수 있지."

홈스가 각각의 개별적인 사건들을 전체와의 관련 속에서 파악할 수 있듯이, 감천궁 기와와 조양동 청동 거울에 새겨진 장무상망 글귀와 같이 인드라망에서 발생하는 모든 사건은 서로 독립적으로 발생하는 것이 아니라 모든 연결 고리에 의해 시공을 초월한 하나의 거대한 그물망으로 얽혀 있음을 알 수 있습니다.

5강
고대사 연구의 시작, 선도성모

오늘은 경영학자인 제가 뜬금없이 한국 고대사 연구를 시작하게 된 계기에 대해 소개할까 합니다.

요즘은 학교에서 어떻게 배우는지 모르겠지만 1960~70년대에 초·중등학교를 다닌 저는 신라 시조 박혁거세의 탄생과 관련하여 단지 박혁거세가 알에서 태어났다는 내용만 배웠던 것으로 기억합니다. 그러다가 박혁거세에게 선도성모라는 어머니가 있었다는 사실은 1990년대 말 경영학 박사 학위를 받은 뒤 경주에 있는 모 대학에 자리를 잡은 뒤에야 처음 알았습니다.

당시 학교 뒤에는 선도산이란 이름의 산이 있었는데, 처음 저는 산 이름을 듣고 다소 의아하게 생각했었습니다. 그때까지 경주에서 복숭아나무를 보지 못한 저는 "경주에 복숭아밭도 없는데, 왜 산 이름을 선도산이라고 지었을까?"라는 의문을 가졌던 것이죠. 10여 년 후 고대사 연구를 시작하면서 여근곡을 둘러보러 갔을 때, 그제야 처음으로 경주에도 복숭아나무가 있는 것을 알게 되었습니다.

아무튼 처음 '선도산'이란 이름을 들었을 때 반사적으로 제 머리에 떠오른 것은 『서유기』에 나오는 신선들이 먹는다는 복숭아, 즉 반도였습니다. 그래서 '이 산에 제천대성 손오공이라도 다녀갔나'라는 실없는 생각만 하고서는 그냥 넘어갔었습니다. 그러다가 나중에야 박혁거세에게 선도성모仙桃聖母라는 어머니가 있었고, 선도성모가 그 산에 머물렀기 때문에 선도산이란 이름이 붙은 것을 알게 되었습니다. 그런 까닭에 당시 거주하던 경주와 관련된 제 고대사 연구의 출발점은 당연히 박혁거세의 어머니라고 『삼국사기』와 『삼국유사』에 기록되어 있는 선도성모의 정체를 알아보는 것이었습니다.

그리고 돌이켜봤을 때 선도성모로부터 고대사 연구를 시작한 것은 그야말로 '신의 한 수'였더군요. 왜냐하면 만약 제가 고대사 연구를 처음 시작했을 때 박혁거세가 알에서 태어났다는 난생 신화나 다른 단서로부터 출발했더라면, 저는 결코 우리 고대사의 진실에 한 발짝도 제대로 다가가지 못했을 것이기 때문입니다. 역시 '인생은 속도가 아닌 방향'이란 것을 본 고대사 연구를 통해서도 알 수 있었습니다. 전공 역사학자들이 수십 년을 연구하고서도 제대로 밝혀내지 못한 우리 고대사의 비밀들을 저는 첫 단추를 제대로 끼웠기에 불과 서너 달의 연구로 핵심 내용들을 밝혀낼 수 있었기 때문입니다.

처음 서너 달의 연구에서 정확히 밝혀내지 못하고 전작이 출간된 후에 계속된 연구를 통해 비로소 알게 된 우리 고대사의 주요 내용은 박혁거세를 비롯한 한국 고대사 주인공들이 난생 신화를 가지게 된 정확한 이유와 월지족들이 한반도 곳곳에 터전을 마련할 때 특정 지역들을 선택한 이유, 그리고 소위 구석기 시대와 관련된 유적·유물과 관련된 몇 가지뿐이었습니다. 그 외의 핵심 내용들은 그야말로 연구를 본격적으로 시작한지 서너 달만에 파악했으니, '나는 한국 고대사 연구를 위해서 태어난 것이 아닐까'라는 생각이 문득문득 들더군요. 지금부터는 박혁거세의 어머니 선도성모에 대한 『삼국사기』와 『삼국유사』의 주요 기록과 그 기록들에 대해 제가 어떤 식으로 접근했는지에 대해 설명 드리도록 하겠습니다.

『삼국사기』의 편찬자인 김부식이 중국에 사신으로 갔을 때, 왕보라는 송나라 관리로부터 어느 사당에 모셔져 있는 여신상에 대해 다음과 같은 말을 듣게 됩니다.

"'이것은 당신 나라의 신인데, 공들은 이를 아는가?'라고 하고는 마침내 말하기를, '옛날 황실의 딸이 남편 없이 잉태를 하여 사람들에게 의심을 받자 바다에 배를 띄워 진한으로 가서 아들을 낳으니, 해동의 시조왕이 되었다. 황실의 딸은 지상의 신선이 되어 오래도록 선도산에 있는데, 이것이 그녀의 상이다'라고 하였다."

또한 『삼국유사』에는 선도성모에 대하여 다음과 같이 기록되어 있습니다.

"신모는 본래 중국 황실의 딸이다. 이름은 사소이고 일찍이 신선의 술법을 얻어 해동에 와서 오래 머물고 돌아가지 않았다. 아버지 황제가 솔개의 발에 묶어 서신을 보냈다. '솔개를 따라가서 멈춘 곳을 집으로 삼아라.' 사소가 서신을 받고 솔개를 놓아주니 날아서 이 산에 이르러 멈췄다. 드디어 와서 살고 지선이 되었다."

위에 소개한 『삼국사기』와 『삼국유사』의 두 기록에서 선도성모는 '황실의 딸'이라고 기록되어 있습니다. 그런데 두 기록에는 미세한 차이점이 있는데, 『삼국사기』에는 그냥 '황실의 딸(帝室之女)'이라고 기록된 반면, 『삼국유사』에는 앞에서 소개한 김부식이 중국에서 겪은 일을 소개하면서 '중국 황실의 딸(中國帝室之女)'이라고 기록되어 있는 것입니다. 즉, 『삼국유사』를 저술한 일연은 김부식의 기록을 보고 선도성모를 당연히 '중국' 황실의 딸이라고 생각했던 것이죠.

그런데 카오스 이론의 나비효과처럼 초기 input의 이 미묘한 차이가 나중 output에서는 엄청난 차이로 돌변하고 맙니다. 무슨 뜻이냐하면 박혁거세의 탄생과 관련하여 제가 선도성모를 단서로 연구를 시작한 것은 그야말로 '신의 한 수'였습니다. 그런데 선도성모와 관련된 논문을 찾아본 결과 저처럼 선도성모의 정체에 대해서 연구한 연구자가 있었습니다. 역사 전공학자는 아니었고 역사·문화 부문을 담당한 기자였는데요. 그런데 그 논문의 결론은 중국 사서를 아무리 뒤져봐도 중국 황실의 공주가 한반도로 건너간 기록이 없다면서 흐지부지 끝나고 맙니다.

반면에 저는 '황실의 딸'이란 단어를 글자 그대로 받아들이지 않고 '고귀한 신분'을 뜻한다고 받아들였는데, 앞의 연구자가 '황실의 딸'을 문자 그대로 받아들인 반면 저는 기록 해석에 있어서 경영학자답게 약간의 허용오차를 고려했던 것입니다. 그리고 김부식이 송나라에 사신으로 갔을 때인 '정화'라는 연호가 사용된 시점은 1100년대였습니다. 그런데 기원전 100년 전후에 생존했을 박혁거세의 어머니 선도성모상이 천 년도 더 지나도록 중국의 사당에 모셔져 있다는 사실에 저는 더 초점을 두었습니다.

즉, 선도성모는 한반도에 건너오기 전에 중국에서 종교적으로 아주 중요한 어떤 인물이었다고 판단했던 것입니다. 그렇지 않고서야 1,200년이란 세월이 흘렀음에도 불구하고 여전히 중국의 사당에 선도성모상이 남아 있을 까닭이 없었으니까요. 그래서 기원전 백년 전후에 중국에서 유행했던 종교에 대해서 자료를 찾아본 결과, 한 무제 시절 당시에 서왕모 신앙이 전국을 휩쓸고 있었던 것을 알아냈습니다. 한민족 고대사 비밀을 밝힐 수 있는 아주 중요한 첫 단서를 찾은 것이었죠.

『셜록 홈스의 회상록』〈라이기트의 수수께끼〉에는 다음과 같은 내용이 나옵니다.

> "수사 기술에서 최고로 중요한 것은, 많은 사실 중에서 어느 것이 부차적인 것이고 어느 것이 핵심적인 것인지 가려낼 줄 아는 능력입니다. 이게 되지 않는다면 수사관의 주의력과 에너지는 분산되고 말 겁니다.
>
> …
>
> 사실은 단순한 것이었지만 (포레스터) 경위는 그것을 간과했습니다. 애당초 이 지역의 유지는 사건과 무관하다는 전제를 갖고 출발했기 때문이지요. 하지만 나의 원칙은 어떤 선입견도 갖지 않는다는 것, 그리고 무조건 사실이 이끄는 방향으로 간다는 것입니다."

셜록 홈스가 언급한 것처럼 수사 기술에서 최고로 중요한 것은 수많은 사실들 중에서 부차적인 것과 핵심적인 것을 가려낼 줄 아는 능력이며, 어떤 선입견도 갖지 않고 사실이 이끄는 방향으로 가는 원칙이 중요합니다. 셜록 홈스와 마찬가지로 저 역시 처음 이 연구를 시작할 당시 아무런 선입견을 가지지 않고 한국 고대사와 관련된 기존의 학설들을 배제한 채, 모든 가능성을 열어둔 원점에서 출발하는 제로베이스 사고를 적용했다고 전작에서 밝힌 바 있습니다.

이렇게 기존 고대사 이론들을 배제한 채 제로베이스에서 시작할 수 있었던 것은 제가 역사학자가 아니라 경영학자였기 때문이었습니다. 즉, 기존 역사학자들과 아무런 관련이 없었고, 따라서 그 누구의 눈치도 볼 필요가 없었기 때문이었던 것이죠. 제가 만약 고대사 전공자였다면 지도교수의 학설에서 벗어나는 이론을 생각하거나 발표할 엄두를 내지 못했을 것입니다. 그랬다가는 당장 학계에서 매장당했을테니까요.

사설이 다소 길었는데요. 지금부터는 선도성모와 서왕모와의 관계에 대해서 살펴보겠습니다. 앞에서 말씀드렸듯이 『삼국사기』와 『삼국유사』에는 선도성모 사후 천 년이 훨씬 지난 시점까지 중국의 사당에 선도성모상이 모셔져 있었고, 또한 성모에 대해 중국에서 신선술을 익히고 한반도로 건너왔다고 기록되어 있습니다. 그리고 박혁거세의 어머니 선도성모상이 1,200년 후까지도 중국의 사당에 모셔져 있다는 사실은, 선도성모가 중국에 있을 당시 중국에서 그만큼 중요한 지위를 누렸던 종교적 인물이었다는 것을 의미하는 것이라고 앞에서도 말씀드렸는데요.

선도성모가 중국에 있을 당시 중국의 상황은 서왕모 숭배신앙이 널리 퍼져 있던 시기였습니다. 당시 중국은 한 무제가 통치하던 시절이었는데, 한 무제는 진시황과 마찬가지로 장생불사의 꿈을 품고 수많은 방사(方士; 신선술을 익히는 사람)들에게 불로불사의 약을 구해오라고 시켰으며, 어느 방사의 권유에 따라 서왕모를 만나기 위해 서안 근처에 감천궁을 짓기도 했습니다.

『한무내전』이나 『한무고사』는 서왕모와 한 무제의 만남을 소재로 하여 사실과 허구를 적절히 섞어 놓은 일종의 팩션인데요. 이 소설에는 칠석날에 서왕모가 한 무제를 감천궁에서 만나 장생불사의 효험이 있는 복숭아를 건네는 장면과 한국인들의 귀에도 익숙한 삼천갑자 동방삭도 등장합니다. 여기서 하필이면 칠석날에 서왕모가 감천궁에 등장했다는 사실을 잘 기억해두시기 바랍니다. 왜냐하면 나중에 설명드릴 기회가 있겠지만 견우와 직녀가 일 년에 한 번 만난다는 칠석은 그 기원이 서왕모 신화와도 관련이 있기 때문입니다.

지금까지 대부분의 학자들이 서왕모 신화를 중국의 신화라고 소개하고 있지만, 사실상 서왕모는 중국이 아니라 페르시아에 연원을 둔 신화입니다. 한 무제의 명을 받고 서역 방방곡곡을 다녀온 장건은 귀국 후 서왕모가 조지국條支國에 있는데, 누구도 본 적이 없다는 보고를 합니다. 여기서 서왕모가 있다는 조지국은 『위서』〈서역전〉에 의하면 페르시아를 가리키는 것이라고 했고, 『북사』〈열전〉의 파사국波斯國(페르시아)에도 옛 조지국이라는 설명이 나옵니다.

'사물의 중요한 부분을 잡을 수 없다'는 뜻의 요령부득要領不得이란 고사성어가 있는데, 이 말이 나오게 된 배경이 바로 장건입니다. 무제 당시 한나라는 중국을 통일하였지만 만리장성의 바깥은 세력권 밖이었습니다. 특히 서북쪽의 흉노족은 항상 불안의 대상이었지만 거리가 너무 멀어 칠 수도 없었습니다. 그래서 왕실에서는 흉노에게 근거지를 잃고 중앙아시아 사막 서쪽 밖으로 옮겨간 대월지와 손잡고 흉노를 협공할 계획을 세웠습니다. 그 임무를 수행할 사신으로 장건이 뽑혔고, 기원전 138년 장건은 100여 명의 수행원을 이끌고 대원정에 나섰습니다.

그러나 그들은 감숙성을 벗어나자마자 흉노에게 잡히고 말았으며, 이때부터 장건은 흉노와 10년을 살게 되었습니다. 그는 거기서 장가를 들고 아들까지 낳았으나 사신으로서의 임무는 하루도 잊지 않았습니다. 마침내 포로로 잡힌 지 10년이 지난 장건은 처자를 데리고 서방으로 탈출하여 천산 산맥 너머 대완국(현 우즈베키스탄 페르가나)·강거국(현 우즈베키스탄 사마르칸트)을 거쳐 월지의 궁전에 도착했습니다. 장건은 월지의 왕을 찾아가 한 무제의 뜻을 전했으나 의외로 왕의 대답은 부정적이어서 다음과 같은 반응을 보였습니다.

> "우리는 서쪽으로 옮겨온 이후 기름진 땅에서 평화롭게 살아왔소. 백성들은 이제 묵은 원한을 씻기 위한 전쟁은 원하지 않을 것이오."

그러나 장건은 이에 단념하지 않고 당시 월지의 속국이었던 대하국 大夏國(박트리아 왕국; 오늘날 아프가니스탄 북부 발흐)까지 찾아가 월지를 움직이고자 하였지만 아무 성과도 얻지 못했습니다. 이 일을 사마천은 『사기』에 이렇게 적고 있습니다.

> "끝내 사명으로 하는 월지의 요령을 얻지 못하고(요령부득要領不得), 체류한 지 1년이 지나 귀국길에 올랐다."

장건은 귀국 도중에 또 흉노에게 잡혀 1년이 넘게 억류되었으나, 탈출하여 13년 만에 장안으로 돌아왔습니다. 그리고는 앞에서 언급한 것처럼 선도성모의 전신인 서왕모가 페르시아에 있다고 한 무제에게 보고했던 것입니다. 다음 기회에 설명드리겠지만, 페르시아에 존재한다는 서왕모라는 여신은 당시 페르시아인들이 믿었던 아나히타(바빌로니아의 이슈타르)라는 여신이었습니다.

그런데 역사서에 선도성모의 이름은 '파소婆蘇' 혹은 '사소娑蘇'라고 기록되고 있는데, '파소'와 '사소'의 첫 글자를 딴 '파사婆娑'는 신라 4대 파사왕의 이름과 동일하며, 파소란 이름 역시 그 음이 파사와 비슷합니다. 당시 중국에서는 페르시아를 '파사波斯'로 기록했는데, 한자는 다르지만 '파사婆娑' 역시 페르시아를 표기하기 위한 가차문자였던 것으로 추정됩니다. 마찬가지로 고구려를 표현하기 위한 한자음도 고리·구려·고려·고례高離·句麗·高麗·高禮 등 다양한 한자로 표기되어 있는 것을 볼 수 있습니다. 그리고 이것은 같은 월지족이었던 가야 허왕후의 무덤에 역시 페르시아를 의미하는 '파사'석탑이 있는 이유이기도 합니다.

독자 여러분들은 이제야 복숭아밭이라고는 구경하기 힘든 경주에 신선들이 먹는 복숭아라는 뜻의 '선도산'이란 이름의 산이 있는 이유가 이해될 것입니다. 또한 선도산은 경주에서도 서쪽에 위치하고 있는데, 이것은 서왕모가 서역을 지나 까마득한 서쪽 지역의 여신이었기 때문이며, 선도산 맞은편에 옥녀봉이 있는 이유 역시 옥녀는 서왕모를 수행하는 선녀이기 때문입니다.

이처럼 모든 결과에는 그에 합당한 원인이 있는 것입니다.

도상학과 서왕모 화상석

오늘은 제가 도상학을 이용하여 선도성모 집단의 이동에 대한 단서를 파악한 경위에 대해 강의를 진행하겠습니다.

제 연구에 있어서 가추법, 제로베이스 사고와 함께 또 하나의 주요 연구방법론이 바로 도상학입니다. 역사를 연구하는 데 그림을 이용하는 것을 학문적으로는 도상학이라고 합니다. 도상학Iconography이란 단어는 그리스어인 아이코노그라피아에서 유래된 것으로 미술 작품의 내용적 서술과 해석을 의미하는 것입니다.

도상학에는 두 가지 개념적 유형이 있는데, 첫째 '의지적 또는 무의식적으로 함축된 도상학'과 둘째 '해석적 도상학'이 그것입니다. 첫 번째 개념은 시각적 상징과 그림이 지닌 기능 및 의미에 대해 미술가, 주문자 혹은 당시 감상자가 취한 자세를 말하며, 두 번째 개념은 그림의 확인과 서술을 목표로 하는 것 외에도 작품의 내용에 대한 해석을 추구하는 것으로서 '도상해석학'이라고도 합니다. 후자에 해당하는 도상해석학은 미술을 역사적으로 해석하며, 따라서 종교화나 역사화를 해석하는 데 유용합니다. 즉, 도상학은 제작자나 제작시기에 대한 추정이 핵심이라기보다 '테마'와 연계해 심오하게 은폐되어 있는 '의미 내용'을 찾아내고 분석하는 것으로 작품의 의미를 정확하게 이해하려는 것이 목적입니다.

박혁거세의 탄생과 관련된 고대사 연구의 첫 출발점을 선도성모로 잡은 것은 '신의 한 수'였다고 지금까지 여러 번 강조했었습니다. 그 결과 어렵지 않게 중국에서 신선술을 익히고 왔다는 선도성모와 당시 중국에서 유행했던 서왕모 신앙과 연결시킬 수 있었습니다. 그런데 그 다음 단계가 문제였습니다. 서왕모와 관련된 서적들을 찾아본 결과, 대부분의 신화학자들이 '중국의 서왕모 신화'에 대해서만 주저리주저리 늘어놓고 있어서 더이상 연구의 진척을 볼 수가 없었던 것입니다.

그러다가 한나라 시절 화상석畵像石에 새겨진 서왕모 그림에 대해 연구한 연세대 중문학과 유강하의 박사 학위 논문을 찾음으로써 새로운 돌파구가 열리게 되었습니다. 화상석이란 장묘 예술이 가장 화려하게 발달했던 한나라 시절 무덤벽을 장식하던 돌판으로서, 주로 사당이나 묘문, 무덤벽을 장식하던 일종의 장례 의례품을 말하며, 벽돌에 새긴 것을 화상전畵像塼이라고 합니다. 화상석에서 나타난 그림들은 대개 2~4단으로 구성되어 있는데, 공통적으로 상단은 서왕모와 관련된 신화적인 상징물과 서왕모를 숭배하는 모습들로 구성되며, 하단 부분은 수많은 사람들이 말을 타거나 말과 소가 끄는 수레들을 타고 이동하는 거마행렬도車馬行列圖를 그리고 있습니다.

이러한 거마행렬도에 대해 기존의 연구자들은 묘의 주인인 죽은 자가 장생불사를 누리는 서왕모가 사는 선계로 이동하는 상징적인 그림으로 파악했습니다. 하지만 이 그림들이 선도성모 집단의 한반도 이주와 관련된 것이라고 생각한 저는 단서를 찾기 위해 바이두를 통하여 수많은 거마행렬도를 조사하기 시작했습니다.

서왕모와 관련된 한나라 화상석에 대한 자료들을 읽었을 때, 저는 즉각적으로 화상석에 그려져 있는 거마행렬도에서 선도성모 집단의 정체를 밝히는 데 필요한 단서를 찾을 수 있을 것이라는 강렬한 느낌을 받았습니다. 그것은 마치 형사나 탐정들이 사건 현장에 가면 생각지도 못한 단서를 찾을 수 있듯이, 비록 거마행렬도에서 무엇을 찾아야할 지는 확실히 몰랐지만, 화상석 그림들을 조사하다 보면 본 연구에 필요한 어떤 확실한 단서가 나타날 것이라는 묘한 예감이 들었던 것입니다. 그래서 수많은 화상석에 그려진 거마행렬도를 보고 또 본후에, 마침내 여러 그림의 공통된 패턴에서 한 가지 단서를 찾을 수 있었는데, 제가 경험한 당시의 직관을 이희은은 가추법의 유용성에 대한 논문에서 다음과 같이 언급하고 있습니다.

"발견의 논리로서 가추법을 수행하기 위해 가장 필요한 것은 직관이다. … 직관은 순간적으로 발생하고 그 이유를 객관적으로 서술하기 어려우며, 동시에 설명하기 어려운 확신이 동반한다는 특징이 있다. 실증주의에서 직관은 과학적 연구를 위해 배제되어야 할 것으로 여겨졌다. 그러나 인과 관계가 분명치 않은 현상을 목격할 때, 즉 현재의 사건으로부터 과거의 실재를 추론할 때 직관은 유용한 도구가 될 수 있다."

위의 글에서 눈여겨 볼 대목은 "실증주의에서 직관은 과학적 연구를 위해 배제되어야 할 것으로 여겨졌지만, 인과 관계가 분명치 않은 현상을 목격할 때, 즉 현대의 사건으로부터 과거의 실재를 추론할 때 직관은 유용한 도구가 될 수 있다"는 부분이었습니다. 결국 이희은이 적었듯이 그 당시 가졌던 저의 직관이 선도성모의 정체를 밝히는 문제 해결의 도구가 된 것이었습니다.

〈그림 6-1〉은 한나라 화상석에 그려진 거마행렬도의 몇 가지 사례들입니다. 독자 여러분들은 이러한 사례들에서 박혁거세의 연원을 찾는 문제 해결을 위하여 제가 찾아낸 하나의 패턴을 찾아내 보시기 바랍니다. 독자 여러분들의 편의를 위하여 한 가지 힌트를 드리자면 앞의 강의에서 소개한 선도성모에 대한 다음과 같은 『삼국유사』의 기록과 관련이 있는 패턴이라는 것입니다.

> "신모는 본래 중국 황실의 딸이다. 이름은 사소이고 일찍이 신선의 술법을 얻어 해동에 와서 오래 머물고 돌아가지 않았다. 아버지 황제가 솔개의 발에 묶어 서신을 보냈다. '솔개를 따라가서 멈춘 곳을 집으로 삼아라.' 사소가 서신을 받고 솔개를 놓아주니 날아서 이 산에 이르러 멈췄다. 드디어 와서 살고 지선이 되었다."

많은 사례를 제시했고 문제 바로 앞에 힌트를 제시했기 때문에 대부분의 독자들은 그림에서 쉽게 제가 발견한 공통된 패턴을 찾아낼 수 있었을 것입니다. 그런데 연구 당시 제가 이 패턴을 발견할 때는 그야말로 맨땅에 헤딩하는 격이어서 아주 많은 시간을 투자하여 수많은 거마행렬도 그림을 찾아본 뒤에야 겨우 이 단서를 찾을 수 있었습니다.

자, 이제 독자 여러분들도 지금까지 제가 제시한 거마행렬도에서 공통적으로 나타나는 단서를 찾으셨습니까? 제가 이러한 패턴을 발견했을 당시만 해도 〈그림 6-1〉에서 제시한 사례 그림을 다 찾지는 못했으며, 그 후의 추가적인 작업을 통해서 이 그림들을 찾게 되었습니다.

〈그림 6-1〉 거마행렬도 사례 모음

처음 제가 주목했던 〈그림 6-2〉는 산동 지역에서 발견된 화상석인데 상단에는 고구려 고분 벽화에도 등장하는 복희와 여와를 양옆에 거느린 서왕모가 그려져 있고, 하단에 있는 행렬도에는 소가 끄는 수레 위에 새가 날고 있는 풍경이

〈그림 6-2〉 등현 대곽촌 화상석

그려져 있습니다. 유람이나 전쟁을 하기 위해 이동하는 경우라면 말이 끄는 수레가 더 일반적일 것입니다. 그런데 소가 수레를 끈다는 것은 이 그림이 의미하는 바가 단순한 상징이 아니라 실질적인 집단 이주를 표현한 것이라고 판단했습니다. 또한 소의 뿔 형태를 보면 일

반 소가 아니라 남방의 물소임을 알 수 있습니다.

더욱이 산동성 장청현 효당산 사당의 후벽 화상에는 사람을 태운 낙타와 코끼리까지 등장함으로써 그림이 표현하고자 하는 것이 상징 세계가 아니라 현실 세계인 것을 더욱 잘 알 수 있습니다. 게다가 행렬 앞에서 길을 안내하듯이 날아가는 새 그림에서 저는 선도성모의 비연복지(飛鳶伏地; 솔개가 땅에 내려 앉은 곳에 선도성모가 머물렀다) 설화의 의미를 깨달을 수 있었습니다. 이처럼 중국의 화상석에서 나타나는 행렬 위를 나는 새의 그림은 평안남도 남포시 약수리 고분 벽화의 행렬도에서도 나타나며, 월지족의 일본 이주 때에도 뱃머리에 앉아 있는 새의 그림이 벽화로 남아 있습니다. 그리고 현 일본 천황가의 조상인 진무 천황이 동진을 하다가 길을 잃고 헤맬 때 길 안내를 하는 팔지오八咫烏가 등장하는 것 역시 선도성모와 솔개의 모티프와 동일한 것입니다. 이처럼 월지족이 이동할 때에는 약방의 감초처럼 새가 등장하는 것이었습니다.

그리고 약수리 고분 벽화에서 나타나는 말 갑옷이 1992년 함안군 말이산 고분군의 마갑총에서 최초로 완전하게 발굴되었습니다. 또한 2009년 경주 쪽샘 지구에서 마갑총 마갑보다 훨씬 양호하고 완전한 상태의 마갑이 출토되었습니다. 이러한 말 갑옷의 발굴은 평안남도 용강군의 쌍영총, 남포의 약수리 고분, 평양의 개마총, 중국 집안의 삼실총 등 고구려 고분 벽화에 등장하는 개마무사의 실존을 확인해 준 것이며, 신라·고구려·가야 지역 모두에서 같은 종류의 유물이 발견되었다는 것을 의미합니다.

그런데 신라사를 전공한 서울대 출신의 모 교수는 "왜 신라와 고구려를 다른 뿌리에서 출발한 것으로 파악하느냐?"는 저의 질문에 "역사 기록이 그러하고 또한 신라와 고구려 지역의 발굴 유물이 다르기 때문에 신라와 고구려는 같은 뿌리에서 출발한 것이 아니다"라고 대답하더군요. 그런데 제가 본 그 어떤 역사 기록에도 신라와 고구려가 같은 뿌리에서 출발했다는 말도 없었지만, 반대로 다른 뿌리에서 출발했다는 말도 없었으며, 마갑의 예와 같이 고구려와 신라 지역에서 같은 유물이 발견된 사례가 무수히 많습니다.

소위 주류 역사학자들이 신라와 고구려의 뿌리가 다르다는 근거로 제시한 증거들은 모두 틀린 것이었죠. 주류 역사학자라는 사람들은 어쩌면 이렇게 하나같이 제대로 밝힌 것이 없을까요? 한결같이 이러기도 참으로 쉽지가 않을 텐데 말입니다. 이렇게 된 데는 틀림없이 어떤 구조적인 문제가 있기 때문일 것입니다. 그렇지 않고서야 머리 좋기로 둘째가라면 서러워할 수많은 서울대 출신 고대사학자들이 그토록 오랜 세월 동안 우리 고대사에 대해서 연구를 해왔는데, 중요한 내용에 있어서 하나도 제대로 밝힌 것이 없을 수가 없습니다.

언뜻 제 머리에 떠오르는 거시적 이유는 '학문의 동종 교배'입니다. 즉, 고대사와 관련된 학문의 다양성을 인정하지 않고 지도교수의 이론을 답습하다 보니 새로운 이론이란 것이 나올 수가 없고 늘 제자리에서 맴돈 것이었죠. 그리고 이렇게 된 배경으로 폐쇄적인 연구 풍토가 당연히 큰 몫을 차지했을 것입니다. 따라서 앞으로도 계속 진행되어야만 하는 고대사 연구의 반면교사를 위해서도 학문의 동종 교배에 의한 주류 역사 이론의 몰락 과정에 대해서 철저한 연구를 할 필요가 있다는 생각입니다.

또한 미시적으로는 주류 고대사학자들이 연구방법론으로 전가의 보도처럼 사용하는 '실증주의 사학'을 적용하는 데 있어서의 문제점도 있는데요. 이 부분은 단군 신화와 관련된 다음 책에서 말씀드리도록 하겠습니다.

7강

난생 신화의 비밀

오늘은 박혁거세를 비롯한 한국 고대사 주인공들이 알에서 태어났다는 난생 신화의 비밀에 대해서 살펴보겠습니다.

제가 전작을 집필할 때에는 연구의 출발점을 선도성모로 잡았기 때문에 연구 방향이 은연중에 선도성모와 서왕모 신화와의 관계, 그리고 더 나아가 메소포타미아 지역의 이슈타르 여신과의 관계에 집중하게 되었습니다. 그러다보니 지금에 와서 돌이켜보면 박혁거세를 비롯한 한국 고대사 주인공들의 난생 신화에 대해서는 다음과 같이 다소 두리뭉실하게 넘어갔었습니다.

> "필자의 연구에 의하면 박혁거세의 탄생 신화에서 등장하는 '알지'는 아
> 베스타어 'azhi'에서 나온 것으로 추정되며, 이것은 '뱀' 또는 '용'을 의미한
> 다. 메소포타미아를 비롯한 세계 각지의 창조 신화에 의하면, 세상은 태초
> 의 대양에 살던 뱀이 낳은 알에서 태어나거나 혹은 태초의 물에서 우주의
> 알이 생겨났고 그 알에서 뱀이 나왔다고 한다. 다른 신화에 따르면 알은 새
> 가 낳았고, 뱀이 그 알을 깨고 나왔다고도 한다. 여러 민족의 고대 신화에

7강 난생 신화의 비밀   53

서 뱀은 땅을 대표하는 형상이었고, 알은 뱀의 상징이자 지상에 살고 있는 모든 식물과 동물의 어머니로 여겨지는 대지신의 상징이다.

마찬가지로 뒤에서 박혁거세의 뿌리로 드러나는 아리안족이 그리스 반도로 이주하기 이전에 그곳에 살았던 원주민인 펠라스고이족 신화에서는 태초에 어머니인 에우리노메 여신이 오피온이라는 뱀과 어우러져 우주의 알을 낳는다. 결국 알에서 박혁거세가 나왔으며, 박혁거세의 또 다른 이름인 알지가 뱀을 의미하는 것은 이러한 고대 메소포타미아의 신화에서 유래된 것이다."

당시 저는 선도성모와 관련된 이슈타르 여신에 대한 자료 찾기에 집중했고, 난생 신화에 대해서는 더 이상 큰 관심을 두지 않았습니다. 그런데 2권 집필을 준비하면서 자료를 찾다보니 계속해서 조로아스터교의 태양신 미트라 관련 자료에 부딪치게 되었습니다.

그렇게 된 까닭은 나중에 설명할 곡옥의 의미와 청도 범곡리에 위치한 고인돌들이 동지에 해가 뜨는 방향으로 위치한 이유에 대해서 연구를 하다 보니, 그 귀결점은 항상 미트라라는 조로아스터교의 태양신에 이르게 된 것이었습니다. 그래서 전작에서 이슈타르 여신에 대해서 파고들었듯이 이번에는 조로아스터교의 태양신 미트라에 대한 자료를 파고들기 시작했습니다. 그랬더니 그 결과….

심봤다!

한국 고대사 주인공들의 난생 신화의 비밀에 대한 해답이 두둥실 나타난 것이었습니다. 그리고 그 해답은 바로 조로아스터교의 태양신 미트라 역시 '우주의 알(Cosmic Egg)'에서 태어났던 것이었습니다. 미트라의 탄생에 대해서는 일반적으로 바위로부터 태어난 것으로 묘사되고 있습니다. 이처럼 바위로부터의 탄생 아이콘의 전형적인 경우, 미트라는 태어날 때 이미 아기나 어린아이가 아닌 청년의 상태인 것으로 나타나는데, 한 손에는 새로운 빛을 비추는 횃불을 들고 다른 손에는 황소를 죽일 칼을 들고 바위로부터 출현하는 것으로 나타나 있습니다. 이 바위를 '어머니 바위' 또는 '풍요와 다산의 바위'라는 뜻의 '페트라 제네트릭스Petra Genetrix'라 부릅니다.

〈그림 7-1〉의 왼쪽 그림은 영국 Housestead의 미트라 신전에서 발견된 부조로서 미트라가 '우주의 알'에서 태어나는 것을 보여주며, 이 알은 황도 12궁(Zodiac)의 표시로 장식되어 있습니다. 마찬가지로 〈그림 7-1〉의

〈그림 7-1〉 알에서 태어나는 미트라

오른쪽 그림 역시 알 모양의 바위에서 고깔모자(한반도 삼한 중 하나인 변한은 고깔 변弁자를 씁니다)를 쓴 미트라가 태어나는 장면인데, 이 알은 뱀이 그 주위를 휘감고 있는 것으로 묘사되고 있습니다.

이와 관련하여 위에서 박혁거세의 탄생 신화에서 등장하는 '알지'는 아베스타어 'azhi'에서 나온 것으로서 '뱀' 또는 '용'을 의미한다고 밝힌 바 있습니다. 결국 알에서 태어나면서 '뱀'을 의미하는 '알지' 거서

간을 외친 박혁거세와 '뱀'을 감고 알 모양의 바위에서 태어난 미트라는 동일한 탄생담이었던 것입니다. 여기서 아베스타어 azhi는 파생어로 azhish와 azhim이 있는데, 이러한 단어가 오늘날 아찌, 아재, 아저씨, 아짐, 아지매 등등의 단어로 이어져 내려온 것입니다. 그런 까닭에 아재나 아저씨, 아지매라는 호칭은 우습게 볼 일이 아닙니다.

지금까지 한국 고대사 주요 인물들의 난생 신화에 등장하는 알의 의미에 대해서 학자들 간에는 다양한 해석들이 존재했지만, 결국 한국 고대사에서 난생 신화가 등장하는 주된 이유는 한반도에 이주했던 월지족들이 숭배했던 태양신 미트라 역시 이처럼 '우주의 알'에서 태어났기 때문이었습니다. 그리고 페르시아에 뿌리를 둔 월지족들이 한반도에 건너온 이후에 신라·고구려·가야의 각 지역에서 탄생한 왕들의 탄생을 신격화하기 위해서 그들이 믿던 태양신 미트라의 탄생 신화를 차용한 것임을 알 수 있습니다. 왜냐하면 신라(혁거세 또는 불구내), 고구려(동명東明), 가야(수로)의 초대왕 이름이 모두 '태양'과 관련이 있는데, 이것은 월지족이 세운 각 나라의 왕이 스스로를 태양신 미트라와 동일시한 결과이기 때문입니다.

즉, 박혁거세에 대해서 역사서에는 향언(鄕言; 그 지역 말)에 '불구내弗矩內'라고 한다라고 기록되어 있는데, '불구내'란 단어는 여러분들도 들어보면 아시겠지만, '붉은 해' 혹은 '밝은 해'를 한자를 빌어서 표현한 음차音借(원래 '붉'다와 '밝'다의 어원은 '불火'로서 같습니다)이며, 밝을 赫자를 쓴 혁거세赫居世란 이름은 '밝다'라는 뜻을 나타내기 위한 훈차訓借인 것입니다. 마찬가지로 주몽을 지칭하는 '동명왕東明王' 역시 동쪽을 밝히는 것, 즉 태양을 지칭하는 것이며, 수로왕의 이름 역시 인

도의 태양신 수리야Sūrya에서 파생된 것으로 태양을 지칭하는 이름
이었던 것입니다.

이처럼 한반도 고대사 주인공들이 공통적으로 난생 신화를 가진
것은 그들이 믿던 태양신 미트라의 탄생 신화를 빌림으로써 그들을
태양신 미트라와 동일시하기 위한 하나의 신화적 장치였던 것입니다.

청도 범곡리 고인돌군과 프랑스 카르낙 열석의 비밀

오늘은 동지와 관련된 한반도의 고인돌 유적지와 프랑스의 카르낙 열석 유적지의 비밀에 대해서 살펴보도록 하겠습니다.

우리는 지금까지 학교에서 고인돌이란 청동기 시대 각 지역의 세력 있는 부족장들의 무덤이라고 배워왔습니다. 아마 지금도 그럴 것이라고 생각되는데요. 학자에 따라 추정하는 숫자가 다른데 전 세계적으로 대략 10만 기 정도의 고인돌이 남아 있고, 그중에서 약 절반 가까운 숫자의 고인돌이 이 좁은 한반도에 밀집되어 있습니다. 그렇다면 청동기 시대에는 한반도가 전 세계의 중심지여서 지역 부족장들의 무덤이 이처럼 많이 설치되어 있었던 것일까요?

"그래, 맞아.
역시 우리 한국은 옛날부터 전 세계의 중심이었던 거야.
단군 할아버지 만세!"

혹시라도 이런 환빠(환단고기에 푹 빠진 매니아들)적인 터무니 없는 생각을 가지고 계신 분이 있다면 꿈 깨시기 바랍니다. 또한 한반도 내에서도 전라도 화순과 고창, 그리고 강화도에 대부분의 고인돌들이 밀집되어 있는데, 그렇다면 지금과는 달리 당시에는 한반도 내의 중심이 전라도 화순, 고창 및 강화도 지역이었을까요? 지금까지 우리나라를 비롯한 전 세계 고고학자들이 고인돌의 성격을 잘못 파악했기 때문에 이처럼 한반도의 특정 지역에 전 세계에서 가장 많은 고인돌들이 밀집해 있는 이유를 정확히 설명할 수 없었습니다.

아무튼 고인돌의 용도에 대해서는 다음 기회에 설명하기로 하고 순서를 달리하여 오늘은 먼저 동지와 관련된 한반도와 프랑스 지방의 유적지에 대해서 살펴보기로 하겠습니다. 고대사 연구를 시작한지 얼마 지나지 않아서 학과 동료 교수로부터 청도에 고인돌이 많다는 얘기를 듣고 청도 범곡리 고인돌 유적지를 찾아갔었는데, 안내 표지에는 다음과 같이 적혀 있었습니다.

"범곡리 지석묘군은 청도천 유역에서도 지석묘가 가장 많은 34기가 밀집 분포하는 유적지이다. 이 지역에는 80m 간격을 두고 동쪽으로 22기, 서쪽으로 12기의 지석묘가 남동-북서 방향으로 열을 지어 위치해 있다."

이 안내 표지에서 눈을 끈 대목은 다름 아닌 이 고인돌들이 남동-북서 방향으로 열을 지어 위치해 있다는 부분이었습니다. 이 구절을 보고서 제 머릿속에는 첨성대를 비롯하여 신라 조영물의 상당수가 동남동 30도 각도의 일출 방향을 향하고 있다고 한 건축학자 송민구 성균관대 교수의 논문과 석굴암과 선덕여왕릉이 첨성대의 동지 일출선 축과 일치하며 선도산에서 비롯된 동서 위도선과 동지 일출선이 교차하는 지점에 첨성대가 있다고 발표한 조경학자 정기호 성균관대 교수의 논문 내용이 떠올랐습니다.

두 사람 다 비록 전공은 다르지만 모교 교수인 것이 자랑스럽습니다. 한마디 덧붙이자면 제 연구에 직접적인 도움이 된 논문 자료들은 지난 강의에서 소개한 유강하 연대 중문과 박사 학위 논문을 비롯하여 이처럼 거의 대부분 역사학자가 아니라 다른 전공 학자들의 논문들이었습니다. 참으로 아이러니한 일이죠. 그런데 두 교수의 논문에 의하면 동지에 해가 뜨는 방향은 동남동 30도 방향인데, 청도 고인돌군의 안내 표지에는 남동쪽에서 북서 방향으로 열을 지어 위치해 있다고 하여 조금의 차이가 있었습니다.

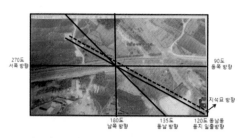

〈그림 8-1〉 청도 범곡리 고인돌군 진행 방향

그때부터 "이 고인돌군이 위치해 있는 정확한 방향을 알아낼 수 있는 방법이 없을까?"라는 제 고민이 시작되었습니다. 이런저런 궁리 끝에 결국 그 방법을 찾아 냈는데, 그것은 단순 무식하게 구글 지도에서 청도 고인돌군을 찾아서 출력한 다음 자와 각도기를 이용하여 직접 측정하는 것이었습니다. 그리고 당연히 측정 결과는 표지판에 적혀 있는 남동-북서 방향이 아니라 〈그림 8-1〉과 같이 동지 일출 방향인 동남동 30도 방향으로 고인돌들이 위치해 있는 것을 확인할 수 있었습니다. 역시 역사고고학자들은 하나라도 제대로 하는 일이 없군요.

이처럼 동지 일출 방향으로 배열되어 있는 고대 유적지가 서울 석촌동 적석총에도 있는데, 제2호 움무덤 안내 표지에는 '동남동-서북서 방향으로 긴 직사각형'이라고 설명되어 있습니다. 서울에 계신 분들은 한번 찾아가보시기 바랍니다. 자, 그런데 이런 구조가 한반도가 아닌 저 멀리 프랑스 카르낙이라는 지역에 설치되어 있습니다. 카르낙 열석이라고 아주 유명한 고대 유적지인데요. 인터넷에서 찾아보면 뭐 신석기 시대의 거석문화라는 등의 얼빠진 소리를 늘어놓고 있습니다. 당연히 신석기 시대 거석문화가 아니고 월지족들이 이 지역에 다녀갔던 흔적인데요.

제가 이 유적지를 알게 된 것은 강화도 고인돌 공원에 갔을 때였습니다. 카르낙 열석 모형과 함께 동지나 하지의 제례와 관련이 있을 것으로 학자들은 추측한다는 설명문이 있더군요. 그래서 인터넷에서 이 유적지를 찾아보고서는 이 돌들이 배치되어 있는 방향에 대해서 생각해봤습니다. 청도의 고인돌처럼 동지 일출 방향으로 나열되어 있는 것이 아닐까하고요.

몇 년 전 강화도 고인돌 공원에서 카르낙 열석에 대한 안내문을 보고서 잠시 그런 생각을 떠올렸다가 한동안은 까마득히 잊고 있었습니다. 그러다가 최근 이 강의를 시작하면서 카르낙 열석의 진행 방향에 대해서 다시 생각해봤습니다. 그리고 제 블로그[1]에 있는 자료를 찾아보니 마침 카르낙 열석의 구글 지도를 올려놓은 것이 있더군요. 몇 년 전에도 카르낙 열석의 진행 방향에 대해 연구를 해보려고 시도

[1] https://blog.naver.com/brucelee55

〈그림 8-2〉 카르낙 열석 진행 방향

는 했던 것이죠.

그런데 최근에는 예전처럼 연구할 수 있는 환경이 아니어서 대화방을 통하여 대학원 동기에게 이 열석의 진행 방향을 측정해달라는 부탁을 했습니다. 그랬더니 〈그림 8-2〉와 같은 결과가 나왔습니다. 이 측정에 따르면 카르낙 열석은 동남 방향 중에서도 남쪽으로 조금 더 치우친 148도로 열석들이 나열되어 있었습니다. 청도의 고인돌군이 동남동 30도 방향인 120도인 것과는 상당히 차이가 나죠.

그럼에도 불구하고 카르낙 열석의 진행 방향은 동지에 해가 뜨는 방향이 맞습니다. 제 짐작이 맞았던 것이죠. 그러면 왜 이처럼 똑같은 동지 일출 방향인데도 불구하고 청도의 고인돌군과 카르낙 지방의 열석 진행 방향이 차이가 날까요? 그 이유는 바로 청도와 카르낙 지방의 위도 차이 때문입니다.

청도의 고인돌은 북위 35도 39분 1초 동경 128도 43분 50초에 위치해 있고, 카르낙 지방의 열석은 북위 47도 35분 38초 서경 03도 04분 54초에 위치해 있습니다. 그런데 해가 뜨는 위치는 일정한 것이 아니라 계절에 따라 바뀌는데, 하지 때에는 가장 북쪽으로 치우친 위치에서 뜨고 지며, 동지 때에는 가장 남쪽으로 치우친 위치에서 뜨고 집니다. 그리고 이 차이는 고위도로 갈수록 커지는데, 동지에 북위 60도 정도에서는 거의 남쪽에서 해가 뜨고 지며, 북위 70도 정도가 되면 해가 뜨는 모습을 볼 수가 없다고 합니다. 그린 까닭에 대략 북위 35도인 청도보다 북위 47도인 카르낙 지방에서 28도 더 남쪽으로 열석들이 배열되어 있는 것입니다.

그리고 검증을 위해 보간법을 이용해서 구해본 결과도 동일하게 나왔습니다. 즉, 청도의 경우 북위 35도일 때 진행 방향이 120도이고 북위 60도에서 정남향인 180도로 가정할 때 북위 47도의 진행 방향을 구하면 148.8도가 나와서 위에서 측정한 148도와 거의 동일한 것을 알 수 있습니다. 또한 더 세밀하게 분초까지 고려해서 보간법을 적용해보면 148도에 더 가까워지는 것을 볼 수 있습니다.

따라서 카르낙 열석 역시 제 짐작대로 월지족들이 전 세계를 돌아다니면서 세운 구조물인 것이 분명합니다. 그런데 왜 학자들은 카르낙 지방의 열석이 지금으로부터 6천 년도 더 이전인 신석기 시대에 세워진 것이라고 주장했을까요? 자료를 찾아보니 그 까닭은 1960년대 프랑스 학자들이 이 유적지에서 나온 유물에 대해 방사성탄소연대측정법을 실시하여 그렇게 추정했다고 하더군요. 다음 기회에 방사성탄소연대측정법의 원리와 이 방법을 적용할 때의 주의사항에 대해서 따로 강의를 해드리겠지만, 먼저 간단히 말씀드리면 이 방법을 사용할 때는 '경수硬水 효과(hard-water effect)'에 의한 연대측정 오류 가능성을 고려해야 합니다(1972년 저명 과학 잡지인 〈Nature〉에 경수 효과에 의한 측정 오류에 대한 논문이 실려 있습니다).

경수(센물)란 물에 칼슘 혹은 마그네슘 성분이 많이 포함된 천연수로, 비눗칠을 할 때 거품이 잘 나지 않는 물을 말합니다. 그런데 고대의 유물이 이런 물에 오염이 되면 연대측정을 할 때 실제보다 훨씬 오래된 유물로 측정되는 오류가 생기게 됩니다. 측정 연대 오류의 최대치는 방사성탄소의 반감기에 해당하는 대략 6천 년에 가까운데, 해안에 가까운 카르낙 지방의 유물도 이처럼 고古탄소 오염에 의해 측정값이 잘못 나온 것이죠. 조개 껍데기에 주로 포함되어 있는 칼슘 성분으로 이루어진 석회석 지역은 고대에 바다였던 곳입니다. 그리고 이런 고탄소 오염에 의한 측정 오류가 가덕도 유적지의 백인 유골이 기원전 6천 년 전의 것이라거나 요동 지역의 홍산 문명권 유적지가 기원전 5~6천 년 전이라는 학자들의 주장에도 똑같이 일어난 것입니다.

결국 아직 과학적인 유물 연대측정이 제대로 이루어지지 않은 1960년대의 연구 결과가 지금까지 계속해서 이어져 왔었고 지금까지 그 누구도 이런 오류를 바로잡지 않았던 것입니다(가덕도나 홍산 유적지처럼 최근에 이루어진 연대측정도 잘못 이루어진 것은 마찬가지입니다). 그리고 이와 비슷하게 첫 단추가 잘못 끼워진 연구를 토대로 계속해서 새로운 연구가 추가되다 보니 지금은 어떻게 손쓸 수가 없을 정도로 우리나라를 비롯한 전 세계의 고대사나 고고학 분야 연구들이 엉망진창이 되어 버린 것입니다.

다음 강의에서는 조로아스터교 태양신 미트라의 생일과 동지의 관계와 우리나라에서 동지에 팥죽을 먹는 풍습과 이란에서 석류와 수박을 먹는 풍습의 연관성에 대해서 살펴보도록 하겠습니다. 또한 조로아스터교의 태양신 미트라와 한반도 고대사 주인공들의 동정녀 탄생 신화에 대해서도 살펴보도록 하겠습니다.

9강
동지 일출 방향과 미트라의 동정녀 탄생 신화

    지난 강의에서는 청도의 고인돌군과 프랑스 카르낙 지방의 열석이 동지에 해 뜨는 방향으로 배치되어 있다는 사실에 대해서 살펴봤습니다. 오늘은 왜 이처럼 한반도와 프랑스에서 발견되는 고인돌과 열석들이 공통적으로 동지 일출 방향으로 설치되어 있는지에 대해서 먼저 살펴본 후에 조로아스터교 태양신 미트라와 한국 고대사 주인공들의 동정녀 탄생 신화에 대해서도 살펴보겠습니다.

    남부 시베리아 파지리크 지역에서 한반도로 건너온 월지족들의 뿌리는 원래 페르시아 아케메네스 왕조라고 강의 초기에 말씀드린 적이 있는데, 당시 페르시아의 종교는 조로아스터교였습니다. 원래 조로아스터교는 주신이자 지혜의 신 아후라 마즈다가 악과 어둠을 담당하는 아흐리만과 대립하는 이원론적 일신교였습니다. 그런데 시간이 지나면서 선지자 차라투스트라가 조로아스터교를 창시하기 이전부터 페르시아인들이 믿어왔던 전통적인 태양신 미트라와 물의 여신 아나히타 등을 조로아스터교에 편입시킴으로써 아후라 마즈다, 미트라, 그리고 아나히타의 주요 3신 체제가 되었습니다.

조로아스터교에는 다양한 축제가 있었는데, 그중에는 계절과 관련된 춘분·하지·추분·동지가 중요한 축제날이었습니다. 페르시아에서는 낮과 밤의 길이가 같은 춘분을 1년의 시작으로 삼아서 '노루즈'라는 이름의 축제를 여는데, 이때 일곱 가지 S로 시작하는 물건을 가지고 상을 차립니다. 그리고 그 일곱 가지 물건 중 하나가 바로 단군 신화에도 등장하는 마늘(Sir)입니다.

하지 축제는 가뭄이 들지 않도록 비의 신 티슈트리야와 관련된 축제였는데, 이 신은 아케메네스 왕조 시절에 셈족의 나부 신과 융합하여 시리우스 별(천랑성)과 관련되었다고 하며, 어느 자료에서는 이 신 역시 미트라와 동일신이라는 설명도 있더군요. 선덕여왕릉이 있는 경주의 산 이름이 낭산狼山인데, 혹시 이 산 역시 미트라를 제사지내던 곳이어서 이런 이름이 붙게 되었는지도 모르겠습니다.

추분 축제 역시 미트라를 위한 축제이며, 마지막 동지의 경우 역시 미트라와 관련된 축제 중에서도 아주 독특한 축제입니다. 왜냐하면 다들 아시다시피 동지는 낮(빛)이 가장 짧고 밤(어둠)이 가장 긴 날입니다. 조로아스터교의 종교 원리가 빛(선)과 어둠(악)이 서로 대결하는 이원론적이라고 앞에서 설명 드렸는데, 고대 페르시아인들은 낮(빛)이 가장 짧은 이 날에 대해 태양신 미트라가 어둠의 신 아흐리만에게 패배하여 죽은 것으로 인식했던 것 같습니다. 그러다가 동지를 지나 차츰 낮이 길어지는 12월 25일을 미트라의 탄생 혹은 부활한 날로 여겨서 이날을 미트라의 생일로 삼았습니다.

이와 관련하여 북위 66.5도 지역에서는 동지에 해가 진 뒤에 사흘 동안 해가 뜨지 않다가 사흘 후에야 해가 다시 뜹니다. 이런 광경을 고대 페르시아인들이 직접 목격했는지, 혹은 전해 들었는지, 이도저도 아니면 고대 페르시아 지역에서 동지를 이삼일 지날 동안에는 해의 길이가 길어지는 것을 확실하게 느끼지 못해서 그런지 어쩐지 몰라도 아무튼 12월 25일이 태양신 미트라의 생일이라고 합니다. 결국 청도의 고인돌군과 프랑스 카르낙 지방의 열석들이 동지에 해가 뜨는 방향으로 설치되어 있는 것은 동지를 즈음하여 그들이 숭배하던 미트라의 죽음과 부활을 맞이하기 위함이었던 것입니다.

그리고 동지에 우리나라에서는 붉은 팥죽을 먹는데, 이것은 붉은색이 사악한 기운을 막아주는 벽사의 의미를 가지기 때문입니다. 그래서 가야나 백제 지역의 무덤에서 붉은색의 칠을 한 유적이나 유물이 발견되는 것입니다. 마찬가지 이유로 이란에서는 동지에 석류와 수박을 먹는데, 그 이유는 두 과일의 붉은색이 아침 여명의 진홍색을 상징하기 때문입니다. 즉, 석류와 수박이 사악한 기운을 몰아낸다는 의미인 것으로서 우리나라에서 팥죽을 먹는 것과 같은 이유인 것입니다. 이처럼 수많은 세월이 흘러도 고대 페르시아의 문화적 풍습이 이란과 한국에 오늘날까지 면면히 전해져 내려오고 있는 것입니다.

그런데 오늘날에는 12월 25일이 예수 탄생일인 크리스마스가 되었는데요. 이렇게 된 까닭은 다음과 같습니다. 조로아스터교의 태양신 미트라는 후에 로마로 건너가 미트라교의 주신이 되는데, 미트라의 속성이 태양신뿐만이 아니라 전쟁의 신이기도 해서 미트라교는 로마의 군인들에게 아주 인기 있는 종교가 되었습니다. 그래서 로마에서 기독교를 전파하려고 해도 이미 미트라교가 너무 인기를 끌고 있어서 포교 활동이 쉽지 않자 포교의 용이성을 위해 미트라교의 주신인 미트라의 생일을 기독교에서 예수의 탄생일로 빌려간 것이죠.

생일뿐만 아니라 탄생 장소도 마찬가지인데요. 미트라는 지난 강의에서 소개한 것처럼 (알처럼 생긴) 바위에서 태어나는데, 태어난 장소는 동굴 속입니다. 그런 까닭에 미트라를 위한 제사는 미트라에움이라는 샘이 있는 동굴에서 이루어집니다. 그런데 예수의 탄생 장소 역시 동굴이죠. 예수님이 마구간에서 태어났다고 알려져 있지만, 당시 예루살렘은 동굴을 마구간으로 사용했다고 합니다. 그래서 지금도 예수 탄생지라고 알려진 동굴교회로 기독교인들의 순례가 계속된다더군요.

지금부터는 미트라와 한국 고대사 난생 신화의 주인공들이 동정녀로부터 태어났다는 탄생 신화에 대해서 살펴보겠는데, 동정녀 마리아로부터 탄생했다는 예수의 탄생담 역시 미트라의 동정녀 탄생 신화로부터 가져온 것이었습니다.

신화에서 보통 인간들의 출생과 구별되는, 신비한 탄생담을 만드는 데는 다음과 같은 두 가지의 방법이 있을 수 있습니다. 하나는 부계 혈통을 현실 세계가 아닌 다른 곳, 곧 천상의 세계와 같은 곳에서 구하는 것이며, 다른 하나는 모계의 혈통을 특이한 형태로 만드는 것이었습니다. 후자의 경우에 동원된 기법의 하나가 성처녀(동정녀)가 임신을 하여 아이를 낳았다고 하는 모티프였습니다. 곧 처녀가 남자와 성적인 접촉을 가지지 않고 잉태를 한 것으로 만드는 방법이 그것이었는데, 이것은 (인간)남자가 수태를 시키는 주체가 아니라는 인식과도 관계를 가지고 있습니다. 그런데 난생 신화를 가진 한국 고대사 주인공들에게도 이러한 동정녀 신화가 존재합니다.

먼저 박혁거세의 어머니인 선도성모의 경우 예전 강의에서 소개한 것처럼 김부식이 중국에 사신으로 갔을 때 그곳 관리로부터 다음과 같은 말을 들었다고 했습니다.

"'옛날 황실의 딸이 남편 없이 잉태를 하여 사람들에게 의심을 받자 바다에 배를 띄워 진한으로 가서 아들을 낳으니, 해동의 시조왕이 되었다. 황실의 딸은 지상의 신선이 되어 오래도록 선도산에 있는데, 이것이 그녀의 상이다'라고 하였다."

위 기록에서는 선도성모가 '남편 없이 잉태'를 하였다고 되어 있어서 박혁거세는 난생 신화의 주인공일 뿐만 아니라 동정녀 탄생 신화의 주인공이기도 한 것을 알 수 있습니다.

또한 신화학자 김화경은 주몽의 어머니 유화부인이 주몽을 임신하는 신화에서 신화의 문맥으로 보아, 유화는 남자와 관계를 가지지 않았던 것이 분명하다고 주장했습니다. 즉, 유화부인은 햇빛을 피하였지만, 햇빛이 따라와서 비친 것이 처녀성을 잃지 않은 상태에서 임신을 하였음을 드러낸다고 보아도 무방하며, 한국에도 이와 같은 성처녀 사상이 상당히 이른 시기부터 존재하였다고 하였습니다.

역사 기록에 의하면 유화柳花부인은 물의 신 하백의 딸이라고 소개되는데, 서왕모의 전신인 페르시아의 아나히타 역시 물의 여신인 것에 유의할 필요가 있으며, 아나히타의 바빌로니

〈그림 9-1〉 하백 행렬도 화상석

아 버전인 이슈타르 여신을 상징하는 식물로는 연꽃과 아카시아, 야자나무, 대추야자, 그리고 버드나무(!) 등이 있습니다. 뭔가 상당히 의미심장한 느낌이 드시지 않습니까? 〈그림 9-1〉은 예전 강의에서 월지족의 이동과 관련되었다고 말씀드린 한나라 화상석의 거마행렬도 중 강의 신 하백행렬도입니다. 강의 신답게 물고기가 마차魚車(?)를 끌고 있군요.

마지막으로 신라 말기의 대학자인 최치원의 기록에 의하면 수로왕의 경우도 어머니인 정견모주正見母主가 천신 이비가夷毗訶에 감응하여 대가야의 왕 뇌질주일(惱窒朱日; 이진아시왕)과 금관가야의 왕 뇌질청예(惱窒青裔; 수로왕) 두 사람을 낳았다고 합니다.

이처럼 신라·고구려·가야의 시조왕 세 명 모두가 난생 신화의 주인공일뿐 아니라 동정녀 신화의 주인공이기도 한 것입니다. 혹시라도 예리한 독자께서는 퍼뜩 이런 의문을 떠올릴 수도 있을 것입니다.

"석탈해는 왜 없지?"

그렇습니다. 이상한 일이지만 또 한 명의 난생 신화의 주인공인 석탈해의 경우는 동정녀 탄생 신화가 없습니다. 이것은 석탈해가 다른 세 명과는 애초에 신분이 달랐기 때문으로 추측되는데, 이와 관련된 자세한 내용은 신라에서 특이하게도 박·석·김 세 성씨가 돌아가면서 왕권을 잡게 된 배경인 두 번의 역성혁명과 관련된 강의에서 소개하도록 하겠습니다.

아무튼 이처럼 한국 고대사 난생 신화의 주인공들이 동정녀인 어머니로부터 태어났다는 신화는 난생 신화와 마찬가지로 조로아스터교의 태양신 미트라의 탄생 신화와 관련이 있습니다. 오늘날 기독교의 동정녀 마리아로부터 탄생한 구세주 예수는 너무나 익숙한 성처녀 사상의 한 예입니다. 그런데 이러한 '동정녀로부터 태어난 구세주' 개념은 기원전 수 세기 전에 이미 조로아스터교에서는 잘 알려져 있었습니다.

조로아스터 자신이 신비한 탄생을 했다고 전해져 왔는데, 그의 어머니인 Dughdova는 빛줄기의 방문이 있은 뒤에 그를 임신한 동정녀였습니다. 그리고 이러한 신화는 유화부인이 햇빛의 감응을 받아 주몽을 임신한 것이나, 정견모주가 천신의 감응을 받아 수로왕과 이진아시왕을 임신한 것과 동일한 신화입니다. 그리고 조로아스터와 마찬가지로 미트라 역시 바위나 우주의 알에서 태어났다는 신화 외에도 동정녀인 아나히타 여신으로부터 태어났다는 신화가 전해지고 있습니다.

조로아스터교 전통에 의하면 구세주 미트라는 순결한 동정녀 모신(Mother Goddess)인 아나히타에게서 태어났다고 합니다. 고대 페르시아 물의 여신 아나히타의 공식 명칭은 'Aredvi Sura Anahita'인데, 이것은 각각 '습기'와 '강력한(전능한)'과 '순결한'을 뜻합니다. 어근인 'aredvi'는 유명한 이란의 강 이름이자 야자드(신성神性)의 이름을 나타내는 여성명사이며, sûra는 '강력한', '전능한', '용감한', '강한' 등의 뜻의 형용사나 무기 또는 창을 의미하는 명사로 사용됩니다. 파생어에는 'sûre'와 'sûrô', 'sûrayå' 등이 있는데, 수레(車)와 '수로'왕의 이름, 그리고 '독수리'와 '수릿'날 등은 모두 이 단어에서 파생되었을 것으로 추정됩니다. 앞에서는 수로왕의 이름이 인도의 태양신 수리야Sūrya에서 파생된 것으로 설명했는데, 결국 아베스타어 sûra와 산스크리트어 Sūrya는 같은 어근을 가진 단어였을 것입니다.

전설에 의하면 아나히타 여신은 구세주 미트라를 이란 시스탄에 위치한 하문 호수의 물에 보관된 조로아스터의 씨로부터 임신했다고 전해지고 있습니다. 이처럼 미트라가 성처녀 여신인 아나히타로부터 탄생하는 것과 같은 기독교 이전(pre-Christian) 성처녀 여신 모티프는 근동과 그 밖에 지역을 통하여 흔히 찾을 수 있는 것인데, 종교학자 C. J. Bleeker는 이것과 관련하여 다음과 같이 언급하고 있습니다.

> "주(Lord)나 천부(heavenly Father)와 같은 신성 개념보다는 대모신(Great Mother)이나 신성한 여성(Divine Lady)과 같은 신성 개념을 가지는 종교적인 사람들이 항상 존재해왔다. 모든 여신들이 이런 유형에 속하는 것은 아님에도 불구하고 … 여러 시대 동안 그들은 대모신의 범주에 포함되어져 왔다. 그러나 그들 중 일부는 어머니들이었을 뿐만 아니라 동시에 숫처녀였다."

오늘 강의 내용은 너무 학문적이어서 다소 딱딱하고 지루한 느낌을 받으셔서 강의 도중 조는 분들이 많았을 것으로 생각되는군요. 지루했던 오늘 강의에 대한 보상으로 내일부터는 한국 고대사에서 정말 흥미진진한 내용들을 다룰까합니다. 그게 뭐냐면 희한하게도 부여·신라·고구려·백제·가야 등의 고대 국가 중에서 유독 신라만 박혁거세가 나라를 세운 이후 도중에 석씨가 왕권을 잡았다가 다시 김씨로 왕권이 넘어간다는 것입니다.

　이런 까닭에 고대 한반도 남부에 위치한 신라의 건국 연대를 가능한 한 늦추려고 하는 일본 역사학자들(임나일본부설이라는 이론적 배경을 만들기 위한 목적이었습니다)의 영향을 받아서 소위 주류학자들은 신라에 박씨와 석씨의 왕조는 없었고 4세기 김씨 왕조부터 실제로 있었다는 주장을 내세우기도 했다는군요. 즉, 『삼국사기』에서 신라의 초기 기록은 엉터리라는 것이죠. 특히나 모 역사학과 교수는 박씨 왕조가 실제로는 신라에서 가장 늦게 생겼는데, 박씨 왕조의 권위를 높이기 위해 일부러 제일 앞으로 옮겼다는 참으로 특이한 이론을 펼치기도 하더군요.

　제가 첫 강의에서 "한국 고대사에서 지금껏 풀리지 않았던 수많은 문제들은 그야말로 월지족이라는 하나의 뿌리에서 파생된 다양한 문제로 일관되어 왔다"라고 말씀드렸었는데요. 신라에서 박·석·김 세 성씨가 돌아가면서 왕권을 잡은 것은 여러 가지 문제를 파생시켜서 나중에는 지금까지 한·중·일 3국의 역사가들 사이에서 다양한 해석 논쟁을 불러일으킨 광개토대왕릉 비문의 내용과도 직접적인 관련을 가지게 됩니다.

　한국 고대사에 대해서 조금이라도 관심을 가지신 분이라면 아시겠지만 광개토대왕릉 비문 해석 문제는 한국 고대사의 난제 중의 난제였습니다. 그러면 지금까지 왜 이 비문 내용의 해석이 어려웠냐면, 비문 내용의 사건은 390년 전후에 발생했지만 비문에서 적힌 사건의 근본 원인은 그로부터 200여 년 전에 발생했기 때문입니다. 즉, 광개토대왕 시절로부터 200여 년 전에 발생한 원인으로 인해 200여 년 후에 광개토대왕릉 비문의 역사적 사실이 발생했던 것인데, 지금까지 한·중·일 3국 역사가들은 그 사건의 근본 원인은 알지 못하고 겉으로 드러난 결과만 가지고 비문 해석을 하려니 제대로 되지가 않았던 것입니다.

내일부터는 광개토대왕릉 비문의 정확한 해독을 위해 먼저 그 근본 원인이 되는 신라 초기의 주요 사건들에 대해서 살펴보도록 하겠습니다.

10강
태양신 미트라와 곡옥의 비밀

원래 오늘부터 광개토대왕릉 비문의 올바른 해독과 관련하여 그 이전에 신라에서 생긴 여러 가지 일들에 대해서 강의를 진행하려고 했습니다. 그런데 미트라의 탄생일과 관련한 강의에서 어느 이웃 블로거께서 낮의 길이가 가장 짧은 동지와 관련하여 태양신 미트라의 탄생일이 시작되었다는 점에서 태극을 떠올렸다기에 미트라와 관련된 곡옥의 의미에 대해서 먼저 정리를 하고 넘어가기로 했습니다. 아마도 이웃 블로거께서는 동지와 태양신 미트라의 생일인 12월 25일과의 관계에서 음이 극에 달하면 양이 시작되는 물극필반物極必反의 원리를 생각하신 것이 아닐까 짐작되는군요.

한반도의 고대 유물로서 그 숫자가 가장 많은 것 중의 하나가 곡옥일 것입니다. 금관총에서만 130개 이상이 발견된 곡옥은 신라 고분의 각종 귀걸이나 금관의 장식품으로 사용되었을 뿐만 아니라 백제와 가야 지역의 유물에서도 발견되었습니다. 또한 함북 웅기의 송평동 유적에서 천하석天河石으로 만든 2.2cm의 작은 곡옥 2개가 나왔는데, 모두 머리 부분에 1개의 구멍이 뚫려 있어 삼국 시대 곡옥의 원형임을 시사해주고 있습니다. 이것은 곡옥이 한반도 내의 특정 지역이 아니라 전 지역에서 사용되었음을 보여주고 있습니다.

즉, 주류 역사학자들의 주장과는 달리 신라와 고구려에서 출토되는 유물들이 동일하다는 의미인 것이죠. 그뿐만 아니라 제가 고인돌 등과 함께 월지족의 표지 유물로 삼고 있는 곡옥은 한반도를 벗어나 일본의 선사 시대 야요이 문화 유적과 그 이전의 조몬 말기 문화의 유적에서도 발견되며, 더 멀리로는 남미의 고대 유적지에서도 그 모습을 나타내고 있어서 고인돌과 함께 월지족의 전 세계적인 이동 경로를 보여주고 있습니다.

학자에 따라서 이 곡옥을 '태아의 모습', '생명의 움'이라고 하는 등 구구한 의견을 제시하고 있는데, 저는 전작에서 두 개의 곡옥을 서로 반대 방향으로 결합하면 태극무늬가 만들어져서 곡옥은 태극을 형상화한 것이라고 밝힌 바 있습니다. 그렇다면 한반도로 이동하기 이전 월지족들의 거주지였던 파지리크 지역에서 발견된 카펫에 새겨진 말을 탄 기사도에서 말의 앞가슴과 콧잔등에 달린 곡옥과 몽골의 국기에서도 등장하는 곡옥(태극)의 진정한 의미는 과연 무엇일까요?

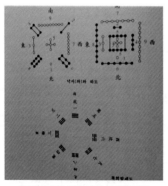

〈그림 10-1〉 하도낙서·복희팔괘도

사실 본 연구를 하기 전에 저는 태극기에도 나오는 태극이 주역과 관련이 있는 줄 알았으며, 따라서 이러한 태극의 형상이 고대 중국에서 만들어진 것이라고 알았습니다. 그런데 본 연구를 진행하면서 자료를 찾아본 결과 〈그림 10-1〉 중국의 하도(지

금 다시 보니 어릴 때 즐겨 두던 고누판을 닮았군요) 낙서나 복희팔괘도에
는 아예 태극의 문양이 없었고, 〈그림 10-2〉 한나라 위백양의 〈참동계
도〉, 그 밖에 당나라 〈태극선천합일도〉나 송나라 주돈이의 〈태극원
도〉에는 태극의 문양이 나타나지만 오늘날의 태극과는 거리가 먼 모
양이었습니다.

그후 남송의 주희(1130년~1200년)와 같
은 시대 인물인 〈그림 10-3〉 채계통(1135
년~1198년)의 '자연도(태극진도)'에 그려진
태극이 오늘날의 2태극과 같은 모습인데,
오늘날의 2태극무늬를 상징하는 곡옥이
기원 전후에 이미 파지리크 기사도와 신
라의 금관에 등장하는 것이며, 신라 선덕

〈그림 10-2〉 참동계도

여왕(재위 632년~647년) 때 건립된 것으로 알려진 첨성대의 구조에도
태극의 문양이 나타나는 것입니다.

〈그림 10-3〉 태극진도

앞에서 곡옥은 태극무늬를 나타낸다
고 했는데, 지금부터는 이 태극무늬와
조로아스터교 태양신 미트라와의 관계
에 대해서 살펴보겠습니다.

미당 선생은 〈자화상〉이란 시에서 '나
를 키운 건 팔 할이 바람'이라고 했지만,
돌이켜보면 저를 키운 상당 부분은 만화였습니다. 그런데 이 만화가
태극의 의미를 찾는 제 연구에 결정적인 도움이 된 것이었습니다. 앞
에서도 말씀드렸듯이 처음에 저는 태극이 주역과 관련이 있다고 생각

했기에 주역과 관련된 자료를 많이 찾아봤습니다. 그런데 주역 관련 책에서 소개된 태극의 그림은 앞에서 본 것처럼 남송 시절에야 나타나고 그 이전 시기의 태극 그림은 오늘날의 태극도와는 아주 다르다는 사실만 알게 되었습니다. 그러던 어느 날 중국의 주춘재라는 사람이 지은 『의역동원 역경醫易同源 易經』이란 만화에서 마침내 태극무늬의 진정한 의미를 깨닫게 되었던 것입니다.

즉, 그 책에서 〈그림 10-4〉와 같이 전합록이라는 중국 주역학원 교수가 그린 태극도를 발견하게 되었습니다.

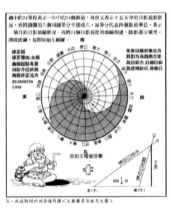

〈그림 10-4〉 전합록_태극도

매우 상징적인 의미를 갖추고 있는 이 태극도는 태고 시대에 사람들이 장대를 세워 태양에 비친 그림자를 보고 사방을 나누는 것에 의해 더위와 추위를 구분하는 실측도, 즉 원시적인 천문도이기도 했다는 것이었습니다. 그림에서 원을 24등분한 것은 24절기를 표현하며, 각각 15일 동안의 그림자의 신축 상황을 나타내고 있습니다. 그리고 24개의 그림자의 길이를 곡선으로 연결하여 그림자에 해당하는 부분을 어둡게 칠하면 그림과 같은 원시태극도가 완성된다는 것이었습니다.

이러한 태극도가 조로아스터교의 태양신 미트라와 관련이 있는 것은 태극무늬가 결국 태양이 원을 그리며 도는 궤도인 황도黃道의 곡선을 따온 것이기 때문입니다. 이와 관련하여 예전 강의에서도 소개

한 바 있는 성균관대 건축과 교수 송민구는 1980년 첨성대 논문에서
다음과 같은 내용을 밝힌 바 있습니다.

"회전곡면을 이루는 첨성대의 곡선은 태양이 원을 그리며 도는 궤도, 즉
황도의 곡선을 따온 것이다. 동지, 춘추분과 하지를 정점으로 하는 그림자
관측으로 신라인들은 황도가 그리는 곡선을 쉽게 알아냈을 것이다. 또한
첨성대 꼭대기 정자석井字石과 바닥의 초석 및 지대석의 두 모서리는 동남
동 30도 가까운 동지 일출선과 정확히 일치한다."

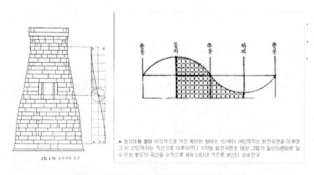

〈그림 10-5〉 첨성대 회전 곡면과 황도 곡선

이상 소개한 전합록이 그린 '태극도_원시천문도'와 송민구 교수의
연구를 통하여 태극무늬가 태양이 원을 그리며 도는 궤도인 황도를
형상화한 한 것이며, 곡옥은 이러한 태극무늬를 본떠 만든 것임을 독
자 여러분들도 확인할 수 있을 것입니다.

이제는 독자 여러분들도 남부 시베리아 파지리크 고분에서 발견된
카펫에 그려진 기사도에서 말의 앞가슴과 콧잔등에 곡옥이 매달려

있는 이유와 신라 금관에 곡옥이 주렁주렁 매달려 있는 이유가 짐작이 되실 겁니다. 이 곡옥(태극)은 태양이 움직이는 길, 즉 황도를 형상화한 것으로서 태양신 미트라를 상징하는 일종의 부적과 같은 수호물이었던 것입니다.

　이것과 같은 맥락으로 고구려 고분 벽화에 보면 말을 탄 사람이 절풍이라는 고깔모자에 새의 깃을 꽂고 있는 그림이 있습니다. 이처럼 새의 깃을 모자에 꽂은 것은 조로아스터교의 경전인 『아베스타』에 의하면 먼 길을 떠나는 병사와 사람들은 올빼미의 깃털을 몸에 문질렀으며, 깃털을 몸에 간직하고 있는 사람은 어떤 적도 해칠 수 없다는 믿음에서 나왔을 것으로 추측됩니다. 그리고 올빼미는 성수聖獸인 사자와 함께 이슈타르 여신의 성스러운 새(聖鳥)였습니다.

〈그림 10-6〉 팔광성과 태극무늬

　한편 고대 페르시아의 유적지인 니샤푸르에서는 육광성과 팔광성 속에 그려진 태극무늬가 있는데, 6, 8, 그리고 16은 이슈타르(페르시아의 아나히타) 여신을 상징하는 숫자로서, 〈그림 10-6〉과 같은 팔광성 속에 그려진 태극무늬는 아나히타 여신과 미트라를 나타내는 것입니다.

　그런데 이처럼 육광성 또는 팔광성 속에 태극무늬가 그려진 것은 두 가지 해석이 가능합니다. 한 가지 해석은 이 그림이 1타 쌍피, one shot two kill, 일석이조처럼 하나의 그림으로써 두 신을 모두 표현한 것으로 볼 수 있다는 것입니다.

또 한 가지 해석은 이 그림이 태양신 미트라와 물의 여신 아나히타가 양성구유 혹은 자웅동체라는 의미일 수도 있다는 것입니다. 두 번째 해석이 가능한 것은 미트라와 아나히타에 관한 자료를 찾아보면 두 신은 자료에 따라 연인 관계, 모자 관계, 양성구유 등의 다양한 모습으로 나타나고 있기 때문입니다. 둘 중 어느 것이 옳은지를 파악하는 것은 이란의 신화학자나 종교학자가 할 일이고, 제 연구범위를 벗어났기 때문에 이 정도선에서 오늘 제 강의는 마무리하도록 하겠습니다.

다음 강의에서는 원래 계획했던 것처럼 광개토대왕릉 비문 해독을 위해서 먼저 알아야 할 신라 초기의 사건들에 대해서 살펴보도록 하겠습니다.

11강

한·일 갈등의 근원과 왜의 정체

오늘은 유별나게 극심한 한국과 일본 간 민족 갈등의 근원과 광개토대왕릉 비문에 등장하는 왜倭의 정체에 대해서 살펴보겠습니다.

우리나라 국민을 대상으로 '가장 싫어하는 나라'에 대한 설문조사를 하면 일본이 압도적으로 1순위로 꼽힙니다. 2017년 중국과 사드 배치에 대한 갈등이 한창일 때 중국이 일본을 제치고 1등을 차지한 경우도 있지만, 우리나라 국민의 일본에 대한 혐오감은 유별납니다. 그래서 모든 스포츠 종목에서 한·일전이 열리는 날에는 전 국민이 관심을 가지고 우리 선수들을 응원하고, 또한 국민들의 지대한 관심을 아는 선수들은 그야말로 악착같이 이기려고 최선을 다하는 것을 볼 수 있습니다.

이것은 일본도 마찬가지여서 2019년 1월 21일자 니혼게이자이 신문의 여론조사 발표에 의하면, 일본인들이 싫어하는 나라는 북한, 중국, 한국, 러시아의 순으로 나타나서 우리와 마찬가지인 것을 알 수 있습니다. 우리의 경우에는 멀리는 임진왜란을 비롯해서 가까이는 한일합방에 이르기까지 일본의 침략을 많이 받았으니 그러려니 할 수 있지만 일본인들은 한국을 왜 그렇게 싫어할까요?

프로이트와 함께 정신분석학 이론에서 쌍벽을 이루는 칼 융은 집단무의식이란 개념으로 심리학의 새로운 장을 열었습니다. 융은 마음, 즉 인격을 의식과 무의식으로 나누고, 무의식을 개인적 무의식과 집단적 무의식으로 나누어 생각했습니다. 그리고 집단적 무의식은 전혀 의식되는 일이 없는 것이지만 인격 전체를 지배하고 종족적으로 유전된 것이며 개인적 경험을 초월한 것이라고 설명하고 있습니다. 또한 집단무의식은 무의식의 한 부분으로서 누구에게나 공통되는 일반적인 내용을 담고 있습니다. 즉, 개인 무의식이 '어떤 개인이 어릴 때부터 쌓아 온 의식적인 경험이 무의식 속에 억압됨으로써 그 사람의 생각, 감정, 행동에 영향을 주는 것'인 데 비해, 집단무의식은 '옛 조상이 경험했던 의식이 쌓인 것으로서 모든 사람들에게 공통된 정신의 바탕이며 경향'이라는 것입니다.

오랫동안 이어져 온 한·일 양국 간의 뿌리 깊은 갈등을 해소하기 위해서는 먼저 그 갈등의 원인을 찾아야만 갈등 해소의 방법을 강구할 수 있습니다. 병의 근본 원인을 파악해서 고치지 못하면 처방은 대증 요법이 될 수밖에 없습니다. 지금 현재 한·일 양 국민들의 마음속에 깊게 뿌리박힌 병의 근본 원인은 두 민족(특히 일본)의 집단무의식에 내재하고 있었는데, 지금까지 누구도 그 근본 원인이 무엇인지를 정확히 알지 못했던 것입니다.

따라서 우리로서는 그 이유를 알기 어려운 일본인들의 한국 혐오증에 대한 이유를 제대로 파악하려면, 일본인들 속에 내재되어 있는 집단무의식을 밝혀내야만 합니다. 그런 까닭에 이제까지 일본인들 스스로도 제대로 알지 못했던, '그들의 옛 조상이 경험했던 의식'이 과연 무엇인지를 지금부터 살펴보도록 하겠습니다.

최인호의 역사소설 『잃어버린 왕국』은 압록강 너머 중국 길림성 집안현 통구에 살고 있던 두 농부가 폐허가 된 들판에서 광개토대왕릉비를 발견하고, 현의 관리에게 글자가 새겨져 있는 거대한 바위를 발견한 것을 보고하는 것으로 시작됩니다. 그 후 현의 관리는 이 바위를 가득 덮고 있는 이끼와 덩굴을 제거하기 위해서 소똥을 바르고 불을 붙이도록 시켰습니다. 이끼가 벗겨지자 마침내 바위 위에 새겨진 글자가 드러났는데, 일부는 맹렬한 불길에 의해 비의 표면이 갈라지고 깨지는 등 훼손되고 맙니다. 그리고 이 비문의 탁본을 뜨면서 보다 선명한 글자를 얻기 위해 비면 위에 석회칠을 하는데, 이러한 과정에서 비면에 마멸이 생기고 결국은 이것이 비문 조작설 등이 생기는 계기가 되고 맙니다.

일본 육군 참모부의 밀정인 사카와에 의하여 비문이 변조되었다는 '비문 변조설'은 1972년 재일사학자 이진희에 의하여 제기되었습니다. 이진희는 광개토대왕릉비의 탁본에 따라 글자가 다르게 나타나는 현상을 문제 삼아서 이러한 현상이 나타나는 것은 일본의 육군 참모부가 비문의 일부 글자에 대해 석회를 발라서 의도적으로 비문 내용을 변조하였기 때문이라고 주장하였습니다. 그리고 이 주장은 당시 학계에 큰 파장을 일으켰고, 일본 학자와 이진희 간에 열띤 논쟁이 벌어졌으며, 나중에는 중국 학자까지 참여하여 국제적인 쟁점이 되었습니다.

하지만 이진희에 의하여 제기된 '비문 변조설'은 1980년대 들어 중국 학자 왕건군의 연구를 통해 해명되었는데요. 왕건군은 광개토대왕릉비가 있는 집안 지역에 장기간 머무르며 비를 상세히 조사하는 한편, 비 주변에 살고 있는 주민들과 상세한 인터뷰를 진행하였습니다. 이 과정에서 비문에 칠해져 있는 석회의 실체를 파악할 수 있는 정보들을 입수했는데, 알고 보니 비에 석회를 칠한 사람은 일본 육군 참모부가 아니라 광개토대왕릉비 근처에 살고 있던 중국인 초천부·초균덕 부자였습니다.

이들은 광개토대왕릉비 부근에 거주하면서 탁본을 떠서 생계를 꾸렸는데, 광개토대왕릉비가 매끈하게 다듬은 비석이 아니어서 탁본 제작에 어려움이 있었습니다. 게다가 오랜 세월을 거치며 비 표면이 풍화되고 발견 직후 비를 덮고 있는 덩굴과 이끼를 제거하기 위해 불을 지르는 과정에서 비의 표면이 갈라지고 깨지는 등 많은 손상이 발생하였고, 이로 인해 탁본을 뜨는 데 애로사항이 발생했습니다. 이런 까닭에 탁본을 쉽게 뜨기 위하여 울퉁불퉁한 비 표면에 석회를 발라 다듬었고, 흐릿한 글자들의 윤곽을 보다 뚜렷하게 보이도록 손을 대기도 했는데, 이러한 과정에서 일부 글자가 엉뚱한 글자로 바뀌는 일도 있었습니다.

이렇게 만들어진 탁본은 그 전에 만들어진 탁본보다 글씨가 선명하고 깨끗하여 구매자들에게 인기가 좋았으며, 초씨 부자는 그 후 이 일을 그만두고 마을을 떠났습니다. 하지만 왕건군이 조사를 할 당시 마을에는 초씨 부자를 잘 알던 이웃들이 있었고, 이들의 증언을 통해 광개토대왕릉비에 석회칠을 한 경위를 정확하게 파악할 수 있었던 것이죠.

그럼 지금부터 광개토대왕릉 비문 내용에 대해 먼저 간단히 살펴보도록 하겠습니다. 총 1,775자에 달하는 광개토대왕릉 비문의 내용 중 한·중·일 학자 간 가장 이견이 많은 부분은 소위 '신묘년 기사'라고 하는 부분입니다. 이 문장에서는 9행 17자, 18자, 19자의 글자가 훼손되어 정확한 원래의 글자를 알 수 없어 각 나라의 학자들에 의해 자신들의 입장에 유리하도록 해석되었으며, 특히 일본 제국주의 시대에는 그들의 대륙침략 정당성을 주장하는 근거로 악용되었습니다.

〈그림 11-1〉 광개토대왕릉 비문

이 중 19번째 글자는 〈그림 11-1〉과 같이 오른쪽 부분의 근斤자가 확인되어서 신新자로 판독됩니다. 한·중·일 학자 간에 그 해석에 있어서 수많은 논란을 가져온 문제의 광개토대왕릉 비문 신묘년 기사와 해석은 다음과 같습니다.

"倭以辛卯年來渡海破百殘□□新羅以爲臣民 : □는 훼손된 문자
  왜가 신묘년에 바다를 건너와서 백잔□□를 격파하고 신라를 신민으로 삼았다."

이 기사에 대하여 일본은 1883년 사카와가 탁본을 가지고 온 이래로

"왜가 신묘년(391년)에 바다를 건너 백제와 □□ 그리고 신라를 점령하여 신민으로 삼았다"라는 해석이 통설로 되었으며, 이 비문을 근거로 그때 이미 일본 열도에는 통일국가가 존재했다는 학설이 확고히 되었습니다.

한편 한국 측이 비문의 연구에 참가할 수 있었던 것은 그 연구를 중국인들이나 일본인들이 독점한지 70여 년이나 지나 그것에 대해 일정한 통설이 정착된 후부터였습니다. 그런 상황에서 종래의 통설을 부정하며 독자적인 의견을 발표한 학자는 위당 정인보 선생이었는데, 선생은 1955년에 일본학계의 전통적인 해석을 비판하고 다음과 같이 고구려를 주어로 하는 새로운 해석을 제시하였습니다.

> "고구려가 바다를 건너 왜를 쳤다. 이때 백제가 왜와 손잡고 신라를 신민으로 삼으므로 고구려가 백제를 쳤다."

고구려를 주역으로 하는 정인보 선생의 해석 이후로 월북한 역사학자 박시형과 김석형도 고구려를 주역으로 하는 새로운 주장을 제시하였는데, 박시형은 신묘년 기사를 다음과 같이 해석하였습니다.

> "倭以辛卯年來, (高句麗) 渡海破(倭), 百殘□□□(招倭侵)羅, 以爲臣民
> 왜가 신묘년에 침입해 왔기 때문에, (고구려는) 바다를 건너가서 (왜를) 격파하였다. 백제가 (왜를 불러들여) 신라에 침입하여 신민으로 삼았다."

또한 김석형은 다음과 같이 해석하였습니다.

"倭以辛卯年來, (高句麗) 渡海破百殘□□新羅, 以爲臣民

왜가 신묘년에 왔으므로 (고구려는) 바다를 건너 백제와 □□신라를 쳐서

신민으로 삼았다."

정인보 선생, 박시형 및 김석형 등이 주장한 요지는 광개토대왕릉비가 광개토대왕의 업적을 기리기 위해 세워진 것이므로, 비문 해석에 있어서 고구려라는 주어가 생략된 것으로 보고, 그 생략된 고구려라는 주어를 넣어서 해석해야 한다는 것이었습니다. 앞으로 신묘년 기사 내용에 대해서 제가 자세히 밝혀드리겠지만 고구려라는 주어가 생략되었다는 주장은 전혀 맞지 않습니다. 아마 이분들도 그렇게 생각했을 가능성이 높다고 생각됩니다. 다만 민족적 자존심 때문에 그것을 인정하고 싶지 않아서 고구려라는 주어가 생략되었다는 무리수를 두지 않았을까라는 개인적인 판단입니다.

그러다가 앞에서 말씀드린 바와 같이 1972년에 재일사학자 이진희에 의하여 비문 변조설이 제기되었지만, 1980년대 중국 학자 왕건군의 연구에 의하여 비문 변조는 없었다는 사실이 확인된 것이었습니다. 하지만 광개토대왕릉비에 석회가 칠해진 것은 사실이었으므로 탁본의 사료적 가치에 문제가 있다는 것은 분명했습니다.

이에 학자들은 석회가 칠해지기 전에 제작된 탁본에 주목했고, 원석 탁본을 통해 비문의 재판독을 시도하였습니다. 이를 통해 몇몇 글자들의 왜곡을 바로잡는 성과가 있었음에도 불구하고, 논란의 중심에 있던 '신묘년 기사'의 판독에는 별다른 변화가 없었습니다. '비문 변조설'을 믿었던 사람들의 기대와는 달리 원석 탁본에서도 해당 글자

들은 기존의 판독문과 별 차이가 없었던 것입니다.

다만 문제의 신묘년 기사 '破百殘□□新羅'부분에서 중국인 학자 왕건군이 현지를 다시 답사하며 조사하는 과정에서 과거 초씨 부자가 석회 탁본을 하면서 없어진 글자를 복원하는 데 참고하기 위해 보유하고 있던 원래 비문의 석문釋文이 발견되어 9행 17자를 '동東'자로 보는 새로운 견해가 등장하고 있습니다. 즉, 신묘년 기사가 '倭以辛卯年來渡海破百殘東□新羅以爲臣民'라는 것입니다. 독자 여러분들은 이 내용을 잘 기억해두시기 바랍니다. 앞으로 제가 밝혀낼 진실의 그림자가 이 내용에 드리워져 있으니까요.

최인호는 앞에서 소개드린 소설『잃어버린 왕국』에서 '왜 일본인들은 한국인에 대해서 뿌리 깊은 증오심을 갖고 있는 것일까'라는 한·일 간의 관계에 대한 근원적인 질문을 던지면서, 일본의 한국에 대한 증오심의 근본을 밝히기 위해서는 700년대 초기로 돌아가야 한다고 서술하고 있습니다. 그런데 지금부터 제가 그 전모를 낱낱이 밝히겠지만 일본의 한국에 대한 증오심의 뿌리는 지금으로부터 거의 2천 년 전으로 거슬러 올라갈 정도로 그 역사가 대단히 깊습니다. 그리고 일본은『일본서기』를 근거로 하여 신라·고구려·백제를 그들의 제후국으로 여겼다지만, 오히려 일본이 신라 초기 박씨 왕조의 제후국이라고 할 수 있습니다.

아무튼 이처럼 한·일 간에 수천 년 동안 이어져 내려온 증오심의 뿌리를 정확히 밝히기 위해서는 먼저 몇 가지 중첩된 선행 문제를 해결해야만 합니다.

첫째, 광개토대왕릉비에 기록된 "신묘년에 바다를 건너와서 백잔□□를 격파하고 신라를 신민으로 삼은 왜倭는 과연 누구인가"를 정확히 파악해야만 합니다.

둘째, 비문에 등장하는 왜의 정체를 정확히 파악하기 위한 선행조건으로 "신라는 왜 박·석·김朴·石·金 세 성씨가 돌아가면서 왕위를 계승했는가"를 정확히 파악해야만 합니다.

셋째, 비문에 등장하는 "왜가 신묘년에 바다를 건너와서 격파한 '백잔□□'의 정체는 무엇인가"를 정확히 밝혀야만 합니다.

그리고 이러한 문제들을 정확히 파악하기 위해서는 부수적인 문제로 다음과 같은 몇 가지 문제를 같이 해결해야만 합니다.

첫째, 연오랑·세오녀 설화의 의미.

둘째, 연오랑과 세오녀가 일본으로 건너갈 때 탔다는 '돌로 만든 배(석주石舟)'의 의미.

셋째, 신라 8대 아달라왕(재위 154년~184년) 시절에 아찬 길선이 반란을 시도한 이유와 그보다 몇 년 뒤인 209년에 가야에서 '포상팔국의 난'이 일어난 이유.

결국 광개토대왕릉 비문 신묘년에 일어난 사건을 정확히 해석하기 위해서는 제가 앞에서 열거한 이 모든 문제들이 먼저 정확하게 파악되어야만 하는데, 지금까지 모든 학자들이 이 사건이 일어나게 된 배경인 근원적인 문제는 알지 못하면서 드러난 결과(비문의 신묘년 기사)만 가지고 해석을 시도하다보니 엉뚱한 곳에서 헛발질만 하는 격이되고 만 것이었습니다.

지금까지 모든 한·중·일 역사학자들이 생각하지 못했던 근원적인 문제에 대해 오히려 소설가 최인호는 전체 5권 내용 내내 엉뚱한 곳에서 헛발질을 하고 있다가 그나마 천재 작가라는 명성에 걸맞게 핵심을 건드리는 '왜는 과연 누구인가'라는 예리한 질문을 다음과 같이 던지면서 소설을 끝맺습니다.

"나는 문득 신문의 기사를 훑어보았다. 마악 신문기사를 찢으려던 내 손이 감전이라도 되어버린 듯 굳어져 떨리고 있었다.

왜이倭以 신묘년辛卯年 내도해파백잔來渡海破百殘ㅁㅁㅁ라이위신민羅以爲臣民.

나는 순간 손에 들린 신문기사를 떨어뜨릴 뻔하였다.

나는 왜 '내도해파'의 네 글자에만 매달려 있었던가. 그 네 글자가 참모본부에서 변조한 것인가 아닌가. 혹은 그러한 변조의 가능성이 높은 메이지 정부의 역사적 검은 음모에만 매달려 있었던가.

그렇다.

나는 정작 중요한 단어에는 전혀 신경조차 쓰지 않고 있었다. 그들 일본의 메이지 정부가 '내도해파來渡海破'의 네 글자를 변조하건 말건, 간 마사토모가 칠지도의 명문을 지워버리건 말건, 그 엄청난 음모와 조작과 변조와 은폐가 있건 말건, 그리하여 비밀과 수수께끼와 미궁에 빠져버리건 말건, 그래도 변하지 않는 단 하나의 글자.

그것은 바로 왜倭가 아닌가.

어리석은 그들은, 왜는 곧 일본이라는 착각 속에서 형용사와 동사, 또 다른 문구는 지워버리고 조작하였지만, 가장 중요한 주어 즉 왜는 무심코 내버려둔 것이다.

왜.

이 이름이야말로 우리나라의 제4제국, 숨겨진 또 다른 나라의 이름이 아닐 것인가."

다음 시간에는 광개토대왕릉 비문의 정확한 해독을 위해 선행되어야 한다고 소개한 문제들에 대해서 차례차례 강의하도록 하겠습니다.

신라 초기에 일어난
1차 역성혁명과 돌로 만든 배의 비밀

오늘은 광개토대왕릉비에 등장하는 왜倭의 정체를 파악하기 위하여 신라 초기에 일어난 박씨에서 석씨로의 왕권 이동, 즉 1차 역성혁명에 대해서 살펴보겠습니다.

다들 알다시피 신라는 특이하게도 박·석·김의 세 성씨가 돌아가면서 정권을 잡은 나라입니다. 물론 1대 박혁거세에서 8대 아달라왕까지의 박씨 왕조 도중에도 4대 석탈해가 있었고, 9대 벌휴왕에서 16대 흘해왕까지의 석씨 왕조 도중에도 김씨인 13대 미추왕이 있었습니다. 하지만 큰 흐름은 박씨에서 석씨, 그리고 최종적으로는 김씨로 정권이 넘어갔습니다. 이와 관련하여 신라 초기 박씨 마지막 왕이었던 아달라왕에서 석씨인 9대 벌휴왕으로 왕권이 넘어갈 때, 『삼국사기』 〈신라 본기〉에는 아달라왕의 후손이 없어서 석씨인 벌휴왕이 추대되었다고 다음과 같이 기록하고 있습니다.

"벌휴이사금(재위 184년-196년)이 즉위하니, 성은 석씨이고 탈해왕의 아들인 구추 각간의 아들이다. 어머니의 성은 김씨이니 지진只珍 내례부인이다. 아달라왕이 돌아가고 아들이 없으니 나라 사람이 세웠다."

아달라왕이 죽고 아들이 없어서 석씨인 벌휴가 왕이 되었다는 이 기록이 과연 사실일까요? 당시 신라에는 왕권의 맏아들(장자長子) 계승 원칙이 확고하지 않았던 것처럼 보입니다. 어쩌면 처음부터 월지 족에게는 장자 계승 원칙이 없었는지도 모르겠습니다. 왜냐하면 같은 월지족이 세운 나라인 고구려의 경우도 아들에게 왕위가 계승되지 않고 동생에게 계승되는 사례가 빈번하게 나타나기 때문입니다.

따라서 처음부터 월지족은 장자 계승의 원칙이란 것이 없었을 수도 있다고 판단됩니다. 아무튼 석탈해의 경우도 2대 남해왕의 사위였는데, 남해왕의 아들인 유리왕과 누가 더 이가 많은지를 비교해서 유리왕이 먼저 왕이 되고 그 후에 탈해가 왕이 되었다고 전해집니다. 또한 5대 파사왕도 유리왕의 둘째 아들이 왕이 된 경우인데, 관련된 내용이 다음과 같이 『삼국사기』〈신라 본기〉에 기록되어 있습니다.

> "파사이사금이 즉위하니, 유리왕의 둘째 아들이다. …처음에 탈해가 돌아가니 신료들이 유리왕의 태자 일성逸聖을 세우려고 하였는데 어떤 사람이 말하기를, "일성이 비록 적사이지만 위엄과 총명이 파사만 못하다."하므로 드디어 그를 세웠다. 파사가 절검하여 쓸 것을 줄이고 백성을 사랑하니, 나라 사람이 아름답게 여겼다."

이러한 기록들은 당시 반드시 장자가 아니라도 왕이 될 수 있었다는 것을 알려줍니다. 또한 만고의 충신(?)으로 알려진 박제상은 5대

파사왕의 5세손으로 알려졌는데, 이것 역시 아달라왕의 후손이 없어서 석씨로 왕권이 넘어갔다는 역사 기록과 정면으로 부딪칩니다. 박제상이 만고의 충신이라는데 의문 부호를 붙인 것은 박제상과 관련하여 제 나름으로는 다른 의견이 있는데, 이 부분에 대해서는 기회가 되면 소개하도록 하겠습니다.

그리고 신라가 망하기 직전에도 8대 아달라왕의 먼 후손이라는 53대 신덕왕이 등장하며, 54대 경명왕과 55대 경애왕 역시 박씨입니다. 그렇다면 무슨 까닭으로 박씨인 8대 아달라왕에서 석씨인 9대 벌휴왕으로 정권이 넘어갔을까요? 이러한 역사적 비밀을 밝혀주는 실마리가 바로 연오랑·세오녀 설화입니다.

어릴 때부터 "행간을 읽어야 한다"는 말은 자주 들어왔지만, 실생활에서 그것을 적용해본 적은 별로 없었던 것 같습니다. 물론 평소 인간관계에 있어서는 다소 무심한 편인 필자이지만, 글로 표현된 것을 읽거나 TV에서 어떤 상황이 전개될 때, 혹은 누군가와 대화를 나눌 때, 그 다음에 어떤 내용이나 장면이 나올 것인지를 짐작하는 데에는 나름 일가견이 있었습니다. 그것은 아마도 오랫동안 쌓아 왔던 수많은 독서 경험 등을 통해 글이나 상황의 맥락을 파악하는 능력이 다소 늘어난 데에 기인하는 것일지도 모르겠습니다.

아무튼 예전에는 이러한 행간을 읽어내는 능력을 그다지 발휘하지 못했던 제가 고대사 연구에서는 '행간 혹은 맥락 읽기'를 통해서 중요한 내용을 파악한 적이 여러 번 있었는데, 그중 하나가 바로 신라 박씨 왕조와 일본 천황가의 관계에 대한 것이었습니다.

제가 2013년 7월 중순부터 선도성모 집단의 뿌리에 대한 연구를 시작하면서 연구 초반에 선도성모 집단, 즉 월지족의 한반도 이주와 그 후의 일본 진출에 대해서 먼저 파악하게 되었습니다. 그런데 이런 사실들을 파악한 이후부터 막연히 품었던 생각들 중 하나가 이들 월지족의 일본 진출에 대한 단서가 어딘가에 남아 있지 않을까라는 것이었습니다. 그런 막연한 생각을 하던 와중에도 확증은 없었지만 '연오랑·세오녀' 설화가 이들의 일본 이주와 관련이 있는 내용일 것이라는 짐작은 들었었습니다.

이 궁리 저 궁리를 하던 어느 날, 시내 식당에서 혼자 점심 식사를 하다가 "연오랑·세오녀 설화가 발생한 시점을 전후로 해서 신라 왕가에 어떤 변화가 있지 않았을까?" 라는 생각이 문득 떠올랐습니다. 마치 왕관이 순금으로 이루어졌는지 여부를 파악할 방법에 대해서 고민하던 아르키메데스가 욕조 안에서 그 해결책을 깨닫고서는 '유레카(Eureka; 마침내 알아냈다)'를 외쳤던 것과 비슷한 경험이었습니다. 그래서 식사를 끝낸 후 바로 집으로 들어와서 『삼국유사』와 『삼국사기』의 기록들을 살펴보았습니다.

아니나 다를까 행간에서 그 의미를 찾을 수 있는 기록들을 발견할 수 있었는데, 그것은 다름아닌 『삼국사기』 아달라왕 때 일본으로부터 두 번이나 '내빙(來聘; 사신이 예물을 들고 찾아 옴)'을 했다는 기록이었습니다. 즉, 연오랑과 세오녀가 바위를 타고 일본으로 건너간 것은 아달라왕 4년 때의 일이었는데, 아달라왕 5년에 왜인이 내빙하였다는 기록과 아달라왕 20년에는 왜국 여왕 비미호(삼한에 월지국·고리국 등과 함께 비미국이 있었습니다)가 사신을 보내어 내빙을 하였다는 기록이 나오는 것이었습니다. 그리고 신라 박씨 왕조의 일본 이주 기록으로 추정되는 연오랑·세오녀 설화가 발생한 아달라왕 직후에 바로 석씨 왕조가 들어선 것이었죠.

『삼국사기』〈신라 본기〉에서 아달라왕 이전에 일본과 관련된 내용은 왜가 침략을 했다는 내용이 주를 이루었는데, 유독 사신이 예물을 가지고 찾아왔다는 '내빙'이라는 단어는 석탈해왕 때 한 번 나오는 것을 제외하고는 아달라왕 때가 유일했습니다. 탈해왕 때 일본에서 사신이 예물을 가지고 방문한 이유는 기회가 있으면 다음에 설명하도록 하겠습니다.

결국 연오랑·세오녀가 떠난 1년 후인 아달라왕 5년에 왜인이 내빙한 것은 일본에 잘 도착했다는 인사였습니다. 그리고 16년 후인 아달라왕 20년에 비미호 여왕이 사신을 보내어 내빙한 것은 일본에서 기존 선주민 혹은 다른 경로를 통해서 먼저 도착했던 다른 월지족과의 10여 년간의 치열한 전쟁 끝에 야마타이국을 수립한 이후에 비미호 여왕이 공식적으로 안부인사를 하러 보낸 것이라고 추측할 수 있는 대목이었습니다.

아마도 선주민과의 전쟁보다는 다른 경로로 미리 일본에 도착해 있던 월지족(석탈해가 속해 있던 월지족을 비롯하여) 간의 왕권 쟁취를 위한 전쟁이었을 가능성이 더 높다고 봅니다. 왜냐하면 기존 선주민의 경우는 철기를 사용하는 월지족에게는 상대가 안 되는 싸움이기 때문입니다. 그래서 한반도에 월지족이 도래하기 전에 있었던 삼한도 세력이 아주 컸던 마한을 제외하고는 쉽게 월지족에게 굴복하고 말았던 것입니다.

이와 관련하여 『삼국지』〈위서 왜인전〉에서는 왜국에는 원래 남자가 왕으로 있다가 난이 생겨 여러 해 동안 전쟁이 끊이지 않아서 비미호를 여왕으로 추대했는데, 비미호가 여왕이 된 후에 정사는 남동생에게 맡기고 자신은 여러 시녀들과 함께 은둔했다고 기록되어 있습니다. 이 부분은 박혁거세 사후에 아들은 왕(남해왕은 차차웅이라고도 하는데 무당을 의미하는 말이라고 합니다)의 직위를 담당하고 딸은 박혁거세의 사당에서 제사를 담당했다는 기록과 관련되는 부분인데요. 오늘날에도 선도산 선도성모 사당에는 박씨 집안에서 제사를 지내는데, 특이하게도 이 제사를 주관하는 사람들은 박씨 집안의 며느리들이며 남자들은 참관을 못 하다가 최근에 와서야 남자의 참관을 허용했다고 합니다. 일반적인 제례법과는 사뭇 다른 부분이죠.

또한 비미호는 괴이한 술법을 행해서 백성들을 미혹시켰다고 기록되어 있는데, 이것은 선도성모의 전신으로 추정되는 무속인이 한 무제 시절 감천궁에서 귀신과 대화를 나누었다는 기록과 관련이 있는 것입니다. 즉, 모든 것을 고려해볼 때 비미호 역시 선도성모와 마찬가지로 월지족의 여제사장 출신이었을 것으로 추정됩니다.

지금부터는 본격적으로 신라 초기에 일어난 1차 역성혁명과 석탈해의 정체에 대해서 살펴보겠습니다. 앞에서 아달라왕 사후에 박씨 후손이 전혀 없지는 않았음에도 불구하고 석씨인 벌휴왕이 왕권을 잡았다고 말씀드렸습니다. 그러면 "왜 박씨가 아닌 석씨가 아달라왕 사후에 9대 벌휴왕부터 16대 흘해왕(13대 미추왕 제외)까지 왕권을 계승하게 되었을까?"하는 의문이 생깁니다. 그리고 이 의문을 확실히 밝혀야만 수천 년간 이어져 온 한·일 간의 뿌리깊은 증오심의 근원을 알 수 있는 것입니다.

제가 파악한 한·일 간의 뿌리깊은 증오심의 이유는 다음과 같은 것입니다. 실제로는 박씨 아달라왕의 후손이 있었음에도 불구하고 석씨로 왕조가 바뀐 것은 그 당시 신라에는 박씨에서 석씨로의 1차 역성혁명이 일어났던 것으로 추정할 수밖에 없습니다. 그리고 이러한 역성혁명이 일어날 수 있었던 계기는 바로 아달라왕 때 신라의 월지 부족 중 박씨 씨족의 많은 인물들이 무리를 이끌고 일본으로 건너갔기 때문에 박씨 왕가의 힘이 약해졌으며, 이를 틈타 같은 월지 부족 중 석씨 씨족의 인물이 왕위를 계승했기 때문이었습니다.

이처럼 당시 신라에 거주하던 월지라는 전체 부족 중 박씨 씨족의 다수가 무리를 이끌고 일본으로 이주했기 때문에 그로 인하여 박씨 왕조에 권력 누수 현상이 일어났음을 증명하는 또 다른 기록이 있습니다. 즉, 『삼국사기』〈신라 본기〉에 아달라왕 12년(165년) 겨울 10월에 아찬 길선이 모반을 꾀하다 들켜서 백제로 도망갔다는 기록이 바로 그것입니다. 박혁거세가 신라 최초의 왕위에 오른 이후에 신하가 모반을 시도한 것은 이때가 처음이었습니다.

세계 역사를 되돌아볼 때, 반란이 일어나는 경우는 크게 두 가지 이유로 구분해볼 수 있습니다. 첫 번째는 왕이나 관리의 폭정에 못 이겨서 신하나 백성들이 반란을 일으키는 경우이고, 두 번째는 왕권이 약해졌을 때 신하나 호족이 반란을 일으키는 경우입니다. 그런데 신라 아달라왕 때 아찬 길선이 반란을 시도했다는 것은 신라 박씨 왕조의 주력 부대가 일본으로 이주했기 때문에, 그 힘의 공백을 노리고 신하가 반란을 도모한 것으로 파악할 수 있습니다.

그리고 이것은 가야의 경우도 마찬가지입니다. 『삼국사기』〈신라 본기〉에는 "내해왕 14년(209년) 가을 7월에 포상浦上의 여덟 나라가 가라를 침입하려고 하자 가라 왕자가 와서 구원을 요청하였다. 왕이 태자 우로와 이벌찬 이음에게 명해 6부의 군사를 거느리고 가서 구해주어, 여덟 나라의 장군을 공격해 죽이고 포로로 잡혔던 6천 명을 빼앗아 돌려주었다."고 기록되어 있습니다. 소위 '포상팔국의 난'과 관련된 기록인데요.

그런데 천관우는 『삼국사기』 〈신라 본기〉 199년조의 수로왕의 훙(薨; 사망) 사건 기록과 그 2년 뒤에 이어지는 금관국으로 여겨지는 가야의 신라에 대한 청화 사건 기록이 가야 내부에 중요한 변동이 생긴 것을 의미하는 것이라고 주장했습니다. 또한 『김해김씨선원보략』의 수로왕 칠자七子의 "염세상계厭世上界"라든가 2대왕 거등의 왕자 주伷의 "승운이거乘雲離去"라는 기록을 『일본서기』 천손강림 신화 등과 결부시켜, '2세기 말 3세기 초 무렵' 한반도에서 일본 열도로 농경기마민들이 건너가던 추세로 미루어 볼 때에, 『삼국사기』의 두 기록은 구체적으로 금관국의 주력이 일본 열도로 진출함으로써 금관국 세력이 내부적으로 약화된 사실 및 그에 대한 대응 양상을 암시하는 것이라는 견해를 제시했습니다.

그리고 임범식은 천관우의 가설을 받아들여 연구한 결과, 적어도 '2세기 말 3세기 초 무렵' 일본 열도로 빠져나간 거등의 왕자 주는 그 실체가 『일본서기』 숭신, 수인 기紀에 보이는 소나갈질지나 도노아아라사 등, 혹은 우사기아리질지간기 등과 동일 인물이라는 사실을 여러 가지 근거로써 증명하였습니다.

앞에서 제가 주장한 바와 같이 아달라왕 12년(165년)에 발생한 아찬 길선의 반란이 박씨 왕조의 주력이 아달라왕 4년(157년)에 일본 열도로 진출함으로써 야기된 왕권의 약화를 틈탄 것이라면, 209년에 가야에서 발생한 '포상팔국의 난'도 천관우와 임범식의 주장처럼 2세기 말 3세기 초에 가야에서 발생한 일본 열도 진출에 따른 왕권의 약화와 관련이 있는 것으로 추정해볼 수 있습니다.

그리고 연오랑·세오녀의 설화가 영일만을 배경으로 일어났기 때문에 이곳에서 해류를 따라 일본으로 건너가면 일본의 이즈모 지역(위도상으로 울산과 비슷)에 도착하게 되며, 가야에서 일본으로 건너가면 규슈 지역으로 도착하게 되는 것입니다. 이와 관련하여 신화학자 김화경은 일본의 신화 체계는 신라에서 건너간 이즈모(出雲)계가 먼저 생겼으며, 그 후에 가야에서 규슈 지역으로 넘어간 다카마노하라(高天原)계의 신화가 생긴 것으로 분석하여 제 주장을 뒷받침해주고 있습니다.

지금부터는 석탈해의 정체에 대해서 살펴보도록 하겠습니다. 원래 박씨는 월지족 중에서도 왕(남자)과 제사장(여자)을 배출하는 주도세력이었으며, 석씨는 월지족 중에서 제철과 같은 야금술을 담당하는 대장장이로서 일종의 기술 관료였습니다. 석탈해가 대장장이 출신이라는 것은 『삼국유사』에서 석탈해가 반월성 근처에 있는 호공의 집에 대장간에서 사용하던 숫돌과 숯을 몰래 묻어 두고서 대장장이 출신인 조상이 살았던 집이라고 억지를 부려서 호공의 집을 차지하는 일화를 보면 알 수 있는데, 철기 시대 당시에는 철을 다룰 줄 아는 대장장이가 당연히 높은 계급에 속했습니다.

DNA 분석 등 여러 증거에 의해 한민족과 관련 있는 것으로 알려진 바이칼 지역의 부리야트 코리족에 의하면, 샤먼이라고 다 같은 계층이 아니고 샤먼 내에 상당히 다양한 계급층이 존재한다고 합니다. 그리고 대장장이라는 직업 역시 존경받는 직업으로 여러 계급으로 나뉘는 샤먼 계층의 중간 정도 지위에 해당한다고 합니다.

결국 대장장이 출신인 석씨들 역시 월지족의 최고 계층인 박씨들만큼은 아니지만, 월지족 내에서 상당히 높은 계층 소속이었던 것입니다. 그래서 요즘으로 말하면 일종의 기술 관료였던 석씨들이 왕과 제사장을 담당하던 박씨들의 주력이 일본으로 건너간 힘의 공백을 이용하여 역성혁명을 일으킨 것이 바로 박씨에서 석씨로의 왕조 이동이었던 것입니다.

불과 어제까지만 해도 저는 신라에서 일어난 1차 역성혁명과 관련하여 이렇게만 파악했더랬습니다. 그런데 어제 강의를 올리고 난 뒤에 혹시라도 수정할 내용이 있는가 해서 블로그에 올린 글을 다시 읽어봤습니다. 그런데 이게 웬일입니까! 여태껏 생각하지 못했던 새로운 것이 눈에 들어오는 게 아니겠습니까? 그것은 『삼국사기』〈신라 본기〉에 기록된 석씨 벌휴왕이 왕위에 오르는 내용이었습니다.

"벌휴이사금(재위 184년~196년)이 즉위하니, 성은 석씨이고 탈해왕의 아들인 구추 각간의 아들이다. 어머니의 성은 김씨이니 지진只珍 내례부인이다."

지금까지는 무심코 넘어갔던 이 문장에서 9대 벌휴왕의 '어머니 성이 김씨'라는 문장이 눈에 확 들어오는 것이었습니다. 독자 여러분들은 이 내용에서 어떤 사실을 떠올릴 수 있으십니까? 그렇습니다. 저는 이제까지 신라의 1차 역성혁명이 단순히 석씨 단독으로 일으킨 정변인 줄 알았었는데, 알고 보니 그것이 아니었던 것입니다. 벌휴왕의 어머니인 내례부인 김씨는 과연 어느 부족이었을까요?

　당시 한반도에서 김씨는 둘 중 하나입니다. 하나는 같은 월지족인 가야 수로왕 김씨와 다른 하나는 신라의 사카족 김씨입니다. 당연히 벌휴왕의 어머니는 월지족이 아닌 사카족 김씨 출신이었던 것입니다. 그러면 이제 독자 여러분들도 그림이 그려지시죠? 사카족인 김씨 부인이 베갯머리송사를 통해서 남편인 구추 각간에게 박씨를 몰아내고 아들인 벌휴를 왕으로 내세우자고 부추겼던 것입니다. 물론 내례부인 김씨 뒤에는 친정인 사카족의 사주가 있었겠죠.

　잠시 독자 여러분께 돌발퀴즈를 내겠습니다. 다음에 열거한 조선시대 인물들의 공통점은 무엇일까요?

　1) 한명회, 신숙주, 홍윤성
　2) 박원종, 성희안, 홍경주, 유자광
　3) 김류, 이귀, 김자점

　고등학교 동기 대화방에서 이 문제를 냈더니 역시 명문 대아고 출신답게 한 친구가 금방 알아맞히더군요. 위에서 나열한 인물들의 공통점은 모두 반정 공신들이라는 점입니다. 1)은 수양대군의 계유정

난, 2)는 중종반정, 그리고 3)은 인조반정의 주요 공신들입니다. 이 사람들은 반정이 성공한 후에 어떻게 되었을까요? 당연히 그 공을 인정받아서 높은 자리를 차지하고 떵떵거리면서 잘 살았습니다. 그러면 다음 『삼국사기』〈신라 본기〉벌휴왕 2년의 기록을 한번 보시죠.

"2월에 파진찬 구도와 일길찬 구수혜를 좌·우군주로 임명하여 조문국을 공격하였다. 군주라는 이름이 이때부터 사용되었다."

〈한국사데이터베이스〉에는 이 군주라는 관직을 병권을 잡은 군단의 최고지휘자로 추정하고 있다고 하는군요. 즉, 구도와 구수혜라는 사람이 벌휴왕 2년에 각각 병권을 잡았는데, 구수혜라는 사람이 누구인지는 알 수 없지만 구도는 9대 벌휴에서 16대 흘해 석씨 왕조에서 김씨 왕이 갑자기 툭 튀어나온 13대 미추왕의 아버지였습니다.

이제 독자 여러분들도 일이 어떻게 진행되었는지 확실하게 감이 잡히실 겁니다. 결국 신라에서 일어난 1차 역성혁명은 석씨 단독 작품이 아니라 월지족 석씨와 사카족 김씨의 합작품이었던 것입니다. 그래서 벌휴왕이 왕위에 오른 뒤에 논공행상에서 사카족인 구도가 병권을 쥐게 된 것이죠. 그리고 구도가 병권을 쥐고 그 아들은 왕이 되었다는 사실로 미루어볼 때, 1차 역성혁명 때 월지족 석씨보다는 사카족이 더 주도적으로 활약했다는 것을 짐작할 수 있습니다.

다만 눈치가 보여서 월지족에서 바로 사카족으로 왕권 이동을 하지 못하고 처음에는 월지족 석씨들이 왕권을 잡게 한 뒤 13대에 이르러서야 미추왕을 내세워 간만 보다가 17대부터 사카족 김씨들이 본격적으로 왕권을 잡았던 것이죠. 결국 석씨는 얼마간 바지사장 역할만 하다가 토사구팽 당했던 것입니다. 대화방에서 친구들에게도 얘기했지만 강의를 진행한 보람이 있었습니다. 이 강의 덕분에 이렇게 예전에는 미처 생각하지 못했던 1차 역성혁명의 세부적인 내용까지 파악할 수 있었으니 말입니다.

지금까지의 강의로 독자 여러분들은 연오랑·세오녀 설화의 의미가 바로 신라 박씨 왕조의 일본 이주라는 사실이 이해되었을 것입니다. 그러면 지금부터는 연오랑과 세오녀가 바위를 타고 일본으로 건너갔다는 내용의 의미에 대해서 살펴보도록 하겠습니다.

연오랑·세오녀 설화에서는 부부가 바위를 타고 일본으로 건너갔다고 전해지며, 일본의 신화에도 천신의 아들이 고천원에서 너륵바위배를 타고 내려왔다고 기록되어 있어서 역시 '바위배'라는 모티프가 출현합니다. 그리고 가야의 허왕후도 '석주石舟'를 타고 왔다고 하며, 그 배가 뒤집어진 것이 부산 강서구 송정동에 있는 '유주암'이라는 전설이 있습니다. 그 밖에도 불교 설화와 관련하여 스님들이 서역에서 '돌로 만든 배'를 타고 한반도로 건너왔다는 기록을 여러 군데에서 찾아볼 수 있습니다.

그러면 과연 이 '돌로 만든 배'의 정체는 무엇이며, 연오랑·세오녀 설화나 일본의 신화처럼 정말 '돌로 만든 배'가 먼 바다를 항해할 수 있었을까요? 기존 역사학자와 신화학자들의 문제점 중의 하나는 신화나 설화를 단지 관념적·상징적 의미로만 파악하려고 했지, 그것의 실질적인 의미 측면은 깊게 연구해 보지 않았다는 데 있습니다. 혹은 연구를 했어도 그것의 진정한 의미를 결코 파악하지 못했구요.

월지족이었던 한국 고대사 주요 인물들의 난생 신화가 고대사의 주인공들을 신적인 존재로 높이기 위해 그들이 믿었던 조로아스터교의 태양신 미트라가 우주의 알에서 탄생한 신화를 차용한 것은 관념적·상징적인 측면이었습니다. 반면에 연오랑·세오녀가 바위를 타고 일본으로 건너갔다는 설화는 관념적·상징적인 의미가 아니라 실질적인 의미에서였습니다. 물론 그렇다고 해서 실제로 '돌로 만든 배'를 타고 갔다는 뜻은 아니며, 당시 이민족인 선주민들 눈에는 '돌처럼 보이는 배'를 타고 갔다는 의미입니다.

　저는 처음에 '돌로 만든 배'의 의미를 파악하기 위해서 혹시 전 세계적으로 문자 그대로 돌로 만든 배가 실제로 있는지를 인터넷에서 샅샅이 검색해봤습니다. 그랬더니 이게 웬일입니까? 실제로 콘크리트로 만든 배가 존재했습니다. 1848년 프랑스인 조제프 루이 랑보가 페로시멘트라는 것을 이용해서 콘크리트 배를 처음 만들었고, 1·2차 세계대전 중에도 철근이 부족하자 콘크리트로 배를 만들어서 물자를 수송한 역사가 있었던 것이었습니다.

　그리고 콘크리트의 역사는 기원전 1400년 무렵에 이미 중동 지역에서 사용했기 때문에 월지족 역시 콘크리트를 이용해서 배를 만드는 것이 전혀 불가능하지만은 않았을 것 같습니다. 문제는 콘크리트로 만든 배는 무게가 많이 나가기 때문에 배를 추진시키기 위한 동력이 아주 커야 했습니다. 따라서 설령 당시 월지족들이 콘크리트로 배를 만드는 기술이 있다고 가정하더라도 그 배에 말과 수많은 사람들을 태우고 먼 바다를 항해하기는 불가능했을 것 같았습니다.

　그래서 '돌로 만든 배'의 다른 의미에 대해서 다시 이런저런 궁리를 했는데, 결국 '돌로 만든 배'의 의미는 실제 배를 돌로 만든 것이 아니라, '돌처럼 보이는 배'를 의미한다는 결론에 이르렀습니다. 즉, 성경에서 노아는 방수를 위해 방주에 역청을 발랐다는 기록이 있으며, 메소포타미아 지역의 지구라트는 벽돌 사이에 역청을 접착제로 발라서 만들었다고 합니다. 여기서 역청이란 도로를 포장할 때 사용하는 끈적거리는 검은 물질인 콜타르를 의미합니다.

따라서 고대 페르시아에 뿌리를 둔 월지족들 역시 배에 방수를 위해 역청을 발랐는데, 이처럼 시커멓고 우툴두툴한 역청을 바른 배를 처음 본 한·일 양국의 선주민들은 당연히 돌로 만든 배라고 생각했던 것입니다. 마치 청동 갑옷을 입고 말에도 청동으로 만든 갑주를 씌운 아리안계가 인도를 공격했을 때 선주민들이 청동인과 청동마가 나타났다고 생각했다는 기록과 같은 상황이었던 것이죠.

'돌로 만든 배'의 의미를 파악하고 난 뒤 남은 문제는 과연 "당시 한반도에 역청이 산출되었는가"라는 문제였습니다. 메소포타미아 지역은 석유가 많이 나는 곳이니까, 아무 곳이나 땅을 파면 석유와 역청을 구할 수 있었습니다. 그런데 한반도는 석유가 나지 않는 곳으로 알려져 있습니다. 지금은 그렇지만 과연 옛날에도 그랬을까요? 이번에는 한반도의 석유 산출과 관련된 자료를 샅샅이 찾아봤습니다.

그랬더니 『삼국사기』에는 "신라 진평왕 31년 정월 모지악의 땅이 타기 시작하여 그해 10월에 꺼졌다"는 기록과 "무열왕 시대에 토함산의 땅이 타다가 삼년 만에 꺼졌다"는 기록이 있었습니다. 또한 명나라 때인 서기 1590년 이시진의 『본초강목』에는 "고려의 땅에서 기름이 나온다. 바위틈에서 샘물과 같이 흘러나온다. 여기에 불을 붙이면 진한 연기가 나는데 연기 그을음을 모아 먹을 만들면 송진 그을음으로 만든 먹보다 훨씬 낫고 마치 고기국물 같이 진기가 있다"라는 기록도 있었습니다. 『조선왕조실록』에도 "세종, 성종 때 영해부에서 땅이 탔으며, 어느 구덩이에서는 주야로 불을 뿜었다"는 기록도 있었습니다. 고대 한반도에는 석유가 존재했다는 뜻이었죠.

한동안은 한반도에서 석유가 안 나오는 것으로 단정하고, 한반도에서 쉽게 구할 수 있는 석탄을 가지고 석유를 만들 수 있는지에 대한 분자식을 연구하기도 했는데, 알고 보니 헛고생을 한 셈이었습니다. 왜냐하면 역청은 석유가 아니라 석탄에서도 만들 수 있는 물질이었기 때문이었습니다. 그리고 석탄이나 석유 외에도 역청을 만드는 방법도 있었습니다. 즉, 소나무에서 나오는 송진에 숯가루를 추가하면 선박의 방수처리를 위한 역청이 만들어진다는군요. 따라서 신라인들은 배에 바를 역청을 다양한 방법으로 만들 수 있었을 것입니다.

버밍햄 시립박물관에는 수메르인들이 역청으로 만든 배가 전시되어 있는데, 이것이 역청을 배의 표면에 발랐다는 의미인지 아니면 아예 역청으로 만든 배라는 것인지는 그 의미가 불분명합니다. 아무튼 고대 한반도의 역사 기록에 등장하는 돌로 만든 배의 정체는 이처럼 방수를 위해 역청을 바른 배였던 것이었습니다.

13강

신라 김씨의 시조 투후 김일제

오늘은 신라 김씨의 시조인 투후 김일제의 종족적 뿌리에 대해서 살펴보겠습니다.

지방색으로 편 가르기를 좋아하는 사람들이 경상도인들은 흉노의 후손이라는 주장을 펼치는 것을 인터넷상에서 종종 볼 수 있습니다. 이런 주장의 근거는 문무왕릉 비문에서 신라 김씨(경주 김씨를 가야의 김해 김씨와 구분하여 신라 김씨라고 표현합니다)의 시조라고 밝히고 있는 휴도休屠왕의 태자인 투후秺侯 김일제입니다.

그런데 김일제가 흉노족이라는 사실을 밝힌 것은 〈KBS 역사추적〉이라는 프로그램인데, 이 프로그램은 2008년 11월 22일 '신라 김씨 왕족은 흉노의 후손인가?'와 11월 29일 '왜 흉노의 후예라고 밝혔나?'라는 제목의 2부작 〈문무왕릉비의 비밀〉에서 김일제에 대하여 집중적으로 조사하여 방영한 바 있습니다. 게다가 이 방송은 단순히 역사 기록뿐만이 아니라 신라 고분군에서 발굴된 신라인의 인골과 몽골, 우즈베키스탄, 흉노, 그리고 스키타이 지역에서 발견된 고대 인골들의 DNA 비교 분석을 실시한 결과까지 제시하면서 신라 김씨 왕조가 흉노와 관계가 있다고 결론을 내렸습니다.

그러면 과연 전문가들의 자문을 받아서 이처럼 역사적·과학적 자료까지 제시한 방송국의 주장은 타당한 것일까요? 그 대답은 '전혀 아니다'입니다. 그러면 왜 이런 오류가 생겼을까요? 그것은 다음과 같은 두 가지 이유 때문입니다.

첫째는 휴도왕에 대한 내용이 기록되어 있는 사마천의 『사기』〈흉노열전〉을 철저히 분석해서 파악하지 않았기 때문입니다. 둘째는 휴도왕의 정체에 대한 사료 분석이 제대로 이루어지지 않아서, 잘못된 결론을 가지고 DNA 분석 결과를 왜곡해서 해석했기 때문입니다. 요즘 말로 하면 '답정너(답은 정해져 있고 너는 대답만 하면 돼)'였던 것인데, 답은 흉노라고 정해 놓고 DNA 분석은 '맞아'라고 대답만 하도록 했던 것입니다.

먼저 사료 분석의 오류에 대해서 살펴보도록 하겠습니다. 〈KBS 역사추적〉에서 신라 김씨 왕조의 뿌리로 투후 김일제를 지목한 것은 문무왕릉 비문에 나오는 다음과 같은 기록에 근거해서였습니다.

"문무왕의 선조는~ 투후 제천지윤이 7대를 전하여~(秺侯祭天之胤傳七葉)."

또한 비슷한 내용이 1954년 중국 섬서성 서안 곽가탄 마을에서 발견된 비문에도 다음과 같이 기록되어 있는데, 이 비문은 864년 5월 29일 향년 32살로 사망한 재당 신라인 '대당고김씨부인大唐故金氏夫人'의 묘지명이었습니다.

"먼 조상 김일제가 흉노의 조정에 몸담고 있다가 서한西漢에 투항하시어 … 투정후라는 제후에 봉해졌다. 이런 김일제의 후손이 가문을 빛내다가 7대를 지나 한나라가 쇠망함을 보이자 곡식을 싸들고 나라를 떠나 난을 피해 멀리까지 이르렀다. 그러므로 우리 집안은 멀리 떨어진 요동에 숨어 살게 되었다."

이상과 같이 김씨부인의 묘지명에도 '투정후 김일제'라는 기록이 새겨져 있는데, 한나라(전한前漢을 의미)가 쇠망함을 보이자 나라를 떠났다는 내용은 뒤에서 자세히 살펴볼 경주 김씨의 한반도 이주 이유에 해당합니다. 그러면 지금부터는 투후 김일제가 흉노족이라는 주장이 왜 나오게 되었는지에 대해서 살펴보도록 하겠습니다.

『사기』〈흉노열전〉에서는 한나라 장군 곽거병이 흉노 휴도왕을 격파하고 하늘에 제사지내던 금인상(祭天金人像)을 손에 넣었다는 기록이 있으며, 또한 흉노 혼야왕(곤야왕이라고도 합니다)이 휴도왕을 죽인 뒤에 백성들을 이끌고 한나라에 투항했다는 기록이 있습니다. 당시(기원전 121년 무렵) 흉노의 이치사 선우는 휴도왕과 혼야왕이 한나라와의 전쟁에서 계속 패배하자 이들을 소환하여 사형으로 그 죄를 물으려고 하였습니다. 이에 혼야왕은 휴도왕을 설득하여 한나라에 항복하려 하였으나, 휴도왕이 결정을 하지 못하고 머뭇거리자 휴도왕을 살해하고 백성들을 인솔하여 한나라에 항복하였습니다.

이런 과정에서 휴도왕의 태자인 김일제도 한나라에 항복하게 된 것인데, 처음에 김일제는 유목 민족답게 말을 잘 다루었기 때문에 말을 관리하는 한직에 있다가, 한 무제 암살 시도를 막은 공로로 거기장군에 임명되었습니다. 또한 그 공로로 한 무제는 김일제가 금인상을 가지고 하늘에 제사를 지냈기 때문에 金씨 성을 하사했고, 무제가 죽으면서 곽광, 상관걸과 함께 무제의 아들인 소제를 보필하였습니다. 그리고 김일제가 죽기 직전 소제는 김일제를 투후의 작위에 봉하였던 것입니다.

지금까지 역사가들이 휴도왕을 흉노족이라고 파악한 것은 〈흉노열전〉의 전체 내용을 면밀히 검토하지 않고, "한나라 장군 곽거병이 '흉노 휴도왕'을 격파하고 하늘에 제사지내던 금인상을 손에 넣었다"와 같이 겉으로 드러난 기록만 보고 판단했기 때문이었습니다. 그렇다면 역사의 진실은 과연 무엇일까요? 앞에서 역사학자들이 신라 시조인 투후 김일제를 흉노족이라고 파악한 것은 휴도왕에 대한 내용이 기록되어 있는 사마천의 『사기』 〈흉노열전〉을 철저히 분석해서 파악하지 않았기 때문이라고 말씀드렸는데요. 지금부터는 그 역사의 진실이 무엇인지 살펴보도록 하겠습니다.

『사기』 〈흉노열전〉의 기록에 의하면 묵돌 선우 시대에 대대로 내려오던 흉노의 직제는 다음과 같았습니다.

"[선우 밑에는] 좌우현왕左右賢王, 좌우곡려왕左右谷蠡王, 좌우대장左右大將, 좌우대도위左右大都尉, 좌우대당호左右大當戶, 좌우골도후左右骨都侯를 두었다. 흉노에서는 현명한 것을 일컬어 도기屠耆라고 하였기 때문에 언제나 태자를 좌도기왕左屠耆王이라고 했다.

좌우현왕에서 당호에 이르기까지 크게는 기병 1만 명부터 작게는 수천 명까지 이끄는 자가 모두 24장長이 있는데, 이들은 만기萬騎라고 한다. 여러 대신들은 관직을 모두 세습했는데, 호연씨呼衍氏, 난씨蘭氏가 그러했고, 뒤에는 수복씨須卜氏가 그러하였다. 이 세 성은 흉노의 귀족들이다.

모든 좌방左方의 왕과 장將은 동쪽에 살며, 상곡군 동쪽으로 예맥과 조선과 접하고 있었다. 우방右方의 왕과 장들은 서쪽에 살며, 상군 서쪽의 월지, 저氐, 강羌과 접하고 있었다. 선우가 머물고 있는 곳(왕정王庭)은 대군과 운중군을 마주하고 있었다. 각 부족들은 제각기 영역이 있어 물과 풀을 따라 옮겨 다녔다. 그들 중에서 좌우현왕과 좌우곡려왕의 영역이 가장 크고, 좌우골도후는 선우의 정치를 보좌했다. 24명의 장들은 또한 각각 스스로 천장千長, 백장百長, 십장十長, 비소왕裨小王, 상봉相封, 도위都尉, 당호當戶, 저거且渠 등의 속관을 두었다."

이상에서 알 수 있는 바와 같이 묵돌 당시까지의 선우 밑에 있는 왕에서부터 골도후에 이르기까지 주요 직책은 좌우의 구분이 있어서 왕의 경우 좌·우현왕과 좌·우곡려왕이 있었는데, 왼쪽을 우선시했기 때문에 태자가 좌현왕을 담당했습니다. 그런데 이상하게도 서역을 맡아서 관리했던 혼야왕, 휴도왕 등은 좌우 구분이 없습니다. 그리고 흉노의 세력이 커지기 시작한 때는 묵돌 선우 때부터였습니다. 그는 흉노의 동쪽에 위치한 동호, 서쪽에 위치한 월지, 남쪽에 위치한 누번과 백양, 그리고 북쪽의 혼유, 굴석, 정령, 격곤, 신려 등과 같은 나라들을 복속시켰는데, 이와 관련된 역사 기록은 다음과 같습니다.

"묵돌은 병사를 이끌고 쳐들어가 동호를 깨뜨리고 왕을 죽였으며, 그 백성들과 가축을 노획했다. 돌아와서는 월지를 쳐서 달아나게 하고(1차 월지

이동; 기원전 204~203년 무렵: 필자 주), 남쪽으로 하남의 누번樓煩과 백양白羊
의 왕의 토지를 병합하였다. …

　　그 뒤 묵돌은 북쪽으로 혼유渾庾, 굴석屈射, 정령丁零, 격곤鬲昆, 신려薪犁
같은 나라들을 복속시켰다. 흉노의 귀족이나 대신들은 모두 탄복하여 묵
돌 선우를 현명하다고 하였다."

　먼저 위의 기록에서 등장하는 '혼유渾庾'는 휴도왕을 죽이고 한나라
에 항복했다는 혼야왕의 '혼야'와 발음이 비슷한 것에 주목할 필요가
있습니다. 묵돌墨突 선우를 '묵독墨毒', '모돈冒頓' 등 다양하게 표기하
는데, 이것은 원래 그의 이름을 한자를 빌려서 음을 표기(音借)하다
보니 일어나는 현상입니다. 마찬가지로 '혼유'와 '혼야' 역시 같은 나라
를 비슷한 한자를 빌려서 다르게 표기한 사례일 가능성이 높다고 생
각되는군요. 또한 앞의 기록 외에도 묵돌이 누번, 백양, 정령과 같은
나라를 복속시킨 후에 장군 위청이 "흉노의 누번왕과 백양왕을 하남
에서 깨뜨리고, 흉노의 수급과 포로 수천 명과 소와 양 100여 만 마
리를 얻었다"는 기록이 〈흉노열전〉에 나오며, '흉노의 정령왕'이라는
표현도 기록에 등장합니다.

　이처럼 앞의 기록에서 휴도왕의 정체와 관련하여 두 가지 단서를
얻게 되는데, 첫째는 원래 흉노에서 전해지던 직제는 좌우의 구분이
있는데 휴도왕이나 혼야왕은 그렇지 않다는 것과 둘째는 원래 흉노
족이 아니었던 누번, 백양, 정령 등이 흉노에 복속된 이후에는 흉노
소속으로 표현된다는 것입니다.

　이상의 단서들을 통해 흉노가 주변의 부족국가들을 정복한 이후에

원래의 그 자리에 있던 각 부족의 왕들을 흉노의 번왕으로 임명하고 수하로 삼은 것이었으며, 따라서 흉노 소속이라고 기록되어 있는 혼야왕, 휴도왕, 누번왕, 백양왕, 정령왕 등은 흉노와는 별개의 종족인 것임을 알 수 있습니다. 그리고 서역을 담당하는 좌·우일축왕이라는 직제가 뒤에 새로 생기는데, 이것은 아마도 원래 서역을 담당했던 혼야왕과 휴도왕이 한나라에 항복했거나 죽었기 때문에 그 자리를 대체하기 위해 새롭게 만들어진 직제였을 것으로 추정됩니다.

이제 핵심으로 들어가겠습니다. 그렇다면 이제껏 역사가들에 의해 흉노족으로 오인 받았던 휴도왕은 과연 어느 종족이었을까요? 그것은 '휴도休屠'라는 단어가 답을 제공해줍니다. 즉, 휴도는 부처를 표현하기 위해 사용된 한자로서 '부도浮屠'라는 단어 이전에 사용되었습니다. 이와 관련하여『불학대사전佛學大辭典』에는 휴도와 관련하여 다음과 같은 기록이 나옵니다.

"휴도는 부도이다.『한서 곽거병전』에 말하기를 '흉노의 휴도 제천금인을 얻었는데 금동으로 빚은 사람은 곧 금불상이다'라고 하였다.『한무제 고사』에서는 '그 휴도 제사에 소와 양을 쓰지 않고, 오직 향만 사르고 예배하였다'라고 하였고,『위략 서이전』에서는 '애제 원수 원년(서기전 2년)에 대월씨국으로부터 휴도경을 구전 받았는데 곧 지금의 불경이다.'고 하였다. … 처음에 휴도라 했다가 뒤에는 부도라 하고 혹은 불도·불타라 했으니 모두 같은 말이 변한 것이다."

위의 기록에서 알 수 있는 것은 '휴도'라는 단어는 '부도·불도·불타'

를 표기하기 위해서 사용된 또 다른 한자음이라는 것입니다. 따라서 신라 김씨의 시조인 투후 김일제의 아버지 휴도왕은 흉노족이 아니라 카자흐스탄 알마티 지역에서 활동하던, 부처와 같은 종족인 사카족이었던 것입니다. 그러므로 이제껏 〈KBS역사추적〉과 인터넷에서 떠도는 신라 김씨의 뿌리가 흉노족이라는 엉터리 이론 때문에 가슴 아파했던 신라 김씨의 후손들은 이제 자신의 뿌리가 부처의 부계와 같은 사카족이라는 것에 한껏 자부심을 가져도 좋습니다.

지금부터는 위와 같은 잘못된 사료 연구로 인해 〈KBS역사추적〉에서 소개된 참으로 말도 안 되는 DNA 분석 결과 해석의 오류에 대해서 살펴보도록 하겠습니다. 그리고 과학적으로도 신라 김씨가 부처와 같은 사카족이라는 확실한 증거를 보여드리도록 하겠습니다.

앞에서 말씀드린 것처럼 〈KBS 역사추적〉팀은 2008년 11월 22일 '신라 김씨 왕족은 흉노의 후손인가?'와 11월 29일 '왜 흉노의 후예라고 밝혔나?'라는 제목의 2부작 〈문무왕릉비의 비밀〉에서 한반도, 몽골, 우즈베키스탄 등지에서 발견된 고대인들의 유골에서 채취된 DNA를 비교 분석하였습니다. DNA 분석을 실시한 사람은 중앙대학교 생명과학과 교수였으며, 실험을 위하여 고대인들의 유골을 제공한 사람은 동아대학교 고고미술학과 김재현 교수였습니다. 그리고 이 고대인 유골을 어디서 구했는지 김재현 교수에게 전화로 제가 직접 문의했을 때, 그는 이 신라 인골들을 전국적으로 흩어져 있는 몇 군데 신라 고분군에서 입수한 것이라고 밝혔습니다.

실험에 사용된 신라 인골들이 전국적으로 흩어져 있는 몇 군데 신라 고분군에서 입수된 것이라는 사실에 의해 이 인골들이 신라 초기의 신라 박씨와 중기 이후의 신라 김씨의 인골을 포함한다고 추정할 수 있습니다. 따라서 이 실험에서 나오는 DNA 분석 결과는 신라 박씨의 인종적 뿌리와 신라 김씨의 인종적 뿌리를 추적하는 데 있어서 공통적으로 사용할 수 있는 것이기도 합니다.

인류유전학에서 가장 많이 연구되는 하플로그룹은 Y-DNA 하플로 그룹과 미토콘드리아 DNA(mt-DNA) 하플로 그룹으로 이는 유전 집단을 정의하는 데에 사용될 수 있습니다. Y-DNA는 아버지에게서 아들에게로 오직 부계 혈통을 통해서만 전달되며, 반면에 mt-DNA는 어머니에게서 남녀 모두의 자식에게 전달됩니다. 그러나 어머니에게서 아들에게 전달된 mt-DNA는 유전되지 않기 때문에 결국 어머니에게서 딸에게로 오직 모계 혈통을 통해서만 유전됩니다.

결국 부계 DNA 분석은 Y-DNA를 이용한 것이며, 모계 DNA 분석은 미트콘드리아 DNA를 이용합니다. 이 강의를 위해서 독자 여러분들이 알아둘 것은 이 사실과 또한 너무나 당연한 말이지만 비교 대상 인골의 DNA가 비슷한 것 끼리 같은 그룹으로 분류된다는 극히 단순한 상식뿐입니다.

자, 그럼 〈그림 13-1〉 부계 DNA 분석 결과를 한 번 보시죠. 신라인은 어느 집단에 속해있습니까? 〈그림 13-1〉

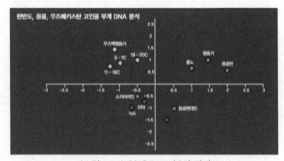

〈그림 13-1〉 부계 DNA 분석 결과

에 의하면, 신라는 스키타이인, 사천 늑도와 함께 같은 그룹에 속하고, 흉노는 몽골인과 함께 다른 그룹에 속한 것을 알 수 있습니다. 마찬가지로 〈그림 13-2〉 모계 DNA 분석 결과에 의하면, 신라는 스키타이인과 우즈벡, 그리고 서흉노와 같은 그룹에 속하고, 부계에서 신라와 같은 그룹으로 분류되었던 늑도는 조선과 한국 현대인, 그리고 몽고 현대인과 함께 다른 그룹에 속하는 것으로 나타나는 것을 볼 수 있습니다.

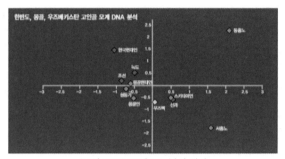

〈그림 13-2〉 모계 DNA 분석 결과

　따라서 다른 아무런 전제 지식이 없는 상식적인 사람이라면 이러한 부계와 모계 DNA 비교 분석 결과를 통해서 신라인은 어느 종족과 같은 집단이라고 판단할 수 있을까요? 눈에 이상이 있거나 머리에 이상이 있지 않은 다음에는 당연히 신라인이 스키타이인과 관련이 있음을 알 수 있을 것입니다. 그런데 방송에 관여했던 여러 분야의 학자들은 어떻게 이렇게 명백한 사실을 지나칠 수 있었을까요? 참으로 이해가 되지 않는 부분입니다.

　여기서 신라 인골의 부계와 모계 모두 같은 그룹으로 묶이는 스키타이인은 예전 강의에서 말씀드린 바와 같이 아리안 계통인 사카족을 그리스인들이 부르던 이름이었습니다. 즉, 스키타이와 사카는 같은 종족을 서로 다른 사람이 부르던 동일한 이름이며, 기원전 8세기부터 기원전 3세기 사이에 남부 러시아 초원지대를 본거지로 하여 활동한 이란계의 유목민으로 중국에서는 새종塞種이라고 불렸습니다.

스키타이가 이란계 유목민이듯이 파지리크 지역에서 거주하던 월지족 역시 그 뿌리는 페르시아인데, 이러한 신라 인골의 DNA 분석 결과는 신라인들이 부계와 모계 모두 백인 계통인 스키타이와 같은 유전적 형질을 보인다는 것입니다. 그리고 신라인이 백인 계통이라는 실험 결과가 제 책이 나온 1년 뒤인 2016년에도 알려진 바가 있습니다. 즉, 2016년 6월 8일자 〈KBS〉 뉴스에서는 국내 연구진이 처음으로 〈그림 13-3〉과 같이 3D 스캐닝을 통해 1500년 전 신라 시대 여인의 얼굴을 복원하는 데 성공했다는 소식을 알렸습니다.

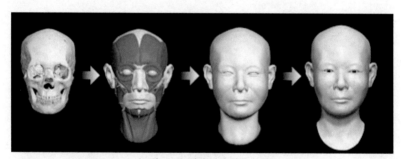

〈그림 13-3〉 신라 여인 얼굴 복원

경주의 목곽묘에서 발견된 머리뼈 조각 90여 개를 모아 진행된 이 복원 작업의 결과 드러난 신라 여인에 대하여 우은진 연세대 치대 교수는 "눈코입이 좀 작으면서 광대뼈가 발달된 그런 형태소를 갖고 있으면서 두개골의 길이만 보면 유럽인 집단과 오히려 더 가깝다."라는 내용의 소견을 밝혔습니다. 제가 말씀드린 DNA 분석 결과뿐만이 아니라 얼굴 형태 분석 결과도 백인 계통으로 나타난 것이었습니다. 이렇듯 2015년에 전작이 출간된 이래로 전작에서 제가 주장했던 내용들을 지지하는 증거들이 그 후 곳곳에서 나왔습니다.

아무튼 〈KBS 역사추적〉에서는 모계 DNA 분석 결과에서 신라와 서흉노가 같은 그룹에 속해 있다는 하나의 사실만으로 신라와 서흉노 간에 인적인 교류가 있었던 것으로 해석했습니다. 그러한 해석은 앞에서 말씀드린 것처럼 '흉노 휴도왕'이란 기록 때문에 답은 '신라인은 흉노족'이라고 정해놓고서 DNA 분석 결과는 그 답을 뒷받침하는 증거가 되기를 원했기 때문에 나온 결과였던 것입니다. 그런데 〈그림 13-1〉 부계 DNA의 경우 신라인과 흉노는 아예 다른 그룹으로 분류되어 있고, 같은 그룹으로 분류된 모계 DNA의 경우도 신라와 서흉노의 거리가 멀리 떨어져 있는 것을 볼 수 있습니다.

이것이 의미하는 바는 방송에서 해석한 것과 같이 신라와 서흉노 간에 인적인 교류가 있기는 있었다는 것입니다. 그 교류는 다름이 아니라 월지와 흉노 간의 관계에 대한 강의에서 말씀드린 것처럼 묵돌의 부왕은 월지족 후궁에서 난 아들을 태자로 세우려고 묵돌을 죽이려고 했습니다. 즉, 흉노왕은 월지 여인과 정략결혼을 했습니다. 마찬가지로 반대의 경우도 있었던 것이죠. 즉, 월지족 역시 흉노 여인과 정략결혼을 했기 때문에 모계 DNA에서 신라인과 서흉노가 거리는 아주 멀리 떨어져 있지만 같은 그룹에 속하게 된 것이었습니다.

사실 이처럼 그룹을 나누는 통계분석(군집분석)은 제 박사 학위 논문인 '인공신경망을 이용한 군집분석'과도 관련이 있기 때문에 좀 더 아는 척을 하고 싶지만 시간 관계상 이 정도에서 마치도록 하겠습니다. 더 아는 척을 할 시간이 없어서 매우 원통하군요. 그리고 전작에서 통계분석 이름을 군집분석이 아니라 판별분석이라고 했는데, 그것은 저의 실수였습니다.

오늘 강의에서 신라 김씨가 부처의 부계와 같은 사카족이란 것을 밝혔으니, 다음 시간에는 월지족 역시 부처의 모계와 같은 종족이었다는 사실에 대해서 강의하도록 하겠습니다. 결국 삼국 시대에 한반도에서 활약하던 우리 조상들은 부처의 부계와 모계 양쪽 모두에 관련이 있었던 것입니다. 우리 민족은 참으로 놀라운 민족이죠!

다음 강의로 넘어가기 전에 지금부터는 이번 강의와 관련해서 사족을 조금 달도록 하겠습니다. 최근 '통섭Consilience'이란 용어를 자주 접할 수 있는데, 통섭이란 자연과학과 인문학을 연결하고자 하는 통합 학문 이론을 말합니다.

'컨실리언스'라는 용어는 19세기 자연철학자 윌리엄 휴얼이 처음 사용하였고, 에드워드 윌슨의 저서 『Consilience : The Unity of Knowledge』를 최재천 교수가 『통섭 : 지식의 대통합』이라고 번역하면서 우리 사회에서 학문적 용어로 등장하게 됩니다. 그런데 서울대 철학과 이남인 교수는 그의 책 『통섭을 넘어서』에서 자연과학과 역사학 사이에는 지울 수 없는 경계가 존재하며, 따라서 자연과학과 역사학을 "봉합선 없이" 통섭하는 일은 원칙적으로 불가능하다고 주장했습니다.

그 주장의 요지는 "역사학은 '해석'이라는 나름의 고유한 연구방법이 있는데, 이 방법은 자연과학이 제공하는 성능 좋은 망원경, 현미경 등의 첨단 장비로는 대치될 수 없으며, 그런 첨단 장비를 사용한다고 해서 어떤 문헌의 의미가 그렇지 않을 경우보다 더 잘 해석될 수 있는 것은 아니다"는 것이죠. 과연 이남인 교수의 주장처럼 역사학을 위하여 자연과학은 더 좋은 도구를 제공할 수 없으며, 자연과학과 역사학을 봉합선 없이 통섭하는 일은 불가능할까요?

이남인 교수는 "역사학은 '해석'이라는 나름의 고유한 연구방법이 있다"고 했지만, 주어진 자료에 대한 '해석'의 문제는 그 해석을 행하는 주체가 무엇을 중점적으로 보느냐에 따라 달라집니다. 즉, 동일한 자료가 주어진다고 해서 모든 사람이 동일한 해석을 하는 것은 아니며, 각자는 자기가 관심이 있는 부분에 관심을 집중시키게 됩니다. 이것은 마치 여러 장님이 코끼리를 만지면서 어떤 사람은 밧줄을 떠올리고, 어떤 사람은 기둥을 떠올리는 군맹무상群盲撫象의 예와 마찬가지라고 할 것입니다.

이와 관련된 예를 하나 더 들기로 하겠습니다. 두 사람이 대화를 나눈 뒤에 각자에게 무슨 대화를 했느냐고 물어보면 십중팔구 두 사람은 서로 다른 대답을 합니다. 이런 현상이 일어나는 이유는 심리학 용어인 '선택적 지각'과 관련이 있는데, 이것은 동일한 정보를 대하고도 각자는 자기에게 관심이 있거나 유리한 내용만 선택적으로 골라서 지각하는 것을 말합니다. 이런 까닭에 같은 자료를 접하고도 서로 다른 해석이 나오는 것이죠.

'신라 김씨 왕족은 흉노의 후손인가?'라는 제목으로 방영된 〈KBS 역사추적〉의 경우도 역사 자료 해석에 있어서 이러한 선택적 지각 현상이 일어나는 좋은 예입니다. 즉, 앞에서 소개했던 한반도와 몽골,

그리고 우즈베키스탄에서 발견된 고대 인골의 비교 실험에서 나온 부계와 모계 DNA 분석을 다시 살펴보겠습니다.

분석 결과는 〈그림 13-1〉 및 〈그림 13-2〉와 같이 신라인 유골의 DNA는 부계와 모계 모두 스키타이인과 같은 집단으로 분류되며, 모계의 경우만이 신라인이 서흉노와 같은 집단으로 분류되었습니다. 이러한 결과에 대해 정상적인 학자라면 당연히 신라인이 스키타이인과 관련성이 높은 것으로 해석해야 할 것입니다.

그런데도 이 실험을 한 주체는 '흉노 휴도왕'이란 기록에 치우쳐서 모계만 같은 집단인 서흉노와의 관련성에만 관심을 보이면서 실험 결과에 대해 잘못된 해석을 내리고 말았던 것이죠. 이렇게 판단한 역사학자들이 『사기』〈흉노열전〉에 나타난 '흉노 휴도왕'이란 단편적인 기록에만 집착하지 않고, 휴도왕과 관련된 각종 기록들을 보다 꼼꼼히 분석했더라면 휴도왕은 흉노족이 아니라 사카-스키타이족인 것을 잘 알 수 있었을 것입니다.

이와 관련하여 『셜록 홈스, 기호학자를 만나다』에서는 다음과 같은 내용이 나옵니다.

> 〈보스콤 계곡 미스터리〉에서 홈스는 런던 경시청의 형사인 레스트레이드에게 몇 가지 중요한 단서를 지적해 주려고 한다. 하지만 이 형사는 언제나 그랬던 것처럼 홈스가 건져 낸 세세한 사실들과 현재 조사 중인 사건 사이의 관계를 파악해 내지 못한다. 레스트레이드가 "나는 아직도 의심스럽군요."라고 말하자, 홈스는 차분하게 다음과 같이 대답했다.
>
> "당신은 당신의 방식으로, 그리고 나는 내 방법대로 하지요."

나중에 홈스는 왓슨에게 이 대화에 대해 다시 말해 준다.

"땅바닥을 유심히 살펴보니 바로 범인의 성격을 알 수 있는 세세한 증거
들이 있어서 바보 같은 레스트레이드에게 알려 주었지."

"대체 자네는 어떻게 그런 것들을 찾을 수 있었나?"

"자네는 내 방법을 알지 않나. 세세한 것을 관찰하는 것은 기본이지."

셜록 홈스 소설에서 경찰들이 헤매는 이유는 그들이 눈에 드러나는 사
실들을 설명해 줄 수 있는 몇몇 가설만을 받아들이고, '세세한 것'은 무시
해 버리기 때문이다. 경찰들은 결국 자기들이 처음에 세운 가설과 맞지 않
는 자료들은 고려조차 하지 않게 된다.

〈보스콤 계곡 미스터리〉에서 홈스는 "명백한 사실만큼 속기 쉬운 것은
없다"라고 말하기도 했다. 경찰은 또한 증거를 다 입수하지도 않고 이론을
세워 버리는 결정적 실수를 저지르기도 한다. 이런 실수들 때문에 경찰은
"사실에 맞춰 이론을 세우는 대신에, 이론에 맞추기 위해 사실들을 왜곡하
는 우를 범하게 된다." 이처럼 경찰과 홈스 사이에는 방법론적으로 큰 차이
가 있기 때문에, 대부분의 경우 서로를 불신한다."

『셜록 홈스, 기호학자를 만나다』에서도 지적했듯이 셜록 홈스 소설
에서 경찰들(한국의 고대사학자들과 고고학자들이라고 바꿔서 읽어도 됩니
다)이 헤매는 이유는 눈에 드러나는 사실들을 설명해 줄 수 있는 몇
몇 가설들만 받아들이고 나머지 세세한 사항들은 무시하기 때문이
며, 처음에 자신들이 세운 가설과 맞지 않는 자료들은 고려조차 하지
않기 때문입니다. 그래서 그들은 "사실에 맞춰 이론을 세우는 대신에,

이론에 맞추기 위해 사실들을 왜곡하는 어리석음을 범하는 것"이죠.

이처럼 사서의 기록과 그것을 뒷받침할 수 있는 보강 증거로서 생물학적인 자료를 이용하는 것은 "자연과학과 역사학 사이에는 지울 수 없는 경계가 존재하며, 따라서 자연과학과 역사학을 '봉합선 없이' 통섭하는 일은 원칙적으로 불가능하다"는 이남인 교수의 주장과는 달리 자연과학과 역사학이 훌륭하게 통섭될 수 있는 좋은 예가 될 것입니다.

14강

부처의 모계 코리족과 2차 역성혁명

지난 강의에서 부처의 부계인 사카족과 신라 김씨와의 관계에 대해서 살펴보았습니다. 그럼 오늘은 예고해드린대로 부처의 모계와 월지족과의 관계에 대해서 살펴본 뒤에 신라에서 일어난 2차 역성혁명에 대해서도 살펴보겠습니다.

『바이칼, 한민족의 시원을 찾아서』에서 서울대 의대 이홍규 교수는 바이칼 호수 주변에서 거주하던 부리야트족이 남진하여 한반도로 이동한 것으로 추정하고 있습니다. 사실 이러한 추정은 지금쯤은 독자 여러분들도 아시겠지만 사실이 아닙니다. 지금까지의 강의에서 알 수 있듯이 알타이 파지리크 지역에 살던 월지족들은 흉노의 침략을 피하여 서역으로 이동했다가 대월지와 소월지로 나뉘어서 각각 다르게 이동했으며 소월지 중 일부가 한반도로 이동했던 것입니다.

그런데 당시 월지족 중 일부는 파지리크 지역에서 동쪽으로 바이칼 지역으로 이동했거나 혹은 파지리크 지역에서 거주할 때부터 바이칼 지역도 활동범위였을 수가 있겠습니다. 아무튼 이홍규 교수가 한반도로 이동한 것으로 추정하는 부리야트는 에히리트·불라가트·코리·홍고도리의 네 종족으로 이루어집니다. 즉, 부리야트족을 이루는 네 종족 중 하나가 바로 코리족인 것입니다.

저는 전작에서 월지족이라는 큰 종족명 아래 왜 또 다른 다양한 부족명이 있을까라는 의문을 나타낸 바가 있었습니다. 그런데 월지의 서천西遷에 관해서 연구한 연호탁 교수(원래 가톨릭관동대 영어 교수인데 이 주제로 사학과 박사 학위를 받은 특이한 경력의 연구자입니다)에 의하면 월지족은 여러 부족이 연맹해서 이루어진 부족 연맹체이며, 그 밑으로 다양한 부족명(혹은 씨족명)을 가진 집단들이 있다는 것이었습니다. 따라서 코리족은 월지족을 구성하는 한 하위 부족 혹은 씨족의 이름일 것이며, 이 코리족이 한반도로 건너와서 고리국, 즉 고구려를 세우는 중심 부족이 되는 것입니다.

한편 부처의 모계인 코리족과 한민족과의 관계를 파악하는 과정에 대해 저는 전작에서 다음과 같이 기술한 바 있습니다.

> "지금까지 논의된 바와 같이 부처의 아버지인 숫도다나왕은 사카족이었다. 그런데 추가적인 자료 연구를 통해 새롭게 알게 된 사실이 있었는데, 그것은 바로 부처의 어머니인 마야부인이 Koliya(Koli 혹은 Kori)족이라는 것이었다. 그리고 부처의 부인도 코리족이었으며, 뒤에서 다시 살펴볼 마우리아 왕조를 창건한 찬드라 굽타 역시 코리족이었다.
>
> 순간 머리를 스치는 생각이 있었다. 그것은 바로 삼한 시대 마한 54국 중의 하나인 '고리국'과 바이칼 인근에 살고 있는 부리야트-코리족이었다. 앞장에서 부리야트족은 에히리트·불라가트·코리·홍고도리의 네 종족으로 이루어지며, 부리야트족과 한민족이 관계가 깊다는 사실을 이미 제시한 바

있다. 그런데 한민족과 관련이 깊은 부리야트족 중 하나인 코리족은 부처의 모계 종족 이름과 같은 것이었으며, 삼한 시대에도 비슷한 이름의 국가명이 등장하는 것이었다.

　이것은 단순히 우연의 일치였을까? 이제까지 한반도 고대사에서 우연의 일치란 결코 없었다고 누이이 말해 왔듯이, 만약 이것이 우연의 일치가 아니라면 이것들 사이에는 어떤 긴밀한 인과 관계가 존재할 것이라고 추측했다. 그런데 만약 그런 긴밀한 인과 관계가 있다고 할지라도 그 인과 관계를 어떻게 밝힐 수 있을 것인가?

　산 넘어 산이라고 또다시 새로운 고민이 생겨났다. 그런 고민 끝의 어느 날, 이들이 만약 동일한 뿌리라면 근원지인 이란에도 이런 이름이 있지 않을까라는 생각이 문득 머리를 스쳐지나갔다. 그래서 구글에서 Iran, Persia, Kori, 혹은 Koli라는 몇 개의 단어들로 검색을 해봤다. 아니나 다를까 이란의 북서부에 위치하고 있는 아르다빌 주에 Koli라는 마을이 있었다. 그리고 콜리 마을에서 멀지 않은 곳에 한강의 옛 이름인 아리(라)수의 어원인 아라스 강이 흐른다고 앞에서 밝힌 바 있다."

　전작에서 저는 부처의 모계 코리족과 한민족과의 관계를 밝히기 위해 그 근원이 이란의 '콜리' 지역에서 비롯된 사실을 찾은 것뿐만 아니라 그 밖에도 여러 근거 자료들을 찾아서 제시했었습니다.

　그런데 사실 전작에서 제시한 여러 증거는 일종의 정황 증거로서 부처의 모계 코리족과 박혁거세의 뿌리인 월지족이 관련이 있다는 개연성을 높여 주는 증거들이었고, 결정적 증거인 소위 '스모킹 건'이 빠진 상태였습니다. 스모킹 건이란 어떤 범죄나 사건을 해결할 때 나오는 결정적 증거를 일컫는 말로, '가설을 증명하는 과학적 근거'라는 뜻으로도 쓰입니다. 이것은 살해 현장에 있는 용의자의 총에서 연기가 피어난다면, 이는 흔들릴 수 없는 명백한 증거가 된다는 의미에서 붙여진 이름으로 『셜록 홈스』 시리즈 중 〈글로리아 스콧〉에 나오는 장면에서 유래했습니다.

그런데 부처의 모계인 코리족과 박혁거세의 뿌리인 월지족이 같은 종족이라는 결정적 증거, 즉 스모킹 건을 앞에서 소개한 연호탁 교수의 박사 학위 논문 내용에서 발견하게 된 것이었습니다.

> "서번제국 상당수가 왕명王名으로 나라 이름을 정하거나 땅 이름, 산 이름을 따 이름을 지었는데, 이는 이곳이 안서安西의 땅이기 때문에 가능하다는 것이다. … 대월씨국왕의 거처는 람시성(람씨성 또는 람자성)이었다. 음차어인 이 고유명사는 Rajpur라고 읽어야 한다. ... Rajpur는 현재 네팔 남부 룸비니 지구, 카필라밧수 구에 속한 작은 공동체 마을로... 룸비니는 후일 부처가 되어 존숭받는 고타마 싯다르타의 탄생지이자 외가가 있는 곳이다. ... 그 주민은 코리족(拘利族, 巴利語; koliyā, koliya, koliya)이다."

저는 전작에서 코리족의 이름이 월지족들의 근원인 이란의 Koli라는 지명에서 비롯된 것으로 추정했었습니다. 그런데 연호탁 교수의 논문에 의하면 당시에는 왕의 이름으로 나라 이름을 정하거나, 땅 이름, 산 이름을 따서 나라 이름을 정했다고 합니다. 그리고 이것은 거주하던 땅 이름을 따서 부족명(나라 이름)을 정할 수도 있다는 것을 의미하는 것입니다.

즉, 그들이 원래 살았던 이란의 Koli라는 지명을 따서 코리족(Koli 또는 Kori)이라는 부족 명칭이 생긴 것이죠. 이것은 단순히 연호탁의 논문이 제가 전작에서 밝혔던 '코리족'과 이란의 '콜리'라는 지명 간의 관계를 증명해주는 추가 단서에 불과합니다. 더 중요한 결정적 증거는 바로 "부처의 탄생지이자 외가인 룸비니는 대월지국왕의 거처가 있던 곳인데, 그곳의 주민이 바로 코리족"이라는 사실입니다. 결국 연호탁 교수의 논문에서 박혁거세의 월지족과 부처의 모계인 코리족이 같은 뿌리라는 결정적인 증거인 스모킹 건이 나타난 것이었습니다.

독자 여러분, 한국 고대사와 관련된 사건의 단서를 찾는 저의 촉觸은 그야말로 셜록 홈스에 버금가는 것 같지 않습니까? 농담이 아니라 역시 저는 '한국 고대사의 비밀을 밝히기 위한 역사적 사명을 띠고 이 땅에 태어난' 것이 확실한 듯하네요.

지금부터는 신라 석씨 왕조에서 다시 김씨 왕조로 바뀌는 2차 역성 혁명과 1·2차 역성혁명이 일어난 후의 한·일(신라와 왜) 관계에 대해서 살펴보도록 하겠습니다. 지난 강의에서 같은 월지족인 석씨 부족이 사카족인 신라 김씨와 연합하여 박씨 왕조를 몰아낸 것이 1차 역성 혁명이라고 말씀드렸습니다. 그리고 이 역성혁명에서는 신라 김씨가 더 주도적으로 참여했기 때문에 역성혁명을 통하여 왕위에 오른 벌 휴왕 2년에 신라 김씨인 구도가 병권을 잡았고, 그 아들은 13대 미추 왕이 되었다고 했습니다.

결국 1차 역성혁명이 일어난 후 석씨에서 다시 김씨로 왕권이 넘어 가는 2차 역성혁명의 발발은 시간문제였을 뿐, 처음부터 정해진 수순 에 따른 것이었습니다. 이 무렵의 한·일 관계를 살펴보기 위해 먼저 박·석 왕조 교체 무렵의『삼국사기』기록을 살펴보겠습니다.

> "(9대 벌휴왕) 10년 6월에 왜인의 큰 기근으로 먹을 것을 구하러 온 자가
> 1,000여 명이었다. … (10대 내해왕) 13년 여름 4월에 왜인이 국경을 침범하
> 므로 이벌찬 이음을 보내어 군사로써 막게 하였다."

8대 아달라왕까지는 박씨 왕조였다가 9대 벌휴왕 때부터 석씨 왕조로 교체되었는데, 지난 강의에서 말씀드린 것처럼 아달라왕 시절에는 5년과 20년 두 번에 걸쳐 왜에서 사신을 통해 선물 보따리를 보내왔고, 석씨 왕조로 바뀐 9대 벌휴왕 때에는 왜인이 큰 기근이 들어서 수많은 사람이 먹을 것을 구해 신라로 건너왔다는 것입니다. 이것은 이 때까지만 해도 신라와 왜 간의 관계가 좋았다는 것을 의미합니다. 그런데 그 다음 10대 내해왕 때에는 다시 왜가 신라를 침범한 것입니다.

왜 이런 일이 벌어졌으며, 이러한 기록의 행간은 과연 무엇을 의미하는 것일까요? 독자 여러분들의 생각은 어떠십니까? 박씨 8대 아달라왕 때와 석씨인 9대 벌휴왕 때까지만 해도 한·일 관계가 좋아서 일본에서 선물을 들고 오고, 일본에 기근이 생기자 먹을 것을 구해 신라로 건너왔던 왜인들이 왜 갑자기 10대 내해왕 때에는 다시 군사를 보내서 침범한 것일까요?

잠시 강의 진도를 멈추고 한번 곰곰이 생각해보시기 바랍니다. 저도 처음에는 이 부분에 대해서 상황 파악을 제대로 하지 못하고 오해를 했었거든요. 이런 상황이 벌어진 것에 대해서 연구 초반에 제가 오해했던 것은 다음과 같은 것이었습니다.

즉, 1차 역성혁명이 일어났음에도 불구하고 9대 벌휴왕 때 왜인들이 도움을 구하러 신라로 넘어왔습니다. 저는 이것을 박씨를 몰아내고 석씨가 왕이 된 것에 대해서, 일본으로 건너가서 야마타이 왕국을 세운 박씨의 후손들이 석씨는 어차피 같은 월지족이었기 때문에 크게 기분 나빠하지 않았다고 오판했던 것이었습니다. 그래서 10대 내해왕 시절에 왜인들이 다시 신라를 침공한 것에 대해서 "갑자기 또 왜 이러지?"하는 의문을 가졌던 것이죠.

곰곰이 생각해보니 이런 일이 벌어진 이유는 바로 고대에는 오늘날과 같은 통신망의 발달이 없었기 때문에 신라에서 일어난 소식이 일본에 건너가기까지 시간이 걸렸기 때문이었습니다. 즉, 8대 아달라왕에서 9대 벌휴왕으로 왕조의 성씨가 바뀐 때에 아직 일본에서는 그런 소식이 전달되지 않았기 때문에 먼저 건너갔던 박씨 왕조의 무리들이 기근이 발생하자 도움을 구해 모국으로 온 것이었습니다.

그런데 역성혁명이 발생하여 박씨 왕조에서 석씨 왕조로 넘어간 사실을 알고 난 후인 10대 내해왕 때에는 일본으로 건너간 박씨의 후손들이 징벌 차원에서 신라로 쳐들어온 것이며, 11대 조분왕 3년 여름에도 본격적으로 징벌을 하기 위해 왜인들이 쳐들어와 금성(경주)을 포위하기에 이른 것이었습니다.

하지만 비록 석씨 왕조 초기에는 신라에 쳐들어왔지만, 15대 기림왕 시절에는 "왜국과 더불어 교빙했다"는 기록이 있고, 16대 흘해왕 시절에는 "왜국의 왕이 사신을 보내어 아들의 구혼을 하므로 아찬 급리의 딸을 보내주었다"는 기록 등으로 미루어 보아 처음에 제가 오판했던 것처럼 어차피 박씨나 석씨는 같은 월지족이기 때문에 신라와 왜 간 충돌의 정도는 그다지 심하지 않았던 것으로 보여집니다.

그러다가 왜국의 대대적인 침략이 벌어지게 된 것은 바로 본격적으로 사카족 김씨 왕조가 시작된 내물왕 때부터였습니다. 즉, 내물왕 9년 여름 4월에 왜병이 크게 쳐들어왔고, 38년 여름 5월에 왜인이 와서 금성을 포위하고 닷새 동안 포위를 풀지 않는 등 왜에 의한 일련의 대대적인 공격이 시작되었습니다. 그리고 이때가 바로 광개토대왕릉 비문에 신묘년 기사가 등장하는 시점이었던 것입니다.

앞 강의에서 신라 김씨의 선조는 투후 김일제이며, 그 뿌리는 부처의 부계인 사카족이라고 밝힌 바 있습니다. 비록 부처의 부계가 사카족이고 모계는 월지족이어서 인도에서는 같은 아리안 계통으로서 혼인 관계를 맺기도 했지만, 사실 페르시아 아케메네스 왕조 때에는 사카족이 월지족에게 속국으로 복속되어 있던 부족이었습니다. 게다가 사카족 출신 신라 김씨가 월지족 출신의 박씨를 몰아내고 왕위를 차지한 것은, 비유적으로 말하자면 〈이솝우화〉에서 추위를 피하기 위해 상인에게 애원하여 텐트 속으로 들어온 낙타가 결국에는 오히려 상인을 쫓아내고 텐트를 차지한 것이나 마찬가지였습니다.

즉, 중국에서 왕망이 세운 신나라가 망한 이후에 왕망과 외척 관계였던 투후 김일제의 후손인 사카족 김알지 집단은 후한 광무제의 숙청을 피해 요동으로 이주했다가 탈해왕 시절에 한반도로 피난을 온 것이었습니다. 그리고 한반도 경주에서 먼저 자리잡고 있던 월지족은 사카족인 김알지 집단이 피난을 오자 같은 아리안 계통이기 때문에 받아주었던 것입니다. 그런데 내물왕 시절, 박씨 주축 세력이 일본으로 건너가 세력이 약해진 월지족을 몰아내고 사카족 김씨가 세습왕조를 수립한 것이었습니다.

이제 독자 여러분들도 광개토대왕릉 비문에 등장하고 최인호 작가가 그토록 궁금하게 생각했던, 바다를 건너 한반도를 침범한 '왜의 정체'가 과연 누구인지 파악되었을 것입니다. 또한 그들이 왜 그토록 신라 김씨 왕조를 증오했는지에 대한 근원적인 이유도 알게 되었을 것입니다. 바다를 건너 신라를 침범한 왜倭는 바로 아달라왕 시절 바다를 건너 일본으로 가서 새로운 야마타이 왕국을 세운, 월지족 신라 박씨 왕조의 후손이었던 것입니다.

또한 신라 김씨 왕조에 대한 그들의 뿌리 깊은 증오심은 은혜를 원수로 갚은 사카족 신라 김씨 왕조에 대한 배신감과 함께 사카족에게 신라 왕조를 뺏긴 월지족 박씨 후손들의 복수심에서 기인했던 것입니다. 그리고 이것이 바로 오늘날 일본인들의 집단무의식 속에 내재되어 있는 한국인에 대한 혐오감의 근원이었던 것입니다.

사실 저도 이전까지만 해도 일본에 대한 혐오감이 일반적인 한국인들과 다를 바가 없었는데, 고대사 연구를 통해 이런 사실을 알고 나니 더 이상 그들을 미워하기보다는 어떻게 하면 한·일 두 나라 국민들 간의 혐오감을 없앨 수 있을까 하는 생각밖에는 생기지가 않더군요. 아마도 우선적으로 할 일은 일본인들의 집단무의식 속에 내재되어 있는 이러한 혐오감의 근원을 한·일 두 나라 국민들이 파악하는 것이라고 생각됩니다. 서로 싫어하는 이유를 알아야만 다음 단계로 치유 방법을 강구할 수 있을 테니까 말입니다.

그럼 다음 시간부터는 본격적으로 광개토대왕릉 비문의 내용에 대해서 살펴보도록 하겠습니다.

백잔이 백제가 될 수 없는 이유

지난 강의에서 광개토대왕릉 비문의 신묘년 기사와 한·일 간에 수천 년 동안 이어져 내려온 증오심의 뿌리를 정확히 밝히기 위해서는 먼저 몇 가지 중첩된 선행 문제를 해결해야만 한다고 했습니다.

첫째는 비문에 기록되어 있는 신묘년에 바다를 건너와서 백잔□□를 격파하고 신라를 신민으로 삼은 왜倭는 과연 누구인가와 둘째는 신라에서 박·석·김 세 성씨가 돌아가면서 왕위를 계승했는 이유를 알아야 한다고 했는데, 지금까지 왜의 정체와 박·석·김 세 성씨가 돌아가면서 왕위를 계승한 이유를 살펴봤습니다. 이제 남은 한 가지 문제는 신묘년에 왜가 바다를 건너와서 격파한 '백잔□□'의 정체가 무엇인가 하는 것입니다. 즉, '백잔'의 의미와 누락된 두 글자 '□□'는 과연 무엇인가 하는 문제인 것이죠.

예전 강의에서도 말씀드린 바와 같이 광개토대왕릉 비문의 신묘년 기사를 바르게 해석하기 위해서는 앞에서 선행 문제로 제시했던 모든 것들을 제대로 파악해야만 하는 것이며, 이러한 선행 문제가 해결되지 않고서는 제대로 된 해석을 할 수가 없게 됩니다. 그러면 지금부터 독자 여러분들도 저와 함께 선행 문제에 대한 지식을 염두에 두고서 신묘년의 기사의 진실을 같이 파악해보도록 하시죠.

앞에서 제시했던 여러 문제 중 지금까지 해결되지 않은 문제는 다음과 같은 세 번째 문제입니다.

> "셋째, 비문에 등장하는 '왜가 신묘년에 바다를 건너와서 격파한 백잔□□의
> 정체는 무엇인가'를 정확히 밝혀야만 한다."

이 세 번째 문제에서 먼저 해결할 것은 왜가 신묘년에 바다를 건너와서 격파한 '백잔百殘□□'에서 '百殘'의 진정한 의미가 무엇인가 하는 것입니다. 지금까지 대부분의 학자들은 백잔百殘의 '殘'을 '잔인하다, 흉악하다'는 뜻으로 해석해서 고구려가 백제를 낮추어 부르는 말이라고 주장하고 있습니다. 이렇게 보는 근거는 아마도 고구려의 16대 고국원왕이 371년에 백제를 공격하다가 백제 근초고왕의 병사들에 의해 전사했기 때문으로 여겨집니다. 또 다른 주장으로는 '잔殘'을 '남다'로 보아 '백제의 잔여 세력'으로 보는 견해도 있는데, 이러한 두 주장은 공통적으로 '백잔'의 의미를 '백제'라고 파악하는 것입니다.

즉, 기존 학자들의 학설에 의하면 백잔에서 殘은 일단 두 가지 의미가 가능한데, 하나는 '잔인하다'는 뜻과 다른 하나는 '잔여 세력'이라는 뜻입니다. 그러면 '백百'이라는 단어에는 어떤 의미가 있을까요? 기존 학자들은 이 百자를 백제百濟를 의미하는 글자라고 파악했습니다. 그런데 이 百을 숫자의 의미로 파악해보면 어떨까요?

백(100)이라는 숫자는 두 가지 해석이 가능합니다. 하나는 '백방百方'

의 사례와 같이 '모든'을 의미하는 완전수로서 사용되는 경우입니다. 물론 여기서 완전수라는 의미는 '자기 자신을 제외한 약수의 합이 자기 자신이 되는 수'를 뜻하는 수학 용어 'perfect number'가 아니고, 그냥 모든 것을 포함한다는 '완성된 큰 수'라는 의미입니다. 다른 하나는 성경이나 로마 군사직제에 등장하는 백부장百夫長(혹은 흉노의 百長), 천부장千夫長(흉노의 千長) 등에서 사용되는 百의 의미입니다. 이런 용례로 百이 사용될 때에는 당연히 '적은 수(소수少數)'라는 의미로 사용됩니다. 왜냐하면 흉노의 군사직제와 마찬가지로 당시 페르시아에서도 만 명 단위가 가장 큰 군사직제였습니다. 그러니 만 명에 비교하면 백이라는 숫자는 소수에 불과한 것이죠.

그러면 각각 두 가지씩의 의미를 가지는 백과 잔을 조합해보면 다음과 같은 네 가지 경우의 해석이 나올 수 있겠군요.

1) 많고 잔인한
2) 많은 잔여 세력
3) 적고 잔인한
4) 적은 잔여 세력

그러면 이 네 가지 중 '백잔'의 진정한 의미를 파악하기 위해 먼저 이 문장을 살펴보기로 하겠습니다.

"百殘新羅, 舊是屬民由來朝貢. 而倭以辛卯年, 來渡海破百殘□□新羅以
爲臣民. 以六年丙申, 王躬率□軍, 討伐殘國."

이 문장을 있는 그대로 해석해보면 다음과 같습니다.

"백잔신라는 예로부터 (고구려의) 속민으로서 조공을 바쳐왔다. 그런데 왜가 신묘년(391년)에 바다를 건너와 백잔□□를 격파하고 신라를 신민으로 삼았다. 그래서 (영락) 6년 병신년(396년) 왕이 친히 □군을 이끌고 (백)잔국을 토벌하였다."

광개토대왕릉비 신묘년 기사 비문 해석에 있어서 한·중·일 3국의 학자들의 공통된 오류는 '백잔'을 '백제'로 파악했다는 것입니다. 비록 최인호 작가가 소설 마지막 부분에서 "왜는 과연 누구인가?"라는 근원적인 질문을 던지기는 했지만, 그를 비롯하여 모든 학자들이 범한 가장 큰 잘못은 비문 전체에서 '백잔'의 의미를 파악하려 하지 않고, 20자 미만의 글귀에만 관심을 집중하여 해석하려고 했다는 점이었습니다. 전체 비문을 꼼꼼히 살펴서 비문의 내용과 『삼국사기』에 기록된 당시의 역사적 사실들을 비교했더라면, '백잔'이 백제를 의미하는 것이 아니라 신라를 의미하는 것임을 어렵지 않게 파악할 수 있었을 것입니다. 먼저 백잔이라는 용어가 기존 학자들의 주장처럼 결코 백제가 될 수 없는 몇 가지 이유에 대해서 살펴보도록 하겠습니다.

백잔이 백제가 될 수 없는 첫 번째 증거는 다음과 같습니다. 만약 백잔이 백제를 의미하는 것이라면 비문 내용에서 신묘년(391년)에 왜가 바다를 건너와 백제를 격파, 즉 침공했다는 것인데, 『삼국사기』 〈백제 본기〉의 그 어느 내용에도 왜가 백제를 침범한 기록이 없습니다. 즉, 〈백제 본기〉에서 온조가 나라를 세운 이후 비문에 등장하는 신묘년 전후인 16대 진사왕(재위 385년~392년)과 17대 아신왕(재위 392년~405년)에 이르기까지 왜가 백제를 침범했다는 기록은 단 한 줄도 나타나지 않습니다.

백제를 침범한 나라는 주로 말갈이었으며, 그 외 신라와 고구려와의 전쟁 기록이 나타나지만, 왜가 백제를 침범했다는 기록은 전혀 없습니다. 〈백제 본기〉에서 왜에 대한 기록이 최초로 등장할 때는 17대 아신왕 시절인데, 그 내용은 다음과 같습니다.

> "6년(397년) 여름 5월에 왕은 왜국과 우호를 맺고 태자 전지를 볼모로 잡혔다. 11년(402년) 5월에 사신을 왜국에 보내어 큰 구슬을 구하였다. 12년(403년) 봄 2월에 왜국의 사자가 이르자 왕이 맞이하여 위로하고 특별히 후하게 하였다."

왜와 신라의 경우는 연오랑과 세오녀가 일본으로 건너가기 전에 신라를 침범해왔던 왜든 혹은 비미호 여왕이 선물 보따리를 보낸 후에 석씨 왕조 시절과 김씨 왕조 시절에 다시 신라를 공격해왔던 왜든 간에 신라와 왜의 전쟁 기록은 『삼국사기』 〈신라 본기〉에 끊임이 없었으며, 특히 광개토대왕 재위 시절(391년~412년)인 내물왕 38년(393년) 여름과 실성왕 4년(405년) 여름, 6년(407년) 봄과 여름 등 왜와의 전쟁이 끊임없이 기록되어 있습니다.

그런데 특이하게도 왜와 백제의 관계에서는 일절 그런 전쟁 기록이 등장하지 않으며, 아주 우호적인 내용만 기록되어 있습니다. 오히려 독자 여러분들도 잘 알다시피 나·당 연합군에 의하여 백제가 멸망될 때에는 대대적인 지원군을 보내줄 정도로 왜와 백제의 관계는 아주 돈독했습니다. 게다가 왜와 백제가 친하게 지낸 흔적이 백제 지역 곳곳에서 발견되는데, 자세한 내용은 뒤에서 밝히도록 하겠습니다. 아무튼 이런 까닭에 비문 신묘년 기사에서 왜가 바다를 건너와 '백잔'을 격파했다는 내용에 나오는 '백잔'은 백제가 될 수가 없습니다.

백잔이 백제가 될 수 없는 두 번째 증거는 광개토대왕릉 비문에서 문제의 신묘년 기록에 이어서 나오는 다음과 같은 기록입니다.

"殘不服義, 敢出百戰, 王威赫怒, 渡阿利水, 遣刺迫城, 橫□侵穴, 就便圍城, 而殘主困逼, 獻男女生□一千人, 細布千匹, 跪王自誓, 從今以後, 永爲奴客. 太王恩赦先迷之愆, 錄其後順之誠. 於是得五十八城村七百, 將殘主弟幷大臣十人, 旋師還都."

위의 내용에서 지금까지 학자들이 번역해왔듯이 '잔殘'을 '백제'라고 해석하지 않고, 있는 그대로 해석하면 다음과 같습니다.

"(백)잔이 의에 복종하지 않고, 감히 여러 번 출전하여 싸웠다. 왕이 위엄을 드러내고 크게 노하여 아리수(한강)를 건너 정탐병을 파견하여 성을 압박하였다. 옆으로 □하여 소굴에 침투하고, 손쉽게 성을 포위하였다. 이에 잔주殘主가 곤핍하여 남녀 포로 일천 명과 가는 베 천 필을 헌상하고, 왕에게 무릎 꿇고 "지금부터 영원히 '노객奴客(신하)'이 되겠다"고 스스로 맹세했다. 태왕이 그전의 어지럽힌 허물을 은혜를 베풀어 용서해주고, 그 뒤에 순종한 성의를 (마음에) 새겼다. 이때에 58개의 성과 700개의 촌락을 획득했으며, 또한 잔주의 동생과 대신 10명을 데리고 군사를 되돌려 환도했다."

위 내용에는 잔주(백잔왕)가 영원히 노객이 되겠다고 맹세를 해서 용서해주는 대신, 잔주의 동생과 대신 10명을 데리고 환도했다고 기록되어 있습니다. 즉, 왕의 동생을 볼모로 데려갔다는 것입니다. 그러면 이 내용과 관련하여 『삼국사기』의 기록을 살펴보도록 하겠습니다. 먼저 신라 내물왕 시절의 〈신라 본기〉 기록은 다음과 같습니다.

"(내물왕) 37년(392년) 봄 정월에 고구려에서 사신이 오니 왕은 고구려가 강성하므로 이찬 대서지의 아들 실성을 보내어 볼모로 잡혔다. … 46년 (401년) 가을 7월에 고구려에 볼모 잡혔던 실성이 돌아왔다."

위의 기록을 보면 내물왕 시절에 이찬 대서지의 아들 실성을 볼모로 보냈다가 9년 만에 되돌아왔는데, 실성은 내물왕 다음에 왕이 되는 사람으로서 친동생은 아니지만 시조가 같은 방계(傍系) 동생이었던 것입니다. 따라서 광개토대왕릉비에 잔주의 동생을 볼모로 잡아갔다는 기록과 일치합니다. 다음에는 혹시라도 백제에서도 왕의 동생이 광개토대왕 시절에 볼모로 잡혀간 사실이 있는지를 확인해 볼 필요가 있습니다. 392년 무렵은 백제의 진사왕과 아신왕 시절이었는데, 고구려 등과 관련된 〈백제 본기〉의 기록은 다음과 같습니다.

"(진사왕) 8년(392년) 가을 7월에 고구려 왕 담덕(광개토대왕)이 군사 4만 명을 거느리고 북변을 공격해 와서 석현 등 10여 성을 함락시켰다. 왕은 담덕이 군사를 부리는 데 능하다는 말을 듣고 나아가 막지 못하니, 한수 북쪽의 여러 부락이 많이 함락되었다. 겨울 10월에 고구려가 관미성을 공격하여 빼앗았다. … 가을 7월에 고구려와 더불어 수곡성 아래에서 싸웠는데 패하였다. (아신왕) 4년(395년) 가을 8월에 왕은 좌장 진무 등에게 명하여 고구려를 치게 하였으나 고구려 왕 담덕이 친히 군사 7,000명을 거느리고 패수 위에서 막아 싸우니, 우리 군사가 대패하여 죽은 자가 8,000명이었다. 겨울 11월에 왕은 패수의 싸움에 보복하려고 친히 군사 7,000명을 거느리고 한수를 지나 청목령 아래 머물렀는데, 큰 눈을 만나 사졸들이 얼어 죽는 자가 많았으므로 회군하여 한산성에 이르러 군사를 위로하였다.

6년(397년) 여름 5월에 왕은 왜국과 우호를 맺고 태자 전지를 볼모로 잡혔다. 11년(402년) 5월에 사신을 왜국에 보내어 큰 구슬을 구하였다. 12년(403년) 봄 2월에 왜국의 사자가 이르자 왕이 맞이하여 위로하고 특별히 후하게 하였다. 가을 7월에 군사를 보내어 신라의 변경을 침범하였다."

이 무렵 백제의 기록에는 고구려군과 여러 번 싸워서 패했다는 기록은 있지만 왕의 동생을 볼모로 보냈다는 기록은 없습니다. 그리고 고구려와의 전쟁에 대한 기록에서 395년 가을 8월에 광개토대왕에게 대패한 뒤에 11월에 보복하려고 다시 출전했으나 혹한으로 싸워보지도 못하고 회군하였다고 기록되어 있습니다. 만약 1차 전투에서 패하여 동생을 볼모로 보냈다면 신변의 안전 때문에라도 보복하기 위해 2차 출전을 감행하지 못했을 것입니다.

한편 앞에서 소개한 신라 내물왕 시절에 실성을 고구려에 볼모로 보낸 것에 대해 〈고구려 본기〉에서는 다음과 같이 기록하고 있습니다.

"(고국양왕) 9년(391년) 봄에 사신을 신라에 보내 수호하니, 신라왕이 조
카 실성을 볼모로 보냈다."

　여기서 유의할 사항은 앞에서 아찬 길선의 반란사건 기록에서 알
수 있듯이 『삼국사기』의 〈신라 본기〉, 〈고구려 본기〉, 〈백제 본기〉, 그
리고 광개토대왕릉 비문에 기록되어 있는 동일 사건 간에 약간의 시
차가 존재한다는 것입니다. 이런 일이 발생하는 이유는 아마도 김부
식이 편찬한 『삼국사기』의 〈신라 본기〉, 〈고구려 본기〉, 〈백제 본기〉의
내용이 한 명의 사관에 의해 기록된 것이 아니라, 신라·고구려·백제 3
국의 사관들이 각각 기록했던 3국의 역사서를 김부식이 참고하여 편
찬했기 때문에 이런 시차가 생겼을 것으로 판단됩니다.
　또한 『삼국사기』〈고구려 본기〉와 광개토대왕릉 비문에 기록된 광
개토대왕의 연대 기록을 분석해보면 1년간의 차이가 발생하는 것을
발견할 수 있습니다. 즉, 『삼국사기』에는 광개토대왕의 즉위년도가
392년이라고 나오는데, 비문에는 391년으로 나옵니다. 이런 까닭으로
인터넷에서 고국양왕의 재위 기간을 검색하면, 『삼국사기』에 기록되
어 있는 연도가 아니라 광개토대왕릉 비문의 기록에 맞추어 수정되
어 나옵니다.
　그뿐만 아니라 『삼국사기』〈신라 본기〉에는 내물왕 시절, 알지의 후
손으로 이찬 대서지의 아들인 실성을 고구려에 볼모로 보낸 시점이
392년이라고 나오는데, 〈고구려 본기〉에는 18대 고국양왕 재위 시절

인 391년으로 나오며 조카 실성이라고 기록하고 있습니다. 그리고 광개토대왕릉 비문에는 잔주(신라)의 동생을 볼모로 보내는 것이 광개토대왕 시절로 나옵니다.

따라서 실성을 볼모로 보낸 것을 기록한 『삼국사기』 〈신라 본기〉와 〈고구려 본기〉, 그리고 광개토대왕릉 비문의 세 기사를 비교·분석해 보면 광개토대왕 재위 시절인 392년에 "고구려가 강성했으므로 이찬 대서지의 아들 실성을 볼모로 보냈다"는 〈신라 본기〉의 기록이 정확하고, 조카이기보다는 방계 동생인 것을 알 수 있습니다.

이와 관련하여 한 가지 덧붙이자면 『삼국사기』 〈고구려 본기〉의 광개토대왕 기록에서는 백제와의 전쟁 내용만을 기록하고 있으며, 신라로의 파병에 대한 언급이 전혀 나타나지 않는다는 것입니다. 아마도 이것 때문에 기존의 역사학자들이 '백잔'을 백제로 오인하게 된 것 같습니다. 제가 주장하는 대로라면 광개토대왕 시절에 신라에 침범한 왜를 물리치기 위해 광개토대왕이 여러 번 신라에 파병을 했음에도 불구하고 〈고구려 본기〉에는 이런 내용이 전혀 등장하지 않고, 〈신라 본기〉에도 광개토대왕에 대한 언급은 없이 왜가 침범했지만 격퇴시켰다는 식으로 왜의 침입과 관련된 내용들이 신라에 유리하게 기록되어 있습니다.

왜 이런 현상이 일어나는 것일까요? 이런 현상이 일어난 이유는 아마도 『삼국사기』를 편찬한 김부식이 신라 김씨의 후손이기 때문일 것입니다. 즉, 김부식은 자신의 뿌리인 신라 김씨 왕조의 치부를 감추기 위해 신라에 대한 왜의 침략 기록을 신라에 유리하도록 미화시키고, 고구려 광개토대왕의 활약상은 아예 누락시켰던 것입니다.

그럼에도 불구하고 신라와 왜의 역학상 우열 관계를 완전히 숨길 수는 없어서 실성왕 원년에 내물왕의 아들 미사흔을 왜에 볼모로 보내는 내용을 기록한 것입니다. 만약 〈신라 본기〉의 기록처럼 왜의 침략을 신라가 잘 격퇴했다면 굳이 미사흔을 왜에 볼모로 보낼 이유가 없었을 것인데, 실제로는 그렇지가 않았기 때문에 볼모로 보냈던 것입니다. 따라서 이와 관련된 〈신라 본기〉의 기록도 있는 그대로 받아들일 것이 아니라 앞뒤 문맥을 잘 파악해야만 하는 것입니다.

백잔이 백제가 될 수 없는 세 번째 증거는 앞에서 소개한 광개토대왕릉 비문의 '노객奴客'이라는 표현과 그 전후 내용의 문맥과 관련된 것입니다. 앞의 기록에서는 잔주殘主가 스스로 영원히 노객이 되기를 맹세했다고 기록되어 있습니다. 이와 관련하여 광개토대왕릉 비문 기해년의 기록을 살펴보도록 하겠습니다.

"영락 9년(399년) 기해년에 백잔이 맹서를 어기고 왜와 화통하였다. (이에) 왕이 평양으로 행차하여 내려갔다. 그때 신라왕이 사신을 보내어 아뢰기를, "왜인이 그 국경에 가득차 성지를 부수고 노객으로 하여금 왜의 민으로 삼으려 하니 이에 왕께 귀의하여 구원을 요청합니다"라고 하였다. 태왕이 은혜롭고 자애로워 신라왕의 충성을 갸륵히 여겨, 신라 사신을 보내면서 (고구려 측의) 계책을 (알려주어) 돌아가서 고하게 하였다.

10년(400년) 경자년에 왕이 보병과 기병 도합 5만 명을 보내어 신라를 구원하게 하였다. (고구려군이) 남거성을 거쳐 신라성(국도)에 이르니, 그곳에 왜군이 가득하였다. 관군이 막 도착하니 왜적이 퇴각하였다."

399년의 기록에 또다시 백잔이란 명칭이 등장하는데, 비문에 나타난 399년과 400년의 기록을 살펴보면 399년에 백잔이 맹세를 어기고 왜와 화통을 해서 광개토대왕이 평양으로 내려 갔습니다. 그러자 난데없이 신라가 사신을 보내와서 앓는 소리를 해서 고구려가 계책을 알려주고 돌려보낸 뒤에 다음 해인 400년에 신라에 군사를 파견해서 왜를 격파합니다.

그런데 이 문장에서 기존 역사학자들이 백제라고 추정하는 '백잔' 외에는 백제와 관련된 내용은 전혀 나타나지 않습니다. 만약 백잔이 지금까지 학자들이 주장하듯이 백제라면 맹세를 어기고 왜와 화통한 백제를 치러갔는데, 갑자기 그 다음 내용으로 신라만 등장하고 백제와 관련된 내용은 오리무중 흔적도 없이 사라진 것입니다. 이것은 마치 어떤 주제를 놓고 대화를 하다가 갑자기 곁가지로 빠져서는 다시 본래의 주제로 돌아가지 못하고 엉뚱한 곳에서 헤매다가 대화를 끝내는 것과 마찬가지입니다.

누군가 이런 식으로 역사를 기록했다면 그는 사관으로서의 자질이 없는 것이며, 글 쓰는 연습부터 다시 해야 할 것입니다. 그런데 비문을 작성한 사람 역시 그 시대의 대표적인 사관 혹은 이름 있는 문장가였을 것이기 때문에 이런 식의 문장을 작성했을 리가 없습니다.

이와 관련하여 지난 강의에서 언급한 중국 학자 왕건군의 책『광개토왕비 연구』에서는 "어떤 이가 말하는 것과 같이 호태왕비의 문장은 '더 얻어 볼 수 없는 저명한 문장'이다. 비문 문장은 사건 서술의 조리가 분명하고 어법이 규범에 맞으며 문자가 순탄하고 사의詞義가 분명하다."고 기록하고 있습니다. 한마디로 뛰어난 문장가가 작성한 훌륭한 글이라는 뜻입니다. 따라서 백잔은 백제를 의미하는 말이 될 수가 없는 것입니다.

그뿐만 아니라 앞에서 잔주(백잔왕)가 영원히 노객이 되겠다고 맹세를 해서 용서해주는 대신, 잔주의 동생과 대신 10명을 데리고 환도했다는 기록이 있다고 소개했습니다. 그런데 399년의 기록에서는 신라왕이 광개토대왕에게 사신을 보내어 왜가 침입해서 자신을 가리키는 노객을 왜의 민으로 삼으려 하니 구원을 요청한다고 기록하고 있습니다.

즉, 잔주가 광개토대왕에게 영원히 노객이 되겠다고 맹세를 했는데, 그 후 신라왕이 광개토대왕에게 왜가 침입해서 노객(자신)을 왜의 신하로 삼으려 하니 구해달라고 요청한 것입니다. 이 기록만으로도 쉽게 잔주가 신라왕인 것을 알 수 있습니다.

- 잔주(백잔왕)=노객
- 신라왕=노객
- 잔주(백잔왕)=신라왕

이처럼 알기 쉬운 삼단논법인 것이죠. 사실 이런 삼단논법을 우리는 중·고등학교 시절에 벌써 배웠습니다. 그런데 왜 난다 긴다 하는 한·중·일 3국의 여러 학자들이 이런 간단한 문제를 해결하지 못했을까요? 지난 강의에서 소개했던 신라인의 DNA 비교 분석 해석에서도 그랬었지만 이처럼 너무나 분명한 문제를 기존 저명한 학자들이 알아채지 못한 이유가 과연 무엇일까요?

그 이유는 DNA 비교 분석 때와 마찬가지로 비문 해석에 참여한 학자들이 인지심리학에서 말하는 확증 편향의 오류를 저질렀기 때문입니다. 인지심리학에서 확증 편향은 정보의 처리 과정에서 일어나는 인지 편향 가운데 하나로서, "사람은 보고 싶은 것만 본다"와 같은 것이 바로 확증 편향입니다. 이처럼 인지 편향이 일어나는 기본적인 이유는 주어진 정보 자체가 편향되었거나 과학적 방법과 같은 합리적 방법을 이용하지 않았기 때문이지만, 합리적 사고를 훈련 받은 전문가라 할지라도 종종 확증 편향에 빠지곤 한다는군요.

결국 이러한 확증 편향으로 인해 신라인 유골 DNA 비교에서는 '흉노 휴도왕'이라는 『사기』 기록 때문에 부계와 모계 모두에서 신라인이 스키타이인과 같은 그룹으로 묶여 있어서 신라인이 스키타이인과 관계가 있음을 쉽게 알 수 있음에도 불구하고, 모계에서 서흉노가 같은 그룹에 묶여있는 것에만 주목했던 것이었습니다. 그리고 광개토대왕릉 비문 해석에서도 아주 간단한 삼단논법으로 백잔왕이 신라왕인 것을 알 수 있음에도 불구하고 처음에 '백잔'의 의미를 잔인한 백제라는 잘못된 생각에 지나치게 몰입하는 확증 편향을 일으킴으로써 쉽게 진실을 파악할 수 있는 기회를 놓친 것이었습니다.

앞에서 백제와 왜의 관계가 아주 우호적이었다고 말씀드렸는데, 지금부터는 그 이유를 살펴보도록 하겠습니다. 항간에 "붕어빵에는 붕어가 없다"는 우스갯소리가 있는데, 신라의 왕도 경주에는 신라를 건국한 박씨 주요 집성촌이 없습니다.

위키백과 자료에 의하면 박씨 중에서 인구가 가장 많은 밀양 박씨는 주요 집성촌이 예산, 청주, 진도, 남원, 청도, 김천, 밀양, 의령, 고흥입니다. 두 번째로 많은 반남 박씨는 파주, 나주, 영암, 공주, 논산,

문경, 산청, 영주, 안동, 예산, 진안, 그리고 금산이구요. 세 번째인 함양 박씨는 진도, 영암, 김제, 고창, 진천, 칠곡, 의성입니다. 네 번째인 순천 박씨는 보성, 정읍, 청주, 군위, 고령, 성주, 합천, 남양주, 평택, 그리고 인제가 주요 집성촌이며, 다섯 번째인 무안 박씨의 경우는 무안, 진도, 해남, 논산, 그리고 영덕이 주요 집성촌입니다.

이처럼 박씨 주요 다섯 본관의 집성촌이 경주에는 없고, 오히려 전남 지역(진도, 나주 반남, 영암, 보성, 무안, 해남, 고흥)인 영산강 유역 일대에 집중되어 있는 기현상을 보이고 있는 것인데, 참으로 "붕어빵에는 붕어가 없다"는 우스갯소리가 이보다 더 잘 맞아떨어지는 경우도 드물 것입니다.

그렇다면 왜 이런 현상이 발생하는 것일까요? 이처럼 얼핏 보기에 기이한 현상 뒤에는 전남 지역에서 유독 일본 야요이 시대의 특징을 가진 분묘나 유물이 많이 발견되어서 일본 학자들이 임나일본부설을 주장하는 빌미를 제공하곤 했던, 역사의 비밀이 숨겨져 있습니다. 그리고 눈을 조금 크게 떠서 이들 박씨 집성촌이 몰려있는 전남 지역 주변을 둘러보면, 왜 이런 현상이 발생하는지를 파악할 수 있는 몇 가지 단서가 보입니다.

첫 번째 단서는 이들 박씨 집성촌 인근에 2000년 12월에 강화도, 고창 지역 고인돌과 함께 유네스코 문화유산으로 지정된 화순 고인돌 유적이 있다는 사실입니다.

두 번째 단서는 반남 박씨의 본관이 있는 나주시 반남면 주변으로 형성된 영산강 유역 대형 옹관 유적지인데, 처음 대형 독널이 조사된 나주를 비롯하여 영광, 함평, 무안, 영암, 광주, 해남 등 전라남도 서

부와 서남부 전역에서 영산강 유역을 따라 많은 수의 대형 독널이 발견되었다고 합니다. 그리고 대형 독널이 발견된 지역은 앞에서 소개했던 박씨들의 전남 지역 주요 집성촌과 거의 일치하더군요.

세 번째 단서는 나주와 반남을 거쳐 영암 일대에 즐비하게 널려 있는 대형 고분군들인데, 어떤 이는 이 고분군들을 보고는 마치 경주에 온 듯하다는 표현을 사용하고 있었습니다. 대형 고분군은 나주 반남면에만 40기, 영암에는 40곳에 150기가 존재하는데, 영암 내동리 1호분은 길이 56m, 높이 5~8m로 연인원 5천 명 이상이 동원되어 만들었다고 추정되고 있으며, 무령왕릉보다 두 배나 크다고 합니다.

그렇다면 이러한 단서들로 추정할 수 있는 역사적 사실은 과연 무엇일까요? 앞에서 신라를 세운 박씨는 월지족이며, 이들은 장례법으로 조장을 이용했는데, 고인돌과 옹관은 이러한 조장에 사용되었던 흔적이라고 밝힌 바가 있습니다. 따라서 영산강 유역의 박씨 집성촌에 고인돌과 대형 옹관, 그리고 경주에서 볼 수 있는 대형 고분군들이 늘어서 있는 것은 이러한 유적들을 만든 주체가 바로 경주에서 영산강 유역으로 이동한 박혁거세의 후예인 것을 시사합니다.

예전 강의에서 신라 김씨는 그 근원이 사카족이라고 밝혔었습니다. 그런데 앞에서 소개한 바와 같이 박씨에서 석씨로 왕권이 넘어간 것은 같은 난생 신화를 가진 월지족 내 역성혁명에 의한 것이었지만, 석씨에서 신라 김씨로 왕권이 넘어간 것은 사카족의 역성혁명에 의해서 월지족이 쫓겨난 것이었습니다. 그리고 이 시점은 신라 내물왕(재위 356~402) 때였는데, 이때는 영산강 유역의 대형 옹관 문화가 시작되었던 4세기 무렵과 일치합니다.

학자에 따라서는 3세기 중엽에 영산강 유역 대형 옹관 문화가 시작되었다고 주장하는데, 그 주장이 옳을 경우에는 석씨에 의한 역성혁명이 일어난 직후에 바로 박씨의 전라도 이주가 시작되었다고 봐야할 것입니다. 어쩌면 석씨에 의한 1차 역성혁명도 사카족인 신라 김씨가 주도적으로 활동했기 때문에 사실상 월지족 석씨와 사카족 김씨의 합작에 의한 1차 역성혁명 이후부터 전라도 이주가 시작되었다고 보는 것이 더 합당할 수도 있겠습니다. 그리고 월지족 박씨들이 전라도 지역으로 이주한 이유는 바로 백제 역시 월지족인 주몽의 후예에 의해서 세워진 같은 뿌리의 나라였기 때문이었습니다.

같은 맥락으로 한옥민은 「영산강유역 고분의 분형과 축조과정 연구」라는 박사 학위 논문에서 "(영암) 옥야리 방대형 1호분 축조에는 가야적 요소와 일본 열도의 요소가 혼재됨을 알 수 있다. 결국 분구 축조를 지휘한 누군가는 가야 지역과 일본 열도의 고총고분 축조기술을 인지하고 있었던 인물로 판단된다."고 하여 이 지역의 고분 축조에 가야와 일본의 요소가 혼재되어 있다고 주장하였습니다. 그리고 2008년 12월 말부터 동신대 문화박물관이 전남 해남군 옥천면에 있는 '해남 만의총 1호분'을 발굴조사한 결과, 이곳에서 백제·신라·가야·왜의 유물이 동시에 발견되었습니다.

프랑스의 셜록 홈스라고 불리는 법과학의 창시자 에드몽 로카르는 '모든 접촉은 흔적을 남긴다'는 로카르의 법칙을 만들었는데, 이 법칙은 오늘날 과학적 범죄수사 방법에서 가장 널리 사용되고 있다고 합니다. 그렇다면 해남 만의총 1호분에서 백제·신라·가야·왜의 유물이 동시에 발견된 까닭은 과연 무엇일까요?

설록 리(누군지 짐작하시죠)의 추측에 의하면 해남 만의총 1호분에서 백제·신라·가야·왜의 유물이 동시에 발견되었다는 것은 이 지역에서 이들 간의 상호 접촉이 있었다는 것을 의미합니다. 결국 신라 박씨뿐만이 아니라 같은 월지족인 가야 김씨들도 가야의 멸망을 전후로 하여 이곳으로 이주하였던 것이죠. 그리고 이런 추측은 앞에서 설명한 박씨 집성촌이 전남 지역에 밀집해있는 것과 마찬가지로, 김해 김씨 집성촌 역시 전라남도 진도군, 해남군, 신안군, 영광군, 완도군, 나주시, 무안군, 영암군, 화순군 등에 밀집되어 있어서 영산강 유역의 박씨 주요 집성촌과 겹치는 사실로 알 수 있는 것입니다.

또한 이러한 추정은 광개토대왕릉 비문에 대한 설명에서 '백제와 왜의 관계가 왜 좋았는가'라는 질문에 대한 대답이 됩니다. 즉, 백제 지역에는 신라에서 사카족 김씨 왕조가 들어선 이후 권력 다툼에서 밀려난 월지족들이 백제 지역으로 이동하여 3~4세기 무렵 영산강 유역의 고분군과 대형 옹관 문화를 형성한 것이었습니다. 그 후 가야의 멸망을 전후하여 역시 같은 월지족인 김해 김씨들 역시 이곳으로 합류하였기 때문에 이곳에서 백제·신라·가야, 그리고 그 이전에 신라와 가야에서 일본으로 건너갔던 왜의 흔적이 같이 발견되는 것이었습니다. 결국 영산강 유역에서 발견된 여러 국가 간 교류 흔적의 중심에는 월지족이라는 하나의 공통분모가 존재하는 것이었습니다.

이와 관련하여 한 가지 더 생각해 볼 것은 한국의 전래 민요인 아리랑 가운데 3대 아리랑이 발생한 지역이 밀양, 진도, 정선이라는 사실입니다. 저는 전작에서 한민족의 한과 흥을 가장 잘 표현하는 민요 '아리랑'의 어원이 월지족의 종족 이름인 '아리안'에서 파생되었을 것이라고 추정한 바가 있습니다. 그런데 이러한 아리랑의 3대 근거지가 바로 박씨들의 본관 또는 주요 집성촌이 밀집해 있는 밀양, 진도, 정선인 것은 결코 우연일 리가 없는 것이죠.

저의 이런 주장에 대해 어느 고등학교 동기는 본관 제도라는 것이 고려 시대에 만들어진 것이기 때문에 제 주장이 타당하지 않다고 지적을 하더군요. 그런데 이런 지적은 하나만 알고 둘은 생각하지 않았기 때문에 나오는 것입니다. 본관이라는 제도 자체는 고려 시대에 처음 만들어졌다고 하더라도 그럼 다른 지역에 있던 사람들을 특정 지역으로 이주시켜서 본관이란 것을 만들었겠습니까? 그런 게 아니라 당연히 원래 그 지역에 거주하던 사람들에게 그 지역의 이름을 붙여서 본관이란 것을 만들었던 것이죠. 물론 베트남에서 귀화한 화산이씨와 같은 특수한 경우를 제외하고 말입니다. 따라서 그런 반박은 성립이 되지 않는 것입니다.

전작에서 소개한 바와 같이 정선 아우라지 지역 고인돌에서 유럽형 DNA를 가진 인골이 발견된 것은 이러한 이유에서이며, 이들이 진도를 거주지로 결정한 이유는 나중 강의에서 설명할 월지족이 강물이 돌아가는 지역을 주거 지역으로 선택한 이유인 광물 자원 때문이었습니다. 즉, 2016년 8월 23일자 기사에 의하면 진도와 해남에서 대규모 금광석을 발견했다고 하는데, 이러한 기사는 월지족들의 거주지 선택 기준을 잘 증명해주고 있습니다.

또한 진도에서는 금뿐만이 아니라 납석 광산도 있는데, 납석(곱돌)을 이용하여 해남 사람들은 담배통, 필통, 찻잔, 차 주전자, 향로 등을 만든다고 하는군요. 그뿐만 아니라 납석은 내화 벽돌, 내화 모르타르, 용융 도가니 등의 내화재와 타일이나 유약 등 도자기의 원료로도 사용된다고 합니다. 따라서 납석은 당시 금이나 철과 같은 광물들을 녹이기 위한 도가니의 내화재용으로 월지족들에게는 반드시 필요한 자원이었던 것입니다.

그리고 김덕진 광주교대 교수는 해남산 옥에 대해서 다음과 같이 설명하고 있습니다.

> "전남이 자랑하는 광물로 명반석이 있다. 명반석은 화반석으로도 나온다. 이들은 쉽게 말하면 옥석이다. 마한의 옹관고분에서 다양한 옥 제품이 발굴된 것으로 보아, 옥 가공업은 일찍부터 전라도 지역의 토착산업으로 자리를 잡았음에 분명하다. 전라도 안에서도 해남 우수영에서 생산되는 옥이 전국 최고였다. 우수영 기록을 보면, 그곳의 물산으로 목화, 도미, 석화, 낙지, 청태, 옥석이 보인다. 독일 지리학자 헤르만 라우텐자흐가 일제강점기 때에 한국을 방문하여 수집한 문헌을 토대로 지은 '코레아'라는 책을 보면, 해남산 옥에 대해 색이 백색으로 아름다워 조각품으로 사용될 뿐만 아니라, 공업용으로도 사용되었다. 이 아름다운 옥은 해남 사람들을 뛰어난 옥장玉匠으로 만들어 주었다."

선도성모의 전신인 서왕모가 거주하는 곤륜산과 신라 박씨가 도읍을 정한 경주 남산은 옥으로 유명합니다. 또한 연호탁 교수의 이론에 의하면 대월지가 세운 쿠샨 왕조 이름의 'kush'는 옥을 의미한다고 하며, 구슬이라는 단어도 kush와 관련이 있는 것으로 파악하고 있습니다. 따라서 독자 여러분들은 왜 박씨 집성촌 중의 하나가 해남인가와 '해남 만의총 1호분'에서 백제·신라·가야·왜의 유물이 동시에 발견되는지 그 이유가 이제는 이해가 될 것입니다.

그리고 경주의 동경개, 진도의 진돗개, 북한의 풍산개, 일본의 시바견, 시베리아의 사모에드는 그 체형이 모두 비슷하게 생겼는데, 저는 이 모든 개들이 월지족이 시베리아에서 데리고 온 사모에드가 한반도를 거쳐서 일본으로 건너가는 도중 각 지역에서 토착화된 품종의 개일 것이라고 추정하고 있습니다. 이러한 제 추정이 맞는지 여부는 이상에서 열거한 각 품종의 개들에 대한 DNA를 비교 조사해보면 알 수 있을 것입니다.

저는 몇 년 전 나주 반남 고분군을 찾았다가 마침 그곳에서 '마한 축제'가 열리고 있는 것을 목격하게 되었습니다. 그런데 이제 독자 여러분들도 아시겠지만 '마한 축제'라는 용어는 틀린 것이죠. 이 축제의 이름은 당연히 '월지 축제'로 변경돼야만 하는 것인데, 축제 관계자분들이 반드시 유념해야 할 사항인 것입니다.

다음 시간에는 지금까지의 내용을 종합하여 '백잔'이라는 단어의 진정한 의미와 신묘년 기사에서 백잔 다음에 오는 누락된 두 글자가 과연 무엇인지를 알아보겠습니다.

백잔신라의 의미와 누락된 두 글자의 비밀

직전 강의에서 백잔百殘이 백제가 될 수 없는 여러 가지 증거들을 보여드렸습니다. 그렇다면 이 백잔의 진정한 의미는 과연 무엇일까요? 오늘은 백잔신라의 진정한 의미와 신묘년 기사에서 누락된 두 글자가 과연 무엇인지 살펴보도록 하겠습니다.

앞에서 백잔의 의미는 다음 네 가지 중 하나에 속한다고 했습니다.

1) 많고 잔인한
2) 많은 잔여 세력
3) 적고 잔인한
4) 적은 잔여 세력

그런데 이 네 가지 중 '殘'을 백제와 연관시켜서 '잔인한'으로 해석한 1)과 3)은 이제 제외된다는 사실을 알았습니다. 그럼 남은 것은 2) 아니면 4)인데요. 독자 여러분들도 알다시피 잔여 세력이란 말 자체가 전체에서 일부가 빠져나간 남은 세력이란 뜻입니다. 따라서 '많은 잔여 세력'이란 말 자체가 성립이 안 됩니다. 물론 원래 아주 많은 무리 중에서 일부가 빠져나가서 여전히 많이 남아 있을 수도 있겠지만요.

앞서 저는 광개토대왕릉 비문의 신묘년 기사를 제대로 파악하기 위해서 여러 가지 선행문제를 해결해야만 한다고 주장했으며, 신라에서 박·석·김 세 성씨가 교대로 왕조를 계승하게 된 배경에 대해서 설명했었습니다. 그리고 신묘년에 바다를 건너와 신라를 공격한 왜의 정체는 바로 신라 박씨 왕조의 주력들이 일본으로 건너가서 수립한 야마타이국이라고 했습니다. 월지족의 주력이 일본으로 건너갔으니, 결국 신라에서는 월지족 중 소수 세력만 남게 된 것이며 그로 인해 사카족인 김씨가 왕권을 장악할 수 있게 된 것이었습니다. 그러므로 '백잔'신라에서 '백잔'은 명사가 아니라 신라를 수식하는 형용사였으며, '백잔'신라의 진정한 의미는 '박씨 신라의 주력 부대가 일본으로 건너간 뒤에 소수의 월지족만 남아 있는' 신라라는 의미였습니다.

여기서 전통적으로 완전과 완성을 의미하는 숫자 백을 포함하는 '백잔百殘'이 소수少數를 의미하는 이유는 다음과 같습니다. 고대 페르시아에서는 군사의 수에 따라 십인 부대, 백인 부대, 천인 부대, 만인 부대 등으로 부대를 편성하여 조직했습니다. 헐리웃 영화 〈300〉에서도 등장하는 페르시아 아케메네스 왕조의 친위대인 '불사 부대Immortals'는 가장 큰 부대 편제인 만 명으로 조직된 부대였습니다. 이러한 부대 편제에서 백인 부대는 소수의 병사로 구성된 부대였고, 따라서 페르시아 아케메네스 왕조에 뿌리를 둔 월지족에게 '백'이란 숫자는 완전이나 완성이란 의미의 숫자가 아니라 '소수'의 의미가 되는 것이었습니다.

그리고 신라 박씨와 같은 월지족이었던 고구려는 신라 박씨의 주력부대가 일본으로 건너가서 왜국을 세운 것을 이미 알고 있었음이 분명하며, 그런 까닭에 월지족인 박씨의 주력이 일본으로 건너가고 난후에 소수 세력만 남은 신라를 속민으로 삼았던 것입니다. 그래서 비문 중에 "백잔신라가 예로부터 속민이어서 조공을 바쳤다百殘新羅, 舊是屬民由來朝貢"는 내용이 기록되어 있는 것입니다. 저는 초등학교 시절 국사를 배우면서 신라가 삼국 중에서 가장 먼저 국가를 수립했음에도 불구하고 초기에는 힘이 가장 약해서 고구려와 백제에게 항상 침략당하는 것을 보고 이상하게 생각한 적이 있었습니다. 그런데 알고 보니 이런 속사정이 있었던 것이었습니다.

그리고 비문에서는 신라왕을 지칭하는 '매금寐錦'이라는 단어가 나오는데, 이 단어를 어느 주류 역사학자는 '이사금'과 금자가 같이 들어간다(세 글자 중 한 글자가 같다)는 참으로 우스꽝스러운 이유만으로 이사금을 가리키는 단어로 파악하고 있더군요. 그런데 저는 이 매금이라는 단어가 달을 의미하는 아베스타어 'månghem'에서 유래한 것으로 추정하고 있습니다. 즉, 태양으로 숭앙받는 월지족 출신 고구려왕보다 한 수 아래인 달을 사카족 출신 신라왕의 호칭으로 부르면서 신라를 얕보는 의미가 포함된 것이었죠.

이제 독자 여러분들도 비문에 나오는 잔국殘國과 잔주殘主를 백제와 백제왕으로 해석하지 않고 신라와 신라왕으로 해석해보면 비문의 전체 문장이 아무런 모순 없이 해석되는 것을 알 수 있을 것입니다.

『셜록 홈스의 사건집』〈탈색된 병사〉에는 다음과 같은 내용이 나옵니다.

"나는 모든 불가능한 것을 제외했을 때 남는 것이, 아무리 그럴 것 같지 않아도 진실이라는 가정 하에서 출발했습니다. 몇 가지 가능성이 공존할 경우에는 확실한 근거를 확보할 때까지 하나하나 충분히 시험해 봐야 하지요. 우리는 이러한 원칙을 이 사건에 적용할 것입니다. 나는 처음 이 사건에 대한 얘기를 들었을 때, 고드프리 청년이 아버지의 집 별채에 격리 또는 감금된 것은 세 가지 가능성으로 설명할 수 있다고 생각했습니다. 무슨 죄를 짓고 은신하고 있을 가능성, 정신병이 발병했는데, 수용 시설에 들어가는 걸 피하려고 했을 가능성, 또는 무슨 병에 걸려서 격리되었을 가능성이 그것이지요. 다른 가능성은 없었습니다. 그렇다면 이 세 가지를 하나씩 엄밀히 따져보고 가능성을 서로 견주어보아야 했습니다.」"

셜록 홈스가 몇 가지 가능성이 공존할 경우 확실한 근거를 확보할 때까지 하나하나 충분히 시험하듯이, 독자 여러분들은 하나의 사건에 대해 여러 명의 용의자가 존재할 때 수사관이 용의자 각각의 알리바이를 확인하여 하나하나 용의선상에서 지워나가는 것을 수사극에서 흔히들 보셨을 것입니다. 마찬가지로 광개토대왕릉 비문에 등장하는 '백잔'의 의미에 대해서도 여러 가지 가능한 경우의 수에 따른 의미를 나열한 뒤 불가능한 것을 하나하나 지워나가다 보면 최종적으로 남는 것이 바로 진실인 것입니다.

이렇게 하여 마침내 '백잔'이란 단어의 진정한 의미도 파악이 되었습니다. 그러면 지금까지 파악된 내용들을 단서로 하여 광개토대왕릉 비문 신묘년 기사의 마지막 비밀을 풀어보도록 하시죠. 지금까지 한·중·일 3국의 학자들에 의해 열띤 논쟁을 일으킨 비문 내용은 다음과 같은 것이었습니다.

> "百殘新羅, 舊是屬民由來朝貢. 而倭以辛卯年, 來渡海破百殘□□新羅以
> 爲臣民.
>　백잔신라는 예로부터 (고구려의) 속민으로서 조공을 바쳐왔다. 그런데 왜
> 가 신묘년(391년)에 바다를 건너와 백잔□□를 격파하고 신라를 신민으로
> 삼았다."

　위의 문장에서 '백잔'이라는 단어의 의미와 함께 과연 누락된 두 글
자가 무엇이냐는 것이 논쟁의 중심에 있었죠. 그런데 '백잔'이라는 단
어는 신라를 꾸며주는 수식어라는 것이 밝혀졌습니다. 그렇다면 누
락된 두 글자는 과연 무엇일까요? 아마도 지금쯤이면 눈치 빠른 독자
들은 누락된 두 글자가 무엇인지 짐작이 되실 겁니다. 과연 그 짐작
이 맞는지 지금부터 확인해보도록 하시죠. 다음 문장에서 백잔 다음
에 들어갈 두 글자는 무엇일까요?

> "신묘년에 왜가 바다를 건너와 백잔□□를 격파하고, 신라를 신민으로
> 삼았다."

　이제 독자 여러분들도 아시겠습니까? 그렇습니다. 누락된 두 글자
는 바로 '신라新羅'였던 것입니다. 즉, 비문에 담긴 암묵적·명시적인 내
용은 "신묘년에 (일본으로 건너간 신라 박씨 주력 부대인 월지족) 왜가 바다
를 건너와 (소수의 월지족만 남아서 사카족 김씨에게 왕조가 넘어간) 백잔신

라를 격파하고 (백잔)신라를 신민으로 삼았다"는 뜻입니다. 이것은 마치 "일제가 경술년에 대한제국을 침략하여 (대한)제국을 합병시켰다(日帝以庚戌年侵大韓帝國帝國以爲合倂)"는 문장구조와 같은 것입니다. 그런데 한·중·일 3국의 그 어떤 학자도 '백잔'의 의미를 제대로 파악하지 못했기 때문에 누락된 단어를 포함하여 알고 보면 단순한 내용을 밝혀내지 못한 것이었습니다.

어떤 독자는 이런 한문 문장 구조가 가능한지 의문을 가질 수도 있을 것입니다. 그런데 이런 문장 구조가 실제 가능합니다. 제가 이렇게 단정할 수 있는 근거는 바로 이러한 문장 구조가 과연 가능한지 알아보기 위하여, 이 비문이 작성된 것과 비슷한 삼국 시대의 역사 자료에서 찾아본 결과 이 문장 구조와 같은 형식의 문장을 직접 찾았기 때문입니다. 굳이 비문 작성 시점과 비슷한 시기의 자료를 찾은 것은 혹시라도 당시 한반도에서 사용했던 한문 문법이 지금과는 다를지도 모른다는 걱정 때문이었는데, 중국 학자 왕건군이 이 비문의 문장이 아주 훌륭하다는 판정을 내렸기 때문에 사실 당시에 제가 가졌던 걱정은 기우에 불과한 것이었습니다.

아무튼 이 부분을 연구할 당시 저는 온 방안에 수십 권의 책을 도서관에서 빌려와 펼쳐 놓고 자료를 찾으면서 중요한 부분은 페이지 표시를 하기 위해 견출지를 붙여두곤 했었습니다. 그리고 중요한 내용들은 워드 작업을 했는데, 위의 문장 구조와 같은 역사 기록은 표시만 해둔 채 워드 작업을 마치지 못하고 반납 기한에 쫓겨 반납을 해서 그 문장이 무엇인지를 정확히 기억 못 한다는 것이 아쉬움으로 남지만 아무튼 이런 문장 구조가 가능하다는 것은 확인한 바가 있습니다. 확실하지는 않지만 대강의 기억에 의하면 삼국 시대 왕의 호칭이었는데, 문장의 앞에서는 전체 시호를 사용하고 뒷부분에서는 약호를 사용했던 것 같으며 문장 구조도 동일했습니다.

그런데 사실 지금에 와서 생각해보면 굳이 이렇게 동일한 문장 구조의 용례를 찾을 필요도 없었던 것 같습니다. 그 이유는 언어의 속성 문제인데요. 제가 학부 독문학과 출신으로서 비록 언어학과 관련된 과목은 1학년 교양으로 〈언어학개론〉과 전공과 관련된 독어학 몇 과목 정도밖에는 들은 바가 없습니다.

하지만 그냥 상식적으로 생각해서 언어란 무엇입니까? 언어란 인간의 생각과 감정을 표현하기 위한 하나의 의사소통 수단입니다. 따라서 한국어로 번역한 위의 신묘년 기사 내용이 문법적으로 어색함이 없고 완전한 문장 구조이기 때문에 그것을 한문이나 일본어, 영어 등등 세계 어느 나라 언어로 표현하더라도 똑같은 의미의 표현이 가능할 것입니다. 그런 까닭에 지금 생각해보면 굳이 동일한 문장 구조의 용례를 찾은 것도 불필요한 일이었던 것입니다.

아무튼 다시 비문의 내용으로 돌아가서 누락된 두 글자가 '新羅'라는 제 주장을 지지해줄 (조각난) 단서가 있는데, 그것은 바로 광개토대왕릉비를 연구한 중국 학자 왕건군이 입수한 초균덕의 초기 탁본자료입니다. 앞 강의에서 비문의 탁본을 만들어 파는 것으로 생계를 유지했다고 소개한 초씨 부자 중 아들인 초균덕은 비문의 저본(底本; 원본)을 가지고 있었는데, 이것은 탁본의 형태가 아니라 종이에다 초균덕이 직접 붓으로 쓴 것이었습니다. 그런데 이 저본에는 백잔 다음에 누락된 첫 글자가 '동東'자로 기록되어 있었습니다. 강의 진행 당시 이 부분을 잘 기억해두시라고 말씀드린 바가 있었죠.

그러면 독자 여러분들은 "초균덕이 쓴 '東'자가 어떻게 누락된 두 글자가 '新羅'라는 단서가 될 수 있을까?"라는 의문이 생기시겠죠? 여기서 중요한 것은 이 '東'자가 탁본을 직접 뜬 자료가 아니라, 비문을 보고서 가장 비슷한 글자로 생각되는 글자를 적은 자료라는 점입니다. 즉, 초균덕은 누락된 첫 번째 글자가 정확히 뭔지는 모르겠지만 어렴풋이 남아 있는 글자가 東자와 비슷하다고 생각했기 때문에 저본에 東으로 기록해둔 것이었습니다. 그러면 제가 누락된 첫 글자라고 추정하는 新자를 살펴보겠습니다. 新자는 친亲자와 근斤자가 결합되어 이루어진 글자입니다. 그런데 이 新자가 부식되어 전체 글자를 알아볼 수는 없지만 앞에 해당하는 亲만 어렴풋이 그 흔적이 남아 있으면, 이 글자를 東자로 오인할 수 있었을 것입니다.

마지막으로 언어학적으로 '백잔□□'의 □□ 부분에 '신라'라는 단어가 들어갈 수밖에 없는 이유에 대해서 분석해보겠습니다. 우리 말 문법에는 '이은말(연어連語)'이라는 것이 있는데, 그 뜻은 "두 개 이상의 단어가 결합하여 의미적으로 하나의 단위를 이루는 말"입니다. 중국어에는 이와 같은 것으로 '연면어聯綿語' 또는 '연면사聯綿詞'가 있으며, 영어에서는 'collocation'이라고 합니다.

collocation이란 "몇몇 단어의 집합이 영미인들의 언어적 습관 속에서 통용적으로 자주 함께 사용되는 것을 가리키며, 특정 형용사는 이미 그 형용사의 속성에 따라서 그것의 수식을 받을 수 있는 명사의 범위가 제한되어지는 것"을 말한다고 하는군요. 또한 연면어에 대한 문영희의 박사 학위 논문 〈한국어에 수용된 중국어 聯綿語에 대한 연구〉에서는 다음과 같이 설명하고 있습니다.

"연면어는 고대중국어에서부터 사용되었으며 다른 한자어와 마찬가지로 한국어에도 수용되었다. … 연면어의 수용은 한자어의 유입과 사용이 가장 활발했던 시기 즉 통일신라와 고려 시대에 대부분 이루어져 이 시기에 유입된 연면어가 90%를 넘게 차지하고 있다. …

한국어에 수용된 연면어는 통시적으로 어휘 체계, 의미, 구조 등의 변화를 겪는 과정에서 원어인 중국어와 공통적인 면모를 보이면서도 한국어 어휘 체계에서 독자적으로 변화하면서 자리잡았다. …

연면어의 품사는 형용사가 63개(39.4%)로 가장 많이 분포하는 것으로 나타났다. 그리고 형태론 측면에서 연면어는 다양한 품사로 파생되어 활용되는 특징이 두드러지며 특정 낱말과 자주 결합하는 연면어는 '호시탐탐', '지리멸렬', '요조숙녀', '살기등등', '신신당부', '헌헌장부', '은근슬쩍'과 같이 고정된 형식의 낱말을 형성하여 활용되고 있다."

문영희의 논문에서는 "연면어의 수용은 한자어의 유입과 사용이 가장 활발했던 시기 즉 통일신라와 고려 시대에 대부분 이루어져 이 시기에 유입된 연면어가 90%를 넘게 차지하고 있다."고 합니다. 따라서 이러한 한자어 연면어가 한반도에 도입된 시점은 통일신라 이전, 즉 광개토대왕릉비의 비문이 기록될 시점 이전으로 거슬러 올라갈 것이며, 광개토대왕릉 비문에 이러한 연면어가 사용되었다고 추정하더라도 크게 무리가 없을 것입니다.

이러한 추정의 근거는 위에서 소개한 연면어의 예 중 하나인 '요조

숙녀窈窕淑女'의 출전이 공자께서 편찬한『시경』〈관저關雎〉로서 중국어에서 연면어가 사용되기 시작한 시점이 광개토대왕릉 비문 작성 시점보다 훨씬 이전이라는 사실입니다. 따라서 한자어에서 비롯된 연면어의 도입이 광개토대왕릉 비문의 작성 시점에 이미 도입되었을 것이라는 사실을 유념하면서 광개토대왕릉 비문 신묘년 기사에서 누락된 글자가 과연 무엇일지를 파악해보겠습니다.

신묘년 기사의 누락된 글자가 무엇인지를 파악하기 위해 2002년 월드컵과 관련된 하나의 예를 들어보겠습니다. 당시 한국 축구팀이 경기를 하는 날이면 어김없이 도로는 붉은색 티셔츠를 입은 응원단의 물결로 가득찼습니다. 이때 다음과 같은 제목의 기사가 실린 신문 조각을 길거리에서 발견했다고 가정해보겠습니다.

"붉은□□, 광화문 광장을 가득 메워"

마침 여러분이 발견한 신문의 한 귀퉁이가 찢겨서 □□ 부분의 글자가 안 보이더라도 여러분은 그 □□에 해당하는 글자가 무엇일지 충분히 짐작할 수 있습니다. 그 글자는 당연히 '악마'입니다. 2002년 월드컵 당시가 아닌 다른 상황에서라면 □□ 안에는 여러 가지 다른 글자가 들어갈 수가 있어서 이 글자가 무엇인지 파악하지 못할 수도 있습니다. 그런데 '2002년 월드컵'이라는 시간과 '광화문 광장'이라는 공간이 주어지면, 즉 특정 상황이 주어지면 누락된 글자가 무엇인지 명확해집니다. 다른 곳에서 사용할 수 있는 붉은 '태양'이나 붉은 '장미'란 말은 이 상황에서는 나올 수가 없는 것이죠.

마찬가지로 광개토대왕릉 비문에 등장하는 '백잔'이라는 단어는 '신라'라는 단어와 결합하지 않고서는 등장할 수가 없습니다. 신라왕을 지칭하는 '잔주殘主'나 신라를 지칭하는 '잔국殘國'이라는 명사가 비문에서 독자적으로 등장하지만, '백잔'은 어떤 명사를 꾸며주는 형용사이기 때문에 그 뒤에는 반드시 명사가 따라와야 합니다(잔주나 잔국도 百이란 글자가 생략된 형용사 殘이 主와 國이란 명사를 수식하는 문장 구조입니다).

그런데 '백잔'이라는 형용사의 수식을 받을 수 있는 두 글자 명사는 지금까지 살펴본 것처럼 의미상 '신라' 이외에는 있을 수가 없는 것입니다. 그래서 신묘년 기사 바로 앞에 나오는 문장에서도 "百殘新羅, 舊是屬民由來朝貢"이라고 하여 '백잔신라'가 하나의 단어로 나오는 것입니다. 이것이 신묘년 기사에서 누락된 두 글자가 '신라'일 수밖에 없는 이유인 것입니다.

지금부터는 광개토대왕릉 비문과 관련된 지금까지의 강의를 종합하여 신묘년(391년) 기사부터 400년까지 신라와 관련된 내용의 해석문을 소개하겠습니다. 해석은 〈한국사데이터베이스〉에 수록된 내용을 기반으로 해서 백잔과 관련된 부분만 신라로 수정한 것이며, 전체 내용 파악에 있어서 중요하지 않은 부분은 생략했습니다.

지금까지 백제와 신라로 해석했던 '백잔신라'를 '신라'로 해석하고 신묘년 기사에서 백잔 다음에 누락된 두 글자를 '신라'로 해석하면 391년부터 400년까지의 내용이 일관되게 신라와 관련된 내용을 기록한 것임을 독자 여러분들도 알 수 있을 것입니다. ( )안의 신라는 독자 여러분들의 이해를 돕기 위해 제가 넣은 것입니다.

〈해석문〉

백잔신라(신라)는 옛적부터 속민으로서 조공을 해왔다. 그런데 왜가 신묘년(391년)에 건너와 백잔신라(신라)를 격파하고 신라를 신민으로 삼았다. 영락 6년(396년) 병신에 왕이 친히 군을 이끌고 백잔국(신라)을 토벌하였다. …

백잔(신라)이 의에 복종치 않고 감히 나와 싸우니 왕이 크게 노하여 아리수(한강)를 건너 정병을 보내어 그 수도에 육박하였다. 곧 그 성을 포위하였다. 이에 잔주(신라왕)가 곤핍해져, 남녀생□ 1천 명과 세포 천 필을 바치면서 왕에게 항복하고, 이제부터 영구히 고구려왕의 노객이 되겠다고 맹세하였다. 태왕은 앞의 잘못을 은혜로서 용서하고 뒤에 순종해온 그 정성을 기특히 여겼다. 이에 58성 700촌을 획득하고 백잔주(신라왕)의 아우와 대신 10인을 데리고 수도로 개선하였다. …

영락 9年(399년) 기해에 백잔(신라)이 맹서를 어기고 왜와 화통하였다. 왕이 평양으로 행차하여 내려갔다. 그때 신라왕이 사신을 보내어 아뢰기를, "왜인이 그 국경에 가득 차 성지를 부수고 노객으로 하여금 왜의 민으로 삼으려 하니 이에 왕께 귀의하여 구원을 요청합니다"라고 하였다. 태왕이 은혜롭고 자애로워 신라왕의 충성을 가륵히 여겨, 신라 사신을 보내면서 계책을 돌아가서 고하게 하였다.

10년(400년) 경자에 왕이 보병과 기병 도합 5만 명을 보내어 신라를 구원하게 하였다. 남거성을 거쳐 신라성에 이르니, 그곳에 왜군이 가득하였다. 관군이 막 도착하니 왜적이 퇴각하였다. 그 뒤를 급히 추격하여 임나가라의 종발성에 이르니 성이 곧 항복하였다. 안라인수병 …… 신라성 □성 …… 하였고, 왜구가 크게 무너졌다. …

옛적에는 신라 매금이 몸소 고구려에 와서 보고를 하며 청명을 한 일이 없었는데, 국강상광개토경호태왕대에 이르러 신라 매금이 …… 하여 조공 하였다.

지금까지 다양한 한국 고대사의 비밀들을 파헤쳐서 소개했고, 앞으로도 지금까지 밝혀지지 않았던 많은 내용들을 밝힐 예정입니다. 그런데 이 광개토대왕릉 비문 신묘년 기사의 비밀을 밝힌 것이 제게는 가장 흥미롭고, 지적인 희열감을 주었으며, 또한 고대사 연구와 관련하여 가장 대표적인 성과가 될 것 같습니다.

왜냐하면 다른 문제들은 대부분 하나의 단일 사건으로 구성된 것이었지만, 이 문제는 전혀 그 성격이 달랐기 때문입니다. 즉, 비문에 등장하는 신묘년으로부터 몇 백 년 전에 발생했던 사건이 원인이 되어 신라·고구려·왜국·백제(백잔을 잘못 해석한 결과)가 총 출동하고 신라에서는 월지족 간(박씨와 석씨)의 문제와 월지족과 사카족 간(박·석씨와 김씨)의 문제까지 포함된 그야말로 종합 선물세트 같은 문제였던 것이죠. 마치 출생의 비밀을 가진 여러 사람의 사정이 얽히고설킨, 잘 짜인 밀실 살인사건을 해결한 탐정의 기분이랄까요.

다음 강의에는 남아 있는 고대사편을 잠시 건너뛰고 고고학편으로 넘어가도록 하겠습니다. 그리고 그 이유는 시간 관계상 다음 시간에 말씀드리도록 하겠습니다.

17강

누구를 위하여 종은 울리나?

짧은 방학 후에 오늘부터 다시 강의를 진행하도록 하겠습니다. 지난 강의에서도 말씀드렸듯이 고대사와 관련된 강의가 아직 남았지만 당분간 고고학과 관련된 내용을 먼저 강의하도록 하겠습니다. 물론 고고학 관련 강의라고 하더라도 당연히 월지족과 관련된 내용으로서, 큰 틀에서는 제가 다루고 있는 고대사 분야와 서로 연결되는 내용들입니다.

앞에서도 언급한 바가 있지만 한국 고대사학자들이 저지른 가장 큰 실수는 진수의『삼국지』에 기록된 '월지국' 대신 범엽의『후한서』에 기록된 '목지국'을 받아들인 것이었습니다. 마찬가지로 한국 고고학자들(외국의 고고학자들도 마찬가지입니다)이 저지른 가장 큰 실수는 방사성탄소연대측정법의 기본 원리에 대한 이해 부족으로 한반도 곳곳에서 출토된 각종 유물(원래는 비슷한 시기에 만들어진)에 대해 시대 추정을 잘못하여 석기·청동기·철기 등의 시대 구분을 실시한 것이었습니다.

결국 우리나라 고대사학자들이나 고고학자들이 각각의 분야에서 첫 단추를 잘못 끼움으로 인해 그 뒤에 연결되는 모든 문제가 엉키게 되는 실수를 저지른 것인데요. 문제는 이처럼 초기에 첫 단추를 잘못 끼운 결과가 '눈덩이 효과'에 의해서 지금은 손쓸 수 없을 정도로 큰 오류로 확대되어 한국 고대사와 고고학 분야에서 주도적인 이론으로 자리잡고 있다는 점입니다.

고대사 분야에서 월지국에 대한 내용은 이미 앞에서 살펴본 바가 있고 여기서는 고고학 분야의 잘못된 시대 추정의 문제점에 대해서 살펴보겠습니다. 저는 전작에서 이미 지금까지 고고학계에서 조자룡 헌 칼 쓰듯이 고대 유적·유물에 대한 연대측정법으로 가장 널리 사용해 온 방사성탄소연대측정법이 그 적용 과정에서 문제가 있음을 밝힌 바 있습니다. 그런데 이러한 제 주장에 대해 모 포털 사이트 역사카페의 어떤 이는 제가 과학적 방법마저도 무시한다는 오해를 하는 등 이 부분에 대해 다시 한번 정확히 밝힐 필요성을 느꼈기 때문에 이 방법의 기본 원리와 적용상의 문제점(한계점)에 대해서 먼저 설명하기로 합니다.

방사성탄소연대측정법은 1940년대 후반 W. F. Libby에 의해 발견된 절대연대를 알려주는 방법의 하나로 고고학에서 가장 많이 사용되고 있는데, 기본 원리는 다음과 같습니다. 우주선宇宙線이 대기권에 돌입하면서 질소와 작용해 방사성탄소 C14를 생성시킵니다. 방사성탄소는 대기권 속에서 이산화탄소를 형성하며, 모든 생물체는 호흡을 통해 계속적으로 받아들이므로 대기권 속의 방사성탄소의 농도와 평형을 이루게 됩니다. 탄소 안에는 C12, C13, C14가 일정한 비율로 존재하는데, 죽은 생물체는 호흡을 멈추기 때문에 방사성탄소의 교환이 중단됩니다. 그런데 탄소 중에서도 안정탄소 C12, C13은 생물체가 죽은 후 시간이 지나도 그 양이 변하지 않는 반면, C14의 경우는 일정한 시간이 지나면 반으로 줄어듭니다.

소위 말하는 반감기라는 것인데, 그 양이 얼마나 줄었는지를 측정해서 양이 변하지 않는 안정탄소 C12, C13과의 비율을 계산해보면 그 생물체가 어느 시기에 사망했는지 그 연대를 추정할 수 있는 것입니다. 문제는 방사성탄소연대측정법은 대부분의 사회과학이나 자연과학 이론이 그러하듯이 몇 가지 기본 가정을 전제로 하고 있는데, 그중 가장 중요한 가정은 유물 또는 유골인 시료가 고탄소나 현대탄소에 의하여 오염되지 않아야 한다는 것입니다. 여기서 고탄소와 현대탄소의 구분은 절대적인 개념이 아니라 상대적인 개념으로서 연대측정 대상이 되는 특정 유골 혹은 유물보다 이전에 만들어진 탄소가 고탄소이며, 이후에 만들어진 탄소는 현대탄소인 것입니다.

그런데 이러한 고탄소가 그 지역에 퍼져 있는 상태에서 유골을 매장하여 오염되었는데, 후세에 그 유골을 측정하면 원래 그 유골이 생존했던 시기보다 훨씬 이전(오래전) 시기에 존재한 것이라고 측정값이 나타나며, 반대로 현대탄소에 오염되면 그 측정값은 원래보다 나중(현대에 가까운) 시기로 나타나는 것입니다.

이것은 탄소연대측정법을 실시하는 연구자가 측정하고자 하는 유골(시료)을 아무리 조심해서 다룬다고 하더라도 그 유골이 아예 근원적으로 오염이 되어 있어서 어떻게 해볼 수가 없는 문제인 것이죠. 또한 표본의 종류에 따라 필요량도 달라지는데 골탄화된 뼈는 300g, 콜라겐 뼈의 경우 1kg 이상이 필요하다고 하며, 표본의 양이 클수록, 그리고 계측시간이 길수록 통계의 정밀도는 높아지게 됩니다.

다소 낯선 개념이기는 하지만 지금까지 설명한 탄소연대측정법의 기본 원리를 독자 여러분들은 충분히 이해하실 수 있을 것입니다. 그러면 한반도에서 출토된 고대 유물·유골들이 어떻게 고탄소에 의해 오염되는지 그 과정을 알아보도록 하겠습니다.

과학저술가인 이종호 박사에 의하면 석회암 지대에서 유독 고대 유골이 발견될 수 있는 원리는 다음과 같습니다. 침수된 지하수는 석회암 속의 가용성 물질을 용해시키기도 하고 결정으로 만들기도 합니다. 그러므로 석회암으로 된 장소에 시체가 묻히게 되면 석회암이 녹으면서 형성된 광물질이 많은 지하수나 물기가 계속 유골에 작용하여 뼈세포 속에서 광물질이 석출(析出; 액체 속에서 고체가 생기는 것)되어 그곳에 채워지고 또 삭아 없어지는 빈자리에도 광물질이 들어가게 됩니다. 또 분자 수준에서 유골과 광물질 사이의 자리바꿈도 진행됩니다. 이 경우 유골은 돌과 같이 굳어지면서 본래의 형태를 유지하게 되며 부패작용뿐만 아니라 물리적인 외력에 대해서도 저항력이 강해지므로 상황에 따라 장기간 보존이 가능한 것입니다.

한마디로 몇 천 년 전의 유골이 지금까지 남아 있다는 사실 자체가 그 유골이 묻혀 있는 장소가 석회암 지역이기 때문에 석회 성분이 녹아서 그 유골을 가득 채웠기 때문에 가능하다는 것입니다. 그렇지 않았다면 그 유골은 오래전에 벌써 썩어 없어졌겠죠. 반면에 시베리아 알타이 우코크 고원의 얼음공주처럼 동토 지역에 묻힌 유골이 얼어서 지금까지 보관된 경우는 이런 문제가 생기지 않을 것입니다. 마찬가지로 서역의 사막 지대에서 건조되어 미라가 된 유골도 이런 문제를 피할 수 있습니다.

그런데 석회석 성분은 탄산칼슘($CaCO_3$)인데, 이것은 산을 만나면 이산화탄소를 발생시킵니다. 결국 석회암 지대 역시 석회암 성분인 탄산칼슘에 빗물 등에 섞여 있는 산과 결합함으로써 탄소가 발생되어 원래부터 고탄소로 오염이 되어 있는 곳이었던 것입니다. 또한 바닷가는 패총이나 조개껍데기 등이 많이 있는 곳인데, 조개껍데기의 주성분이 바로 탄산칼슘이며, 바닷물 속에는 각종 산 성분이 많기 때문에 역시 이 둘의 결합으로 인하여 원천적으로 고탄소 오염 지역이 되었던 것입니다. 그리고 석회암 지대 역시 아주 고대에는 바다여서 그곳에 살던 조개 등과 같은 해양 생물의 시체가 쌓여서 이루어진 곳입니다. 결국 석회암 지대나 바닷가는 근본적으로 같은 환경이었던 것이죠.

예전 강의에서 잠깐 소개했듯이 이처럼 석회석 지대나 바닷가에서 발견되는 고대 유물이 고탄소에 의하여 오염되는 현상을 '경수 효과'라고 하는데, 경수란 칼슘 이온이나 마그네슘 이온 따위가 많이 들어 있는 천연수인 센물을 말합니다. 우리가 수돗물로 비누칠을 하면 거품이 잘 나지만 계곡에서 비누칠을 하면 거품이 잘 나지 않는 것은 수돗물은 연수(단물), 계곡물은 센물이기 때문입니다.

그런데 1972년 12월 22일자 〈Nature〉지에 실린 'An Example of Hard-Water Error in Radiocarbon Dating of Vegetable Matter'라는 제목의 논문에는 이러한 경수 효과에 의하여 같은 지층에서 발견된 시료가 한쪽은 오염이 되고 다른 한쪽은 오염이 되지 않아서 두 시료 간에 약 1,700년의 시대 차이가 나는 사례가 소개되고 있습니다. 그리고 이러한 경수 효과에 의한 최대 측정 오차는 방사성탄소의 반감기(5730±40년)인 약 6천 년이 된다고 합니다.

이것이 바로 같은 월지족의 거주 흔적이면서, 유럽형 유전자를 가진 인골이 발견된 가덕도 신석기 유적지나 소위 요하 문명권의 유적·유물의 방사성탄소연대측정 결과가 기원전 6천 년 무렵으로 나타나는 이유인 것입니다. 즉, 그 지역의 유적지에서 출토된 유물들은 고탄소에 의하여 100퍼센트 오염되어 방사성탄소연대측정법의 최대 가능 오차인 6천 년 가까운 오차가 발생한 것이죠.

가덕도 신석기 유적지의 경우는 당연히 바닷가이기 때문에 고탄소로 오염된 지역이었으며, 요하 문명권은 중국의 여러 카르스트(석회암이 녹아서 형성됨) 지형 중 한 곳이기 때문에 두 곳 다 원천적으로 고탄소에 의해 오염된 지역이었던 것입니다.

그리고 이것은 외국의 사례도 마찬가지여서 스톤헨지나 카르낙 열석에서 출토된 유물을 방사성탄소연대측정법으로 측정하여 신석기시대의 유물로 추정하는 것 역시 이러한 경수 효과에 의한 연대측정 오류를 고려하지 않았기 때문에 생긴 일이었습니다. 스톤헨지나 카르낙 열석이 위치한 곳도 해안과 가까운 곳이기 때문에 지질을 조사해 보나마나 석회석 지대일 것이 뻔합니다. 이 모든 것들이 선무당 사람 잡고 반풍수 집안 망치듯이 방사성탄소연대측정법의 원리와 한계를 제대로 알지 못한 고고학자들 때문에 생긴 일이었던 것이죠.

한편 과거 역사를 석기·청동기·철기로 구분하는 3시대법(Three age system)은 고고학에서 사용된 최초의 시대 구분법으로, 덴마크·스웨덴·노르웨이와 같은 스칸디나비아 제국에서 시작되었습니다. 3시대법을 처음으로 유물의 분류에 적용한 사람은 톰센인데, 그는 덴마크의 초대 박물관장으로 근무하면서 1836년에 간행된 국립박물관 안내책자에 무기와 도구를 만드는 데 사용된 도구에 따라 돌, 청동 및 철의 순서로 구분하여 설명하였습니다.

그 뒤 그의 제자이며 뒤이어 국립박물관장이 된 월사에는 충서적인 발굴을 통해 이를 보완하여 선사 시대를 석기·청동기·철기 시대 등으로 나누는 3시대법을 완성하였으며, 프랑스의 고고학자 러복에 의해 석기 시대는 다시 구석기와 신석기 시대로 구분되었습니다.

이와 관련하여 한국 고고학의 시대 구분은 구석기·신석기·청동기·초기 철기·원삼국·삼국 시대 등이 통용되어 왔는데, 이러한 시대 구분에 대하여 이미 여러 사람에 의해 문제점이 지적되고, 일부 새로운 방안이 제시되었으나 아직까지 적절한 대안을 찾지 못하고 있다고 하는군요. 특히 문제가 되고 있는 것은 선사 시대에서 역사 시대로 전환되는 시기인 초기 철기 시대와 원삼국 시대로서 이를 삼한 시대로 하자는 주장과 철기 시대로 부르자는 주장이 있다고 합니다.

그러나 제게는 석기·청동기·철기로 구분하는 3시대법이든 혹은 구석기·신석기·청동기·철기로 구분하는 4시대법이든, 한국 고고학계의 다양한 시대 구분이든 간에 한반도에서 발견되는 소위 선사 시대 유적·유물에 대해 이러한 시대 구분을 적용하는 것은 아무런 쓸모가 없어 보입니다. 그 이유는 전작에서 이미 언급했듯이 한반도 내에서의 석기·청동기·철기 시대는 서로 다른 시기에 존재했던 것이 아니라, 같은 시기의 사람들(월지족)이 문화 수준과 신분의 차이에 따라 서로 다른 재질의 도구를 사용했기 때문입니다.

저는 2017년 7월 20일부터 31일까지 12일간 전국 선사 시대 유적

답사를 다녀온 적이 있습니다. 그런데 답사 여행 팔 일째에 들렀던 진주 대평리 청동기 선사 유적지에는 옥을 만들던 공방의 흔적과 함께 석기를 만들던 석기 공방의 흔적이 같이 남아 있는데, 이것은 소위 청동기 시대에도 석기를 가공해서 같이 사용했다는 것을 증명해 줍니다. 설혹 석기와 청동기 시대 구분이 사실이라고 하더라도 말이죠.

이런 일이 일어나는 것은 오늘날에도 신석기 시대에 만들었다는 맷돌이 아직 사용되고 있는 것에서 알 수 있듯이, 미래에 만들어질 물건이 현재에 사용될 수는 없지만 과거에 만들어졌던 물건들은 얼마든지 현재에서 사용될 수 있는 것이기 때문입니다.

이러한 잘못된 시대 구분으로 인하여 어떤 선사 유적지에서는 한 장소에서 여러 다른 시대의 유물들이 같이 출토되었는데, 보다 이전 시대(예를 들어 신석기)의 유물로 분류된 것이 나중 시대(청동기)의 유물로 분류된 것보다 출토지 위층에 나타나는 웃지 못할 현상을 보이기도 합니다. 이것은 청동기 시대에 타임머신이 발명되어서 청동기 시대 사람이 신석기 시대로 시간을 거슬러 올라가지 않은 다음에야 소위 선사 시대 유물의 시대 구분이 명백히 잘못된 것임을 보여주는 단편적인 사례에 불과합니다.

스페인 내전을 소재로 한 헤밍웨이의 소설 『누구를 위하여 종은 울리나』는 중후한 미남 배우 게리 쿠퍼와 청순미의 대명사 잉그리드 버그만을 남녀 주인공으로 하여 영화로 만들어졌는데, 이 소설의 제목은 영국의 시인 존 던의 다음과 같은 시에서 따온 것이었습니다.

"허니 누구를 위하여 종은 울리는가를 알기 위하여 사람을 보내지 말라. 조종弔鐘은 바로 그대를 위하여 울리나니.

Therefore, send not to know

For whom the bell tolls, It tolls for thee."

그런데 제 귀에는 한국 고고학계에 울리는 조종 소리가 들리는 듯하는데, 지금부터 그 이유를 살펴보도록 하겠습니다. 앞에서 말씀드린 것처럼 저는 2017년 7월 20일부터 31일까지 12일간 전국 선사 시대 유적 답사를 다녀왔었습니다. 답사 여행의 주목적지를 소위 구석기 시대 유적지로 잡았는데, 그 이유는 전작에서 주장했던 내용 중 확실하게 틀린 것을 추가 연구를 통하여 발견했기 때문이었습니다.

즉, 전작에서 저는 "구석기 시대와 신석기 시대는 돌을 도구로 만드는 방법이 차이가 나기 때문에 분명히 구분되어야 한다"고 주장했었습니다. 그런데 이러한 제 주장 중 그 후 잘못을 깨달은 것은 다름이 아니라 구석기 시대와 신석기 시대의 구분조차 무의미하다는 것이었습니다.

이러한 깨달음을 얻게 된 계기는 연천 전곡리에서 발견된 소위 전기 구석기 시대의 표지 유물이라는 아슐리안형 주먹도끼가 월지족이 거주했던 남부 시베리아 파지리크에서 직선거리로 300㎞ 떨어진 타누올라 산맥에서도 발견되었다는 사실입니다.

또한 월지족이 흉노에 밀려 서역에서 이동했던 경로 중 하나인 페르가나에서 직선거리로 불과 30㎞ 떨어진 키르기스스탄에서도 발견되었습니다. 즉, 유독 월지족이 거주했던 지역에서만 주먹도끼가 발견된다는 공통점을 깨닫게 된 것이었습니다. 그리고 이것은 뒤에서 자세히 말씀드리겠지만 아슐리안형 주먹도끼라는 이름이 붙는 계기가 되는 프랑스 생 아슐 지역도 마찬가지입니다.

〈그림 17-1〉 Salbyk 쿠르간

〈그림 17-1〉은 경주에서 흔히 볼 수 있는 대형 고분과 같은 모습인 Salbyk 쿠르간으로 파지리크 계곡으로부터 직선거리 400㎞ 내외에 위치하고 있습니다. 또한 이 무덤을 둘러싸고 있는 바위 역시 고구려의 옛 수도인 집안의 장군총 등과 같이 삼국 시대의 고분에서 흔히 볼 수 있는 것입니다.

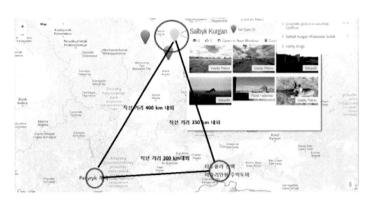

〈그림 17-2〉 월지족의 알타이 지역 활동 영역

그리고 〈그림 17-2〉는 파지리크 계곡과 Salbyk 쿠르간, 그리고 아슐리안형 주먹도끼가 발견된 타누올라 산맥 세 지점을 연결한 것입니다. 그런데 기마 민족인 월지족들에게 몇 백 ㎞ 정도는 하루 만에도 쉽게 이동할 수 있는 거리이기 때문에 이 그림을 통하여 당시 월지족들의 개략적인 활동 영역을 추정할 수 있을 것입니다.

마찬가지로 서역에서 주먹도끼가 발견된 키르기스스탄 지역과 인근 우즈베키스탄의 페르가나 지역의 직선거리는 약 30㎞에 불과합니다. 페르가나는 한 무제 시절 대완국으로 불렸던 곳으로 이곳에 한혈마汗血馬라는 명마가 있다는 장건의 보고를 듣고는 이곳의 명마를 구하기 위하여 전쟁까지 일으켰던 나라로서 월지족이 세운 나라입니다. 그리고 월지의 서역 이동에 대한 박사 학위 논문에서 연호탁 교수는 다음과 같이 기술하고 있습니다.

> "쫓기는 月氏(월씨: 월지)의 갈래는 가는 길이 저마다 달랐다. 쿠시의 무리
> 대다수는 天山 이남의 오아시스 지역을 경유해 파미르를 넘었다. 후일의
> 에프탈과 소무성 출신 月氏는 일리초원을 거쳐 이식쿨과 페르가나 분지를
> 지나 마침내 남쪽으로 아무다리야강을 넘어 대하까지 복속시키기에 이르
> 렀다."

즉, 월지족(대월지)은 흉노를 피해 계속 이동하는 도중에 페르가나 지역을 통과하여 계속 남하한 것인데, 이러한 과정에서 페르가나 남쪽 키르기스스탄 지역에 그들이 알타이 지역에서 사용했던 주먹도끼의 흔적을 남겼던 것입니다.

미국의 동양미술 사학자 코벨은 천마총 천마도의 천마가 대완국으로부터 온 것이라고 주장했습니다. 그런데 자작나무 껍질에 하늘을 나는 말인 천마를 그린 천마도는 경주 천마총에만 나타나는 것

이 아니라 고구려 고분 무용총과 삼실총 등에도 등장합니다. 또한 우리가 잘 아는 그리스 신화에는 날개 달린 말인 페가수스가 등장합니다.

그리고 아리엘 골란의 『선사 시대가 남긴 세계의 모든 문양』에 의하면 날개 달린 말은 또한 러시아 민속예술에도 보이며, 이란의 이야기에도 나온다고 하는군요. 즉, 이란에는 사람들의 눈에는 보이지 않는 날개가 말에게 있다는 믿음이 있었는데, 이러한 믿음의 흔적이 페르시아에 뿌리를 둔 월지족이 그린 천마도와 박혁거세의 탄생담 및 주몽의 기린굴 전설에도 등장하게 된 것이죠.

먼저 『삼국유사』에는 박혁거세의 탄생과 관련하여 다음과 같이 기록되어 있습니다.

> "이때에 모두 높은 데 올라가 남쪽을 바라보니 양산 및 나정 곁에 이상한 기운이 번개처럼 땅에 드리우더니 웬 흰 말 한 마리가 무릎을 꿇고 절하는 시늉을 하고 있었다. 조금 있다가 거기를 살펴보니 보랏빛 알 한 개(또는 푸른 빛 큰 알이라고도 한다)가 있고 말은 사람을 보자 울음소리를 길게 뽑으면서 하늘로 올라갔다. 그 알을 쪼개 보니 형용이 단정하고 아름다운 사내아이가 있었다."

이처럼 박혁거세의 탄생담에서 하늘을 나는 천마가 등장하는데, 기린굴과 조천석에 대한 주몽 전설에도 다음과 같이 하늘을 나는 말이 등장합니다.

"세상에서 전하기를, 왕이 기린말을 타고 이 굴에 들어오니 땅속에서 조천석이 나와 하늘로 올라갔다 한다. 그 말발굽 자국이 지금까지 돌 위에 있다."

다시 12일간의 답사 여행으로 돌아가겠습니다. 요즘은 인터넷을 통하여 관련 자료를 충분히 구할 수 있음에도 불구하고 제가 군이 현장 답사 여행을 강행한 것은 지난 책에서도 밝혔듯이 현장에 가면 인터넷이나 책에 있는 자료를 통해서는 알 수 없는 것들을 발견할 수 있었기 때문이었습니다.

첫날 단양을 들러 수양개 유적지와 금굴 유적지를 들렀는데, 수양개 선사 유물전시관에 그려진 한반도 구석기 유적지 분포도(《그림 17-3》)를 보는 순간, 즉시 제가 월지족의 표지 유물로 파악하고 있는 검은간토기와 옹관의 한반도 내 분포도(《그림 17-4》)와 비슷하다는 것을 깨달았습니다.

〈그림 17-3〉 구석기 유적 분포도

즉, 검은간토기는 월지족이 초기에 거주했던 파지리크 고분에서 발견된 바가 있고 옹관은 고인돌과 함께 그들의 조장 풍습에 사용하던 유물이었습니다. 그런데 이러한 검은간토기와 옹관의 한반도 내 분포 형태가 구석기 유적지 분포와 거의 겹치는 것이었습니다.

그리고 이것은 또한 소위 구석기 시대 유적지라는 것이 한반도 내 철기의 전파 경로상에 존재한다는 것을 의미합니다. 즉, 〈한국학중앙

연구원)의 자료에 의하면 한반도의 철기 전파 경로는 평양에서 서울 인근을 거쳐 충청도와 경상도를 거치는 육로와 서해와 남해 해안을 따라 내려오는 해로 두 가지가 있는데, 이 두 가지 경로가 낙동강 하류에서 합류한다고 합니다. 그런데 한강 이남의 검은간토기 출토 지역을 연결해보면 충청도와 경상도를 거치는 육로와 서해와 남해 해안을 따라 내려오는 해로가 낙동강 하류에서 만나는 철기 전파 경로와 일치하는 것을 알 수 있습니다.

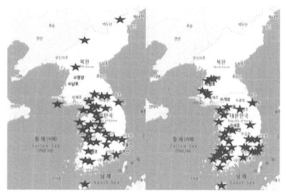

〈그림 17-4〉 검은간토기(좌)와 옹관(우)의 분포도

그리고 이와는 별도로 철원에서 인제를 거쳐 강릉으로 연결되는 검은간토기의 출토 지역 역시 구석기 시대 유적지의 분포와 일치했습니다. 또한 단양 금굴은 도담 삼봉과 가까운 곳에 위치하고 있었는데, 선사 시대 유적지가 발견되는 전형적인 지형인 동그란 원형을 남한강이 그리면서 흐르는 곳에 위치하고 있었습니다. 제가 '금굴 유적지'를 목적지로 네비게이션을 이용해서 도착한 곳에는 표지판을 찾아볼 수 없었고, 주위를 돌아다니면서 겨우 찾아낸 동굴 입구에만 표지판이

붙어 있었는데, 다른 지역의 구석기 유적지들도 표지판을 찾기가 힘든 것은 마찬가지였습니다.

그런데 이날은 금굴 입구 주변만 둘러보고 동굴 내부 깊숙이는 들어가지 못했는데, 그것은 동굴 탐사는 처음인 까닭에 동굴 탐사의 기본 장비인 손전등을 미처 준비하지 않았기 때문이었습니다. 그래서 단양 금굴 내부는 며칠 뒤 손전등을 구입한 후에 다시 들러서 확인할 수 있었는데, 처음에는 빛이 들어가지 않아서 미처 확인해보지 못한 동굴 내부에는 물이 고여 있는 작은 웅덩이가 있는 것을 발견할 수 있었습니다. 그리고 여행 11일째 날에 들린 청주 작은 용굴 입구에도 물웅덩이가 있는 것을 발견했었는데, 저는 이러한 동굴 속 웅덩이를 미트라교의 예배 장소인 미트라에움에 반드시 존재한다는 우물 또는 샘의 흔적일 가능성이 높다고 생각합니다.

답사 여행 둘째 날 간 곳은 소위 전기 구석기 시대의 표지 유물인 아슐리안형 주먹도끼가 발견된 연천 전곡리였습니다. 이곳에서는 전곡선사박물관을 들른 뒤에 주먹도끼가 발견된 한탄강변에 내려가 강 주변의 지형을 살펴보았습니다. 이곳 역시 단양 금굴과 마찬가지로 한탄강이 동그랗게 맴돌아 흐르는 곳에 위치하고 있었습니다 (〈그림 17-5〉 참조).

〈그림 17-5〉 전곡리 유적 안내문

앞에서 소개한 바와 같이 전곡리에서 발견된 전기 구석기 시대의 표지 유물이라는 주먹도끼는 월지족이 거주했던 파지리크 인근의 예니세이 강 인근 타누올라 산맥에서도 발견되었을 뿐만 아니라, 월지족이 흉노를 피해 이동하던 도중 들렀던 페르가나 인근 키르기스스탄에서도 발견된 바가 있는데 이 모든 것이 과연 우연일까요?

당연히 이 모든 것이 우연일 리가 없으며, 뒤에서 다시 설명하겠지만 전곡리에서 아슐리안형 주먹도끼를 발견한 그렉 보웬은 이곳에서 신라 토기 조각도 같이 발견했는데, 고고학자들은 구석기 시대의 유물이라고 알려졌던 주먹도끼와 신라 토기를 같이 연결할 생각을 전혀 하지 못했던 것이죠.

셋째 날에는 구석기부터 삼국 시대의 유물까지 한꺼번에 발견된 양구 펀치볼 지역을 둘러보았습니다. 그리고 억수같이 내리는 빗속을 뚫고 이동하면서 운전하는 내내 월지족들은 왜 이렇게 물이 돌아 흐르는 곳에 거주를 했을까라는 생각에 골몰했었습니다. 신라 왕경 경주 지역도 남천, 서천, 그리고 북천이 둘러싸고 흐르는 곳에 위치하고 있는 공통점이 있는데, 지금까지는 적의 침입으로부터 방어가 용이한 지형이라고만 생각했었습니다. 그런데 이처럼 깊은 산골까지 적의 침입이 잦지는 않았을 테니 맹수의 침입을 막기 쉬운 지형 때문일 것이라는 생각도 들었습니다.

그러다가 문득 당시 금이나 철을 구하기 위해서는 굴을 파고 들어가기는 어려우니 강변에서 금이나 철을 채취해야만 했겠구나는 생각이 떠올랐습니다. 결국 그들은 생활에 필요한 광물 채취를 위해서 물이 굽어 돌아서 광물들이 퇴적되는 곳에 터를 잡은 것이었습니다. 마찬가지로 신라의 왕경 경주에서도 반월성 옆 남천과 형산강 유역인 안강 지역에서 사금이 산출되었다는 기록이 있습니다. 고대사 연구를 하면서 다시 한번 경험한 유레카의 순간이었습니다.

그리고 월지족들이 거주하던 알타이 지역에서도 강 유역 10미터 깊이의 퇴적층을 파서 사금을 채취했다는 기록도 있는데, 파지리크 지역도 구글 지도를 이용해서 확인해보면 두 개의 강으로 둘러싸인 지형입니다. 또한 월지족들이 서역을 이동하면서 세운 국가인 사마르칸트(강국康國)도 경주처럼 강물에 의해 둘러싸여 있으며, 사금을 채취했다는 기록이 남아 있습니다.

아무튼 12일간에 걸친 이 답사 여행의 가장 큰 소득은 바로 월지족들이 물이 굽어 도는 지형에 거주지를 선택한 이유를 파악한 것이었습니다. 그리고 이러한 깨달음은 제가 고대사 연구를 수행하면서 전작에서 사용한 세 가지 기법 중 하나인 '패턴을 이용한 분석'과 결합하여 새로운 증거자료를 확보하기도 하였습니다.

즉, 저는 답사 마지막 날 폭우 속을 뚫고 대전 용호동에 위치한 유적지에 갔다가 인터넷을 이용하여 그 지역의 지도를 확인했었습니다. 그런데 용호동 지역의 맞은편에 있는 청주시 서원구 현도면 노산리의 지형이 정확하게 물이 굽어 도는 곳임을 확인하고는 바로 이 지역에 구석기 시대의 유적지가 있는지를 검색한 결과 예상대로 이곳에서 주먹도끼와 함께 구석기 시대 유물 천여 점을 발견했다는 자료를 발견할 수 있었습니다.

그리고 대전 둔산 선사 유적지에서는 같은 장소에서 구석기·신석기·청동기 시대의 유물이 같이 나오고, 양구 펀치볼 지역에서는 한술 더

떠 깊고 깊은 산중에서 구석기 시대부터 철기 시대까지의 유물이 쏟아져 나왔다고 합니다. 심심산골 지역인 양구 펀치볼 지역에서 구석기에서 철기에 이르기까지 다양한 시대의 유물이 나온 것에 대하여 모 문화재 전문기자는 다음과 같이 적고 있습니다.

> "이런 해안분지, 한번 들어가기만 하면 누구도 쉽게 찾을 수 없는 이곳, 천혜의 터전에서 구석기·신석기·청동기·초기 철기인들이 살았던 것이다. 무릉도원 주민들이 했다는 말이 이랬던가. "우리 조상들은 진秦나라 때 난리를 피해 이곳에 온 이후 한번도 나가지 않았습니다. 그런데 지금 (밖은) 어떤 세상입니까?" … 세상이 바뀌어도 골백번 바뀌었을 지금. 하지만 해안분지로 가는 길은 유비쿼터스 사회에 접어들었다는 지금도 만만치는 않은 것 같다."

기자가 기사 마지막에 언급했듯이 교통이 발달한 오늘날에도 찾아가기 힘든 심심산골에 구석기인들이 터전을 잡았다는 이런 내용이 과연 사실일까요? 그 질문에 대한 대답은 피에르 라즐로의 『소금의 문화사』에 다음과 같이 나옵니다.

> "정착 민족들은 항상 소금을 보급받을 수 있어야 했다. 고고학자들은 최초로 사람들이 집단으로 거주한 곳이 햇볕에 물을 증발시키는 것만으로 소금 채취가 가능했던 바닷가인 까닭은 그런 이유 때문이었다고 본다. 나중에 내륙으로 이주해간 것은 소금을 생산하는 연안 지방의 거주자들이 여러 경로를 통해 내륙의 주민들에게 소금을 보급하는 수단을 강구해놓고

서야 가능했던 일이었다."

구석기든 신석기든 혹은 오늘날과 같은 디지털 시대든 간에 변함없는 한 가지 사실이 있습니다. 그것은 사람이 생존하기 위해서는 소금이 꼭 필요하다는 것이죠. 그래서 구석기 시대 사람들이 소금을 쉽게 구할 수 있는 바닷가에서 거주했다는 것이 피에르 라즐로의 주장입니다. 그런데 바닷가에서 차를 타고도 몇 시간을 이동해야 하는 심심산골에 구석기 시대 사람들이 무릉도원을 찾아서 일부러 찾아갔다네요.

한반도에는 암염이나 소금 호수가 없어서 바닷가 외에서는 소금을 구할 수 없는데도 불구하고 구석기인들이 양구 펀치볼 지역으로 갔다면, 그들은 무릉도원을 찾아간 것이 아니라 마치 코끼리가 죽을 때 그들만의 비밀장소로 찾아간다는 『신드바드의 모험』 내용과 마찬가지로 죽음의 골짜기로 찾아간 것입니다. 따라서 이것은 말도 안 되는 소리인 것입니다. 그러면 왜 이런 현상이 생길까요?

그 이유는 그들이 진짜 석기 시대의 사람들이 아니라, 월지족들이 한반도로 건너온 후에 그들의 원래 목적인 불로초를 구하기 위하여 (강의 순서가 바뀐 관계로 뜻하지 않은 스포일러가 되었군요) 양구 펀치볼 지역의 깊은 산중까지 갔다가 그곳에서 철을 비롯하여 금·은·동·납·규소·고령토와 같이 그들의 생활에 필수적인 다양한 광물이 그곳에서 난다는 것을 알았기 때문이었습니다.

비록 철기 시대이기는 하지만 당시에 철기는 주로 무기류에 사용되었을 것이며, 일반인들은 돌로 된 도구를 사용할 수밖에 없었습니다.

그리고 그곳에 거주하면서 구한 광물들로 청동기·철기를 제작했기 때문에, 같은 장소에서 소위 구석기부터 철기까지의 유물들이 발견된 것이죠. 결국 전체 흐름을 알아야만 특정 사건의 맥락이 파악되는 법입니다.

18강

문송이들이 망친 고고학

　몇 년 전부터 '문송합니다'라는 말이 널리 사용되어 신문지상에서도 소개되곤 했습니다. 이 말은 '문과라서 죄송합니다'를 줄인 말로서, 아주 기본적인 과학 지식을 모를 때나 취업 시장에서 이과 출신만 찾을 때 사용된다고 합니다. 그런데 한국의 고고학자들이나 서구 고고학자들도 기본적으로는 문송이들이어서 과학적으로 말도 안 되는 소위 선사 시대 구분 이론을 고고학계에서 펼침으로써 고고학을 엉망진창으로 만들고 말았는데, 지금부터는 제가 왜 이런 주장을 하게 되었는지를 설명하도록 하겠습니다.

　1960년대 평양시 상원군 흑우리에 있는 검은모루 동굴에서 신생대 제4기에 해당하는 (고고학자들 주장으로는) 70만 년 전 구석기 시대 유물이 발견되었는데, 동굴 앞으로는 상원강이 흐르고 강 좌우에는 벌과 산들이 분포되어 있었습니다. 발굴 결과 이곳에서 열대 지역의 원숭이·코끼리·큰쌍코뿔소·하이에나, 열대 우림 지역의 물소·습들쥐, 북방 초원 지대의 말, 수풀과 산간 지대의 호랑이·멧돼지·늑대·곰, 그리고 한랭성 기후에서 서식하는 비버·우는 토끼 등 총 29종의 동물 뼈가 발견되었습니다.

이처럼 다양한 기후대에서 서식하는 동물 뼈가 검은모루 동굴에서 발견된 것에 대해 고고학자들은 당시의 기후가 지금보다 훨씬 덥고 비가 많이 내렸다고 설명하고 있는데, 이러한 설명은 왜 이처럼 무덥고 습윤한 지역에 북방 초원 지대나 한랭성 기후대에서 서식하는 동물들이 같이 발견되는지에 대한 이유를 밝혀주지 못할 뿐만 아니라 기본적인 기후 시스템의 작동 원리에 대해서 전혀 모르고 하는 허튼소리입니다.

또한 어떤 이는 해수면이 낮아져서 한국과 중국의 육지가 서로 연결되어 열대 지역에서 살던 동물들이 한반도까지 올라왔다가 빙하기를 맞이하여 고위도 지역에서 서식하던 동물들은 추위를 피해 한반도로 내려온 반면 저위도 지역에서 올라왔던 동물들은 해수면이 상승하여 바다가 가로막는 바람에 남하하지 못한 결과라고 판타지 소설을 쓰기도 하는데, 이것 역시 빙하 이론에 무지해서 하는 뻘소리에 불과합니다. 지금부터는 이러한 고고학자들의 주장이 얼마나 말도 안 되는 허튼소리인지를 과학적으로 증명하도록 하겠습니다.

기본적으로 기후 시스템은 빙하, 해양, 그리고 대기라는 세 요소가 서로 맞물려 상호 작용함으로써 진행되며, 바람이 불고 해류가 흐르는 등 기후라는 시스템이 작동하도록 하는 근원적인 에너지는 태양으로부터 옵니다. 따라서 적도 부근이 더운 이유는 이 지역의 지표와 해수면이 복사열을 많이 받으며, 낮 시간이 길고, 태양의 남중 고도가 높기 때문입니다. 여기서 태양의 남중 고도가 높다는 것은 태양과 지표면의 각도가 수직에 가까워져 단위 면적당 받는 태양 에너지의 양이 많아진다는 것을 의미합니다.

둥근 지구는 자전축이 대략 23.5도 기울어진 채 태양 주위를 돕니다. 한 바퀴를 도는 데 일 년이 걸리며 북반구 중위도에 있는 우리나라를 기준으로 춘분·하지·추분·동지로 구분됩니다. 춘분과 추분에는 태양의 고도가 적도에서 최대가 됩니다. 반면 하지 때는 북위 23.5도 지역에서, 동지 때는 남위 23.5도 지역에서 태양의 고도가 가장 높습니다.그런데 태양은 대체로 적도 부근에 머무르는 시간이 많고, 적도를 넘어 북회귀선(북위 23.5도)과 남회귀선(남위 23.5도) 사이에서 오르락내리락 반복합니다. 이런 까닭에 적도 지방이 가장 더운 것입니다.

〈그림 18-1〉 커피 벨트 지역

이와 반대로 극지방에서는 얼음과 눈으로 인해 태양 에너지가 많이 반사되어 열 손실이 클 뿐만 아니라, 고위도 지역에서는 태양이 비스듬한 각도로 비치기 때문에 단위 면적당 받는 태양 에너지의 양이 적어져서 온도가 낮게 되는 것입니다.

〈그림 18-1〉은 커피 벨트 지역을 나타내는데, 북위 23.5도 근방 북회귀선과 남위 23.5도 근방 남회귀선 사이의 지역은 커피 재배가 가능한 곳이기 때문에 커피 벨트나 커피 존이라고 불립니다. 즉, 어느 지역을 여행할 때 커피나무가 있다면 그곳은 열대 지역이라고 보면 되는 것이죠.

위에서 설명한 내용은 한반도에서 열대 지방의 동물 뼈가 자연적으로는 절대 발견될 수 없는 과학적 근거이기 때문에 다시 요약·설명하면 다음과 같습니다.

① 열대 기후와 온대 기후의 경계선은 남·북회귀선이다.

② 남·북회귀선은 지구 자전축이 기울어져 있는 각도와 일치하는데, 대략 4만년을 주기로 22도 38분에서 24도 21분 사이에서 변하며 평균적으로 23.5도다.

③ 남·북회귀선 사이에서만 커피나무가 자라기 때문에 이것을 일명 커피 존이라고도 한다.

④ 커피 존에 해당하는 적도 지역이 가장 더운 것은 적도는 춘분과 추분 때 태양이 내려쬐는 각도가 수직이며, 하지 때는 북회귀선, 그리고 동지 때는 남회귀선에서 태양고도가 수직으로 일조량이 가장 많기 때문이다.

즉, 태양이 지구를 수직으로 내리쬐는 지역은 춘분-적도, 하지-북회귀선, 추분-적도, 동지-남회귀선으로 사이클을 그리며 반복되며, 이 때문에 남·북회귀선 사이 지역의 연평균 온도가 가장 높은 열대 지역이 되는 것이다.

⑤ 따라서 현재의 기후대가 고착된 신생대 제4기 이후, 북위 40도 전후에 위치한 한반도에서는 절대로(!) 열대 기후가 생길 수가 없으며, 소위 한반도 내 신생대 제4기 구석기 시대 동굴에서 열대 지방에서 서식하는 동물 뼈가 발견되는 것은 자연적으로는 절대 일어날 수 없는 현상이다.

열대 기후대의 생성 원리에 대한 이상의 설명은 애당초 북위 39도 주변에 위치한 평양 지역의 경우에는 현재의 기후대가 고착된 신생대 제4기(약 백만 년 전~현재) 이후에는 구조적으로 열대 기후가 될 수 없다는 것을 의미하며, 이러한 사실은 포항 지역 신생대 제3기(약 6500만 년 전~2백만 년 전)의 식물 화석을 이용한 고기후 연구 논문이 증명해줍니다. 이 연구에서 신생대 제3기 연평균 기온은 지금의 기후와 비슷하며 다만 연교차가 지금보다 5도 이상 작고 강수량은 현재보다 많은 아열대 내지 온대 기후로 파악하고 있습니다.

한편 빙하 이론의 경우 유고슬라비아의 수학자이자 천문학자인 밀란코비치는 지구의 기후를 변화시키는 요인, 즉 태양 복사에너지의 양과 도달 위치를 변화시키는 요소로 지구의 세차 운동, 자전축 경사 각도의 변화, 그리고 공전 궤도 이심률 변화와 같은 세 가지 요소가 서로 다른 주기를 가지고 상호 작용을 함에 따라 빙하기와 간빙기가 나타난다는 것을 파악하였습니다.

그런데 빙하기의 경우는 극지방 육지가 얼어붙음에 따라 해수의 총량이 줄어들어 해수면이 내려가고, 반대로 간빙기에는 빙하가 녹고 해수의 열팽창으로 인하여 해수면이 올라가게 됩니다. 그리고 이것은 검은모루 동굴에 다양한 기후대의 동물이 살게 된 이유를 빙하기에 해수면이 상승해서 열대 지방의 동물들이 남쪽으로 내려가지 못하고 한반도에 갇혔기 때문이라는 고고학자의 주장과는 정반대의 결과인 것입니다.

지금부터는 고고학자들이 소위 구석기 시대 유적이라고 잘못 판단한 몇 가지 사례들을 더 살펴본 후에 한반도 내의 여러 구석기 동굴에서 다양한 기후대의 동물 뼈들이 발견된 이유를 살펴보도록 하겠습니다. 한국의 구석기 유적은 70만 년 전으로 추정되는 단양 금굴과 검은모루 동굴에서부터 만 3천 년 전으로 추정되는 제천 점말 동굴(VI층)에 이르기까지 다양한 시기에 걸쳐서 존재한 것으로 여겨져 왔으며, 여러 동굴에서 열대 기후를 포함한 다양한 기후대의 동물 뼈가 발견되었습니다.

그러면 먼저 고고학자들은 이러한 유적지의 연대를 어떻게 결정했는지 알아보도록 하겠습니다. 검은모루 동굴에서 남쪽으로 10㎞ 정도 떨어진 곳에 있는 석회암 동굴인 용곡 동굴에서 고인류 화석이 발견되었는데, 화석과 함께 발견된 석순의 발열광연대측정법 결과 40~50만 년 전의 연대가 얻어졌고, 이러한 연대로 용곡사람은 한반도에서 가장 오래된 인류 화석이라고 널리 선전되었습니다.

사람의 뼈와 석순이 같이 발견되었는데, 석순을 연대측정해서 그 사람의 생존 연대를 추정하는 것이 과연 합당한 방법일까요? 이 방법이 합당하다면 사람의 뼈와 함께 발견된 돌도끼를 연대측정한 결과 1억 년 전의 화산활동에 의하여 만들어진 화강암일 경우, 그 사람의 생존 시기 역시 1억 년 전이라고 추정하는 것도 합당합니다. 따라서 인류 역사는 1억 년 전까지 거슬러 올라가도록 인류의 기원에 대한 이론을 새롭게 고쳐야만 합니다. 과연 그런가요?

한 가지 더 고려할 사항은 한반도 내 여러 동굴에서 다양한 기후대의 동물 뼈와 함께 식물들도 발견되었는데, 만약 당시 한반도 기후가 고고학자들의 주장처럼 고온 다습했다면 식물 역시도 고온 다습한 기후대에서 서식하는 종류가 많이 발견되어야만 합니다. 하지만 소위 구석기 시대 유적지에서 발견된 식물들은 대부분 한랭 지대에서 서식하는 자작나무, 소나무, 전나무, 시베리아 소나무, 눈잣나무 등과 한국 특산식물이거나 원산지인 주목, 너도밤나무, 서어나무, 오리나무, 그리고 전 세계에 분포하는 사초, 택사과 등이며, 너무나 당연한 결과지만 열대 지방 특산 식물이 발견된 사례는 극히 드뭅니다.

소위 구석기 시대 유적지에서 발견된 식물 중 한 가지 특이한 것은 호두나무인데, 호두나무는 서진의 장화가 저술한 『박물지』에 의하면 원산지가 페르시아로서 한 무제 당시 서역에 파견했던 장건이 중국으로 가져왔다고 합니다. 그렇다면 과연 한반도의 소위 구석기 시대 유적지에서 발견된 열대 및 아열대 지역의 동물들은 과연 어디에서 온 것일까요?

제가 박혁거세의 어머니인 선도성모의 뿌리를 추적하는 과정에서 처음 만난 단서가 바로 중국 한나라 시대 화상석에 그려진 '거마행렬도'였는데, 이 그림은 수많은 사람들이 말과 우마차를 타고 이동하는 장면을 묘사한 것이었습니다. 그리고 한나라 화상석에 그려져 있는 '거마행렬도'는 또한 고구려 고분 벽화의 주요 소재이기도 한데, 저는 이러한 행렬도가 바로 월지족의 한반도 이동 과정을 묘사한 것이라고 밝힌 바 있습니다.

그런데 화상석에는 코끼리·코뿔소·물소 등과 같은 다양한 열대 및 아열대 지역 동물들도 그려져 있는데, 결국 한반도 각지에서 발견되는 다양한 기후대의 동물들은 바로 월지족과 함께 이동한 것이었던 것이죠. 그렇다면 월지족들은 무슨 이유로 번거로움을 무릅쓰고 이런 동물들을 데리고 다녔던 것일까요? 그 이유에 대한 단서는 『사기』

〈효무제 본기〉의 다음과 같은 구절에서 찾을 수 있습니다.

> "… 제사가 진행되는 동안 무제가 몸소 제사를 지냈다. … 먼 곳에서 바
> 친 진귀한 들짐승과 날짐승, 흰 꿩 등을 풀어 제례 분위기를 더욱 엄숙하
> 게 했다. 외뿔소·꼬리가 긴 물소(야크)·코뿔소·코끼리 등은 사용치 않았다."

앞에서 소개한 바와 같이 한 무제는 신선사상에 빠져서 재위 기간
하늘과 땅에 제사를 지내는 봉선의식을 여러 번 실시했는데, 위의 기
록에서는 제사를 지내는 동안 먼 지역에서 바친 진귀한 들짐승과 날
짐승을 이용했다고 적혀 있습니다. 그런데 이 기록에서 "외뿔소·꼬리
가 긴 물소·코뿔소·코끼리 등은 사용치 않았다"는 것은 무엇을 의미
하는 것일까요?

논리학의 사례 중에는 '선장과 항해사'의 에피소드가 있습니다. 그
내용인즉슨 사이가 좋지 않은 선장과 항해사가 같은 배를 타고 항해
중이었는데, 어느 날 항해사가 술에 취하자 선장은 '항해사가 술에 취
했다'고 항해 일지에 기록하였습니다. 다음 날 항해사가 일지를 작성
할 차례가 되자 '오늘은 선장이 술에 취하지 않았다'고 적었는데, 이
기록은 선장이 평소에는 술에 취했는데 오늘만큼은 취하지 않았다
는 것을 암시하는 것으로써 교묘한 표현을 이용하여 선장에게 골탕
을 먹인 것입니다.

이 사례는 선장과 사이가 좋지 않은 항해사가 골탕을 먹이기 위하
여 의도적으로 말장난을 통하여 사실을 왜곡한 것이지만, '코뿔소, 코
끼리 등은 사용치 않았다'는 『사기』의 기록은 그 날은 사용치 않았지

만, 평소의 봉선의식 때는 그런 동물을 사용하기도 했다는 것을 의미합니다. 그렇지 않았다면 아예 그런 문장을 쓸 필요가 없었을 것이기 때문이죠. 또한 이런 동물들의 뼈가 동굴에서만 발견된 것 역시 하나의 단서가 되는데, 이처럼 동굴에서 동물의 뼈가 발견되는 이유는 월지족들이 믿었던 조로아스터교 태양신 미트라에 대한 제사는 '미트라에움'이라는 동굴에서 이루어졌기 때문입니다. 이와 관련하여 소위 구석기 시대 동굴에서 발견된 어떤 동물의 뼈는 날카로운 도구로 살해된 흔적이 남아 있습니다.

마지막으로 지금까지 구석기 시대의 유적이라고 알려져 왔던 동굴 유적들이 월지족과 관련이 있음을 알 수 있는 추가 단서는 바로 구석기 유적의 분포 지역인데, 앞에서 언급한 바와 같이 한반도 내 구석기 유적의 분포도는 필자가 월지족의 표지 유물로 삼고 있는 검은간토기(흑도)나 옹관(독무덤)의 한반도 내 분포도와 비슷한 것을 알 수 있습니다.

즉, 평양 이남으로 서해와 남해 해안 및 인접한 내륙에 공통적으로 분포하며, 동해 지역은 포항에서 강릉 부근까지와 강릉 이북의 동해에 인접한 내륙 지역에서는 구석기 유적지, 검은간토기, 옹관이 공통적으로 발견되지 않는 것입니다(《그림 17-3~4》참조). 그리고 구석기 시대 유적지 분포도에는 검은간토기와 옹관이 발견되지 않은 함경북도 웅기군 굴포리 유적지가 있는데, 이곳에서는 구석기뿐만 아니라 신석기와 청동기 유적층도 같이 발견되었습니다.

저는 한반도의 소위 구석기 동굴 유적지에서 발견되는 열대 지역 동물들이 자연적으로는 발생할 수 없는 현상이라고 지금까지 주장한 원고 내용을 뒤에서 소개할 모 사금 탐사 카페에 올린 적이 있습니다. 이러한 내용을 읽은 고생물 화석 전공자인 어느 카페 회원은 제 의견과는 달리 한반도 내에서도 열대 동물의 뼈가 발견될 수 있다고 다음과 같이 지적하였습니다.

"참고로 시화호에서는 과거에 원시 코뿔소의 화석이 발견된 바 있습니다. 붕정만리님(저의 블로그 닉네임입니다) 말씀처럼 월지족이 이러한 동물들을 데리고 한반도까지 들어왔다는 얘기보다는 과거 신생대 시기의 환경과 생태에 의해 한반도에 이 동물들이 거주했다는 게 더 신빙성이 있어 보입니다.

실제로 우리나라에서는 장수하늘소라는 곤충이 살고 있습니다. 이 녀석은 천연기념물로 보호되고 있는 종인데, 이 녀석의 근연종은 중남미에 주로 분포하고 있습니다. 많은 학자들이 어째서 이 녀석이 멀리 떨어진 한반도에 정착을 했는지를 연구했습니다. 그 결과 과거 베링기아라 불리는 육교를 통해 유라시아와 아메리카 대륙이 연결되어 있었다고 밝혀졌습니다. 이는 3,400만 년 전 지구 기온이 한랭화되면서 베링기아의 북극 열대가 사라지면서 두 지역의 연결이 끊어졌다는 겁니다.

또한 3,500만 년 전 지구 전체가 아열대 기후와 열대 기후로 북극 지방까지 열대성 동식물이 분포했었다는 것도 밝혀졌습니다. 이처럼 고고학뿐만 아니라 고생물학, 생물학, 곤충학 등등 여러 학문을 종합해서 좀 더 보완되어야 할 것 같습니다."

책이 나온 후에 생길 제 주장과 관련된 기후학자나 고생물학자와의 토론을 원고 집필 과정 중에 미리 경험하게 된 것인데, 이 회원의 주장 중 "고고학뿐만 아니라 고생물학, 생물학, 곤충학 등등 여러 학문을 종합해서 좀 더 보완되어야 할 것 같습니다."라는 부분은 저도 전적으로 동의하는 바입니다.

저 역시도 지금까지 고고학 분야의 여러 이론이 이처럼 자연과학자들의 의견 수렴과정을 거치지 않고 고고학자들만으로 독자적인 이론을 세웠기 때문에 수많은 엉터리 이론이 생기게 되었다고 생각합니다. 그리고 고고학자들이 쓴 자료들을 보면 이와 관련된 한계를 고백하는 내용들도 많이 있었습니다. 즉, 고고학자 장호수는 〈제천 점말 용굴의 고고학적 가치〉에서 다음과 같이 밝히고 있습니다.

> "제천 점말 용굴 유적은 처음 찾을 때부터 고고학계에서 많은 기대와 관심을 받은 만큼 그에 못지않게 논란의 중심에 서기도 했다. 그것은 출토 유물의 가치와 성격에 대하여 보는 이들에 따라 해석상의 차이가 컸기 때문이다. 그러나 논란의 끝에는 이를 뒷받침할만한 이론적 배경이 갖추어지지 못하고, 아직도 소모적 논쟁으로 이어져오고 있다.
>
> 첫 발굴에서부터 당시 우리 고고학계로서는 감당하기 어려웠던 동굴 쌓임층에 대한 지질 분석과 고동물 감정, 고식물 자료 분석 등이 이루어졌고, 그 결과를 바탕으로 층위 구분과 기후 변화를 설명하고, 상대 연대를 결정하였으며, 문화층을 세분하여 확정하는 등 발 빠른 연구 성과를 학계에 내놓았다."

고고학자 장호수가 지적한 것처럼 소위 구석기 시대 유적지의 하나로 분류되는 제천 점말 동굴에서 발견된 유물을 해석하는 과정에서 당시 고고학계에서는 그 유물을 해석함에 있어서 뒷받침할만한 이론적 배경을 갖추지 못한 채, 그들로서는 감당하기 어려운 지질 분석과 고동물 감정, 고식물 자료 분석 등을 독자적으로 처리했다는 것입니다. 그런데 이런 일들이 단지 제천 점말 동굴 유물들의 해석 과정에서만 일어났을까요?

다시 앞으로 돌아가서 3,500만 년 전에는 지구 전체적으로 열대성 동식물이 분포했다는 고생물학자의 지적에 대해서 생각해보겠습니다. 3,500만 년 전은 신생대 제3기에 해당하는데, 그때는 소위 한반도 내 구석기인들이 살았다는 70만 년 전인 신생대 제4기와는 지구 전체의 기후 환경이 완전히 달랐습니다.

관련 자료에 의하면 신생대 제3기는 중생대 백악기의 뒤이며, 신생대 제4기의 앞으로서, 약 6,500만 년 전부터 200만 년 전까지의 약 6,300만 년 간에 해당합니다. 제3기는 약 2,600만 년 전을 경계로 하여 다시 고古 제3기와 신新 제3기로 나뉘는데, 기후는 전반적으로 온난하였으나 신 제3기 후기가 되자 점차 한랭해졌습니다.

해진(海進; 지질 시대에 지반의 침강이나 해수면의 상승으로 바다가 육지를 덮어 바다가 넓어지는 일)은 신 제3기 전기에 대규모로 진행되었고, 신 제3기는 지각 운동이 격심한 시대였습니다. 고 제3기에 이미 융기·습곡이 현저해진 알프스·히말라야 산맥 등의 조산 운동이 신 제3기가 되자 더욱 활발해졌습니다.

유럽에서는 고 제3기 후기에 지각 변동이 심했고, 북아메리카 서부에서는 백악기 말에서 고 제3기 초에 걸쳐 격심한 지각 변동이 일어났습니다. 또 신 제3기에는 서태평양의 호상 열도에서 활발한 화산 활동을 수반한 지각 변동이 일어났으며, 제3기 말이 되어 해류의 분포는 현재의 상태와 가깝게 되었습니다.

신생대에 대한 위의 설명 중 한반도 내 소위 구석기 유적지에서 열대성 동식물이 존재할 수 없다는 제 주장과 관련하여 중요한 내용은 신생대 제3기 중에서도 신 제3기 후기가 되어서야 점차 한랭해졌다는 것과 제3기 말이 되어 해류의 분포가 현재의 상태와 가깝게 되었다는 부분입니다. 즉, 기후가 한랭해지기 전인 신생대 제3기 전기에는 한반도에도 열대성 동식물이 존재할 수 있었습니다. 그러나 신생대 제3기 중에서도 신 제3기 후기에 기후가 한랭해지고, 제3기 말에 해류의 분포가 현재의 상태와 가깝게 됨으로써 신생대 제4기에 오늘날의 전 세계적인 기후대가 정착하게 되었습니다. 따라서 신생대 제4기인 70만 년 전에 존재했다는 한반도 구석기 유적지에는 열대성 동물이 존재할 수가 없게 된 것이죠.

앞에서 밀란코비치가 발견한 빙하기를 일으키게 하는 세 가지 요인에 대해서 설명했지만, 기후 변화를 일으키는 요인에 대해서 다시 한 번 더 살펴보도록 하겠습니다. 지구의 기후는 태양 에너지의 양에 가장 큰 영향을 받는데, 태양 에너지의 양은 태양의 활동량과 지구의 공전 궤도에 따라 변합니다. 지구가 흡수한 태양열은 대기권의 구성과 대륙의 위치, 그리고 바닷물의 흐름에 따라 지구 전체로 분배됩니다.

그런데 지난 100만 년 동안 지구의 기후는 태양 에너지의 양을 결정짓는 세 요소의 변화에 따라 바뀌었습니다. 즉, 밀란코비치가 발견한 빙하기를 일으키는 세 요소인 지구의 공전 궤도 변화(공전 궤도 이심률)는 약 10만 년, 지축의 변화(지구 자전축 기울기)는 약 4만 년, 세차 운동으로 북반구와 남반구의 계절이 바뀌는 현상은 약 1만 3천 년마다 일어납니다. 이 때문에 현재 우리가 사는 신생대 제4기의 기후 변화 주기가 형성되었다는군요. 그리고 신생대 제4기 기후 변화 주기의 특징은 10만 년마다 빙기가 찾아오며, 따뜻한 간빙기가 번갈아가며 나타난다는 점입니다.

오늘날 우리나라보다 위도가 높은 영국의 겨울이 한반도보다 따뜻한 것은 적도 지방에서 데워진 멕시코 난류가 영국 옆으로 흐르기 때문인데, 이것은 앞에서 설명한 대륙의 위치와 바닷물의 흐름에 의한 태양열의 분배가 한반도와 영국이 다르기 때문입니다. 그리고 빙하기 때 북극 지방이 남극 지방보다 빙산의 분포가 확대되는 것은 북극 지방은 대륙으로 이루어져 있고 남극 지방은 바다만 있기 때문에 바닷물보다 육지의 기온이 더 떨어지는 현상이 발생하고, 이로 인해 생긴 빙산이 또다시 태양빛을 반사시켜 더 춥게 만드는 되먹임(피드백) 현상이 발생하기 때문입니다.

즉, 한마디로 쉽게 표현하자면 설상가상이 되기 때문에 빙하기에 남극보다 북극의 빙산 분포가 더 넓은 지역으로 확산되는 것이죠. 결국 빙하기가 도래하면 양극 지방을 중심으로 빙산이 그 범위를 넓혀나가기 때문에 빙하기나 간빙기가 왔다고 해서 열대 지방의 동식물들이 한대 지방으로 이동할 일이 없는 것입니다. 이것이 중위도 지방에 위치한 한반도 내에서 열대 지방의 동식물들이 자연적으로는 발견될 수 없는 이유입니다.

앞에서 소개한 고생물 화석 전공자가 한 가지 더 지적한 것은 소위 '좀비 화석'의 존재입니다. 즉, 신생기 제3기에 살았던 열대 동물의 화석이 신생대 제4기에 만들어진 한반도 내 구석기 유적지에서 '좀비 화석'으로 같이 발견될 수 있다는 지적입니다. 이러한 지적은 평양 상원군 흑우리 검은모루 동굴처럼 별다른 지층 구분 없이 여러 기후대의 동물 뼈들이 널려 있을 경우는 좀비 화석의 출현이 가능할 수도 있습니다.

그런데 제천 점말 동굴의 경우 총 7개의 층으로 나뉘어 있고 각각의 층에서 서로 다른 동물 뼈들이 출토됩니다. 그리고 그중 제4층에서 열대 동물인 코뿔소와 여러 다른 한대 동물들의 뼈가 같이 출토되고 있어서 좀비 화석으로는 설명이 불가능해집니다. 즉, 출토 보고서에서는 열대 동물인 코뿔소의 뼈가 나온 제4층은 간빙기이고 한대 동물 뼈가 출토된 제3층과 제5층은 빙하기에 해당한다고 설명하고 있습니다.

그렇다면 제3층과 제5층은 빙하기가 생기는 신생대 제4기에 형성된 것인데, 그 가운데 끼인 제4층에서 신생대 제3기에 살던 코뿔소가 좀비 화석으로 나타날 이유가 없는 것이죠. 또한 좀비 화석이란 것이 그야말로 가뭄에 콩 나듯이 극히 예외적인 경우로 발생하는 것이지 한반도의 구석기 유적지마다 좀비 화석이란 것이 나타난다면 그것은 특이한 상황이 아니라 일상적인 상황이란 뜻입니다.

따라서 구석기 유적지에 나타나는 열대 지방 동물 뼈가 한반도 기후가 지금과는 달리 아주 따뜻했던 신생대 제3기에 살았던 동물들의 좀비 화석이란 주장도 말이 안 되는 것이죠. 아무튼 이처럼 다양한 기후대의 동물들이 같은 유적지에서 발견되는 이유가 월지족의 이동의 결과라는 제 이론을 수용하든 말든 그와는 별개로 지금까지 고고학자들이 주장하던 이론은 반드시 폐기되어야만 하는 것입니다.

왜냐하면 그들은 과학을 근거로 한 학문적 이론을 주장하는 것이 아니라 종교에서나 볼 수 있는 기적을 이야기하고 있기 때문입니다. 그런 까닭에 한반도 구석기 유적지의 존재를 지금까지와 같이 계속 주장하고 싶은 고고학자들이 있다면, 그들은 학자로서가 아니라 기적을 믿는 종교인의 자격으로 고고학 이론을 펼쳐야 할 것입니다. 지금까지 저는 한반도 내에 구석기 유적이란 존재하지 않는다고 주장했는데, 제 주장을 뒷받침하는 고고학자의 고백도 있더군요. 즉, 서울대학교 고고미술사학과의 이선복 교수는 그의 책 『고고학 이야기』에서 다음과 같이 고백하고 있었습니다.

> "고등학교 국사교과서에 실린 소위 '정설'을 따르더라도, 한반도에서 발견된 가장 오래 된 구석기 유적의 나이는 70만 년밖에는 되지 않으니, 에티오피아 화석보다 3백70만 년 뒤에야 한반도에 인류의 발길이 미쳤다는 말이다.
>
> 그런데 국사 교과서의 설명은 사실은 학계에서 검증되지 않은 주장이 여과 없이 그대로 실린 것이다. 한반도에 70만 년 전은 커녕 10만 년 전의 유적이라도 과연 확실한 게 있는가에 대해서는 고개를 저을 수밖에 없는 형편이다. 교과서에 그런 무책임한 설명이 실린 것은 아마도 학계와 언론계 일각에 퍼져 있는 소위 '삼최증≡最症'-즉 유적을 발견하거나 조사하면 무조건 최초, 최고最古, 최대라고 언론매체에 대대적으로 선전부터 하고

언론의 '약발'이 떨어지면 뒤도 돌아보지 않는 정신질환-과 북한이나 중국에 70만 년 전의 유적이 있다고 우기니 우리도 질 수 없지 않는가 하는 '민족사적 정통성 증후군'의 한 전형적 증세에 복합적으로 감염된 분들 때문인 듯하다."

이처럼 고고학자 이선복 교수가 고백했듯이 고고학계 내에서도 한반도 내 구석기 유적지의 존재 여부에 대해서 의견이 분분한 것을 알 수 있습니다. 그럼에도 불구하고 한국 고고학계에서 한반도 내에 구석기 유적지가 있다고 강변하는 것은 중국과 북한의 학자들이 구석기 유적지가 있다고 주장하니 우리도 질 수 없다는 '민족사적 정통성 증후군'에 감염된 학자들 때문이라는 것이죠.

이러한 사실은 비유적으로 말하면 중국과 북한이 '구석기 시대'라는 불량 식품을 판매하고 있는데, 우리도 '민족사적 정통성'의 자존심을 지키기 위해 불량 식품인 것을 알면서도 같이 판매하겠다는 것과 마찬가지입니다. 평양의 검은모루 동굴 유적처럼 북한의 소위 구석기 시대 유적도 엉터리이지만, 중국 역시 다를 바가 없습니다. 기회가 되면 중국의 '북경원인'이라는 것도 같이 출토된 동물 뼈들을 하나하나 따져서 말도 안 되는 엉터리인 것을 밝히도록 하겠습니다.

문제는 이러한 구석기를 포함한 시대 구분에 대한 검증되지 않은 내용이 각종 한국사 책에 소개되어 있고, 〈수능 시험〉과 〈한국사 능력 검정 시험〉에 한 해도 거르지 않고 꼬박꼬박 문제로 출제된다는 것입니다. 저는 이미 전작에서 각종 한국사 책의 고대사 부분을 완전히 새롭게 고쳐 써야 한다고 주장한 바 있습니다. 또한 기존의 잘못된 내용을 그대로 수능 시험과 각종 공무원 시험에서 문제로 출제한다면, 그로 인해 많은 수험생이 피해를 입는 중대한 문제가 생길 것이라고 경고했습니다.

그런데 이러한 제 주장에 대해서 기존 역사학자들과 고고학자들은 우이독경 식으로 여전히 자신들의 엉터리 이론을 내세워 혹세무민하고 있는 것이며, 심지어는 제가 두 번째 원고를 마무리한 뒤에 전작의 출판사에서 출판하는 것도 방해해서 공중에 붕 뜨게 만든 것이었습니다. 제가 이 강의에서 주장한 내용 중에 〈고대사편〉은 "백번 양보"하여 기존의 이론과 제 이론 중 어느 쪽이 옳은지 논란의 여지가 있다고 하겠습니다.

하지만 기존의 고고학자들이 구석기 시대 한반도에 열대 동물이 살았다고 하는 주장은 지금까지 제가 증명한 바와 같이 과학적으로 절대 일어날 수 없는 일이기 때문에 논란의 여지가 없는 사실인 것입니다. 만약 고고학자들이 이것을 계속 고집한다면 그들은 과학(인문과학이든 자연과학이든)을 하고 있는 것이 아니라, 기적이 횡행하는 종교의 세계에서 놀고 있는 것입니다. 그리고 이처럼 고고학자들이 소위 전문가라는 갑옷을 입고 엉터리 이론으로 '그들만의 리그'에서 마음껏 활개치는 것을 더 이상 내버려 뒤서는 안 된다는 것이 저의 주장입니다.

셜록 홈스 시리즈 중 『바스카빌 가문의 개』에서 홈스는 다음과 같이 말하고 있습니다.

"우리는 기괴망측한 사건일수록 응당 신중하게 관찰해 보아야 하네. 사건 전체를 복잡하게 만드는 듯한 측면에 대해 정당한 관심을 기울이고 과학적으로 조사한다면 이것이 바로 사건의 전모를 밝히는 열쇠가 될 가능성이 높지."

홈스가 말했듯이 얼핏 보기에는 기괴망측한 사건처럼 보이지만, 사건 전체를 복잡하게 만드는 측면에 대해 정당한 관심을 기울이고 과학적으로 조사한다면 충분히 사건의 전모를 밝힐 수가 있는 것입니다. 소위 구석기 시대 유적지에서 발견된 열대 동물의 흔적에 대해서 고고학자들이 왜 그렇게 주장을 했는지는 충분히 이해가 갑니다. 나타난 현상에 대해서 뭔가 설명은 해야 하는데, 그들이 가진 문송이 지식으로는 당시 한반도에는 열대 기후가 존재했다고 설명할 수밖에 없었을 것입니다. 제가 연구를 하면서 느낀 점은 고고학은 이과에서 다룰 학문이지 문과에서 다룰 학문이 아니라는 것입니다.

앞에서 소개한 고생물 화석 전공자는 "많은 예시나 역사 서적을 보여주고 또 알려주시는데, 결국 그것의 결론은 월지족이라는 한 틀을 정해놓고 서술하시는 게 아닌가 싶습니다"라는 의견도 제시했습니다. 그런데 사실 하나의 틀을 정해놓고 이론을 전개한 것은 오히려 고고학자들이었으며, 저는 월지족이라는 하나의 틀을 정해놓고 서술한 것이 아니라 주어진 사건(현상)을 설명하기 위해서는 어떻게 해야 하나라는 시각으로 접근한 것이었습니다.

그리고 주어진 현상에 대해 고고학자들이 주장한 설명과 제가 주장한 설명을 비교해보면, 일단 고고학자들이 주장한 설명은 과학적으로 불가능한 것입니다. 반면에 제가 주장한 내용은 '아무리 그럴 것 같지 않더라도' 과학적으로 아무런 문제가 없는 설명인 것입니다.

즉, 앞에서 소개한 바 있는 『셜록 홈스의 사건집』〈탈색된 병사〉에
는 다음과 같은 내용이 나옵니다.

> "나는 모든 불가능한 것을 제외했을 때 남는 것이, 아무리 그럴 것 같지
> 않아도 진실이라는 가정 하에서 출발했습니다. 몇 가지 가능성이 공존할
> 경우에는 확실한 근거를 확보할 때까지 하나하나 충분히 시험해 봐야 하
> 지요."

셜록 홈스의 말처럼 지금까지 고고학자들이 주장했던 과학적으로
불가능한 설명을 제외하고 나면, 남는 것은 아무리 그럴 것 같지 않
아도 제가 제시한 주장이 더 진실에 가까운 것이 되는 것이죠.

오늘 강의에서는 소위 전기 구석기 시대의 표지 유물이라는 아슐리안형 주먹도끼와 빗살무늬토기의 정체에 대해서 밝힘으로써 한국뿐만 아니라 전 세계의 고고학자들이 얼마나 엉터리인지를 만천하에 공개하도록 하겠습니다.

2009년 2월 11일, 수년간 악성 관절염에 시달리다 57세로 사망한 그렉 보웬은 미국 오하이오 주 맨스필드에서 태어나 캘리포니아 주 빅터 밸리 대학에서 고고학을 공부했습니다. 그 후 미군에 입대하여 베트남을 거쳐 동두천에서 주한 미공군 하사관으로 근무하게 되었습니다. 그러던 1978년 어느 봄날, 나중에 부인이 된 한국인 애인과 함께 연천 전곡리에 위치한 한탄강 유원지에 산책을 갔던 그는 신라 시대 토기 조각을 발견하고 그 주위를 조사하면서 소위 전기 구석기 시대의 표지 유물인 아슐리안형 주먹도끼를 발견하게 되었습니다.

〈그림 19-1〉과 같은 주먹도끼는 형태적으로 끝이 뾰족하거나 전체적으로 둥근 타원형의 석기를 말하며, 오늘날의 맥가이버 칼과 같이 소위 구석기 시대의 만능 도구로 사용된 석기입니다. 그리고 이러한

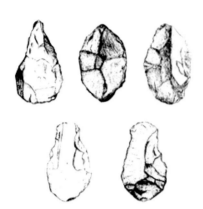

〈그림 19-1〉 그렉 보웬의 주먹도끼

주먹도끼를 아슐리안형으로 부르는 것은 이 주먹도끼가 프랑스 북서부 솜므 강변에 위치한 생 아슐St. Acheul에서 다량의 석기가 확인되면서 붙여진 명칭입니다.

뒤에서 자세히 밝히겠지만 아슐리안형 주먹도끼가 다량 발견되어 그 이름이 붙게 된 생 아슐 지역은 월지족들의 이동 루트에 위치해 있었습니다. 즉, 이 주먹도끼의 원산지는 프랑스가 아니라 월지족들이 원래 거주했던 시베리아 알타이 지역이 되는 것이죠. 시베리아에서 만들어진 이 주먹도끼가 월지족들이 이동한 흔적을 보여주는 고인돌 루트를 따라 프랑스까지 이르게 된 것이었습니다.

아무튼 아슐리안형 주먹도끼를 지표 채집한 그는 동아시아에서 주먹도끼가 가지는 중요성을 직감하고 이후 다시 현장을 찾아 정확한 발견 지점을 표기하고 간략한 보고문도 작성하였습니다. 또한 한국에서 전기 구석기가 발견된 사실을 알려야겠다고 마음먹은 그는 프랑스의 구석기 대가인 프랑수아 보르드 교수에게 편지로 이 사실을 알렸습니다. 그 후 보르드 교수의 소개로 서울대학교 고고학과 김원룡 교수를 안내받은 그는 여주 흔암리 발굴 현장에서 김원룡 교수를 직접 만나 전곡리 주먹도끼 발견소식을 전하게 되었던 것입니다.

그렉 보웬의 발견이 중요한 것은 구석기 문화가 인도를 경계로 아슐리안 주먹도끼를 사용한 유럽 및 아프리카 지역과 단순한 형태인 찍개를 사용한 동아시아 지역으로 나뉜다는 미국 고고학자 H. 모비우스 교수의 '구석기 문화 이원론'을 뒤집는 결정적 증거가 되었기 때문이었습니다. 그러나 구석기 문화 이원론이란 것도 엉터리지만 주먹도끼를 구석기 시대의 대표적인 유물로 정한 자체가 고고학계의 돌이킬 수 없는 치명적인 오류였습니다. 왜냐하면 이러한 아슐리안형 주먹도끼가 이전 강의에서 소개한 바와 같이 월지족들이 거주했던 파지리크 인근 지역에서도 발견되었는데, S. N 아스타호프 박사가 투바 공화국 타누올라 산맥 인근 타르갈르이크 마을 근처에서 아슐리안형 주먹도끼를 발견했던 것입니다(〈그림 17-2〉 참조).

연천 전곡리에서 발견된 아슐리안 주먹도끼가 과연 어느 시기의 유물이며, 그 전파경로는 무엇인지에 대해서는 두 가지 가능성이 존재합니다. 첫째는 기존 학자들의 주장처럼 주먹도끼가 구석기 시대의 유물이며, 구석기인들이 전 세계로 이동함에 따라 주먹도끼가 세계 각지에서 발견된다는 것입니다. 둘째는 남부 시베리아 파지리크 지역에서 아슐리안형 주먹도끼를 사용했던 월지족들이 이동하는 도중 연천 전곡리에서도 아슐리안형 주먹도끼를 사용했다는 것입니다.

과연 이 두 가지 가능성 중에서 어느 것이 옳을까요? '오컴의 면도날'이란 용어가 있는데, 이것은 같은 현상을 설명하는 두 개의 주장이 있다면 간단한 쪽을 선택하라는 것입니다. 이 이론을 적용해보면 두 가지 가능성 중에서 훨씬 단순한 쪽은 전곡리의 아슐리안 주먹도끼는 구석기인들이 전 세계를 돌아다닌 결과라기보다는 동일한 주먹도끼가 발견된 남부 시베리아 파지리크 지역에서 이동해온 월지족의 흔적이라는 것입니다.

그런 까닭에 월지족들이 세운 신라의 토기 조각이 인근에서 같이 발견된 것이었죠. 그리고 대월지의 이동 경로인 서역 키르기스스탄에서도 주먹도끼가 발견된 것이며, 마찬가지로 월지족들의 이동 흔적인 고인돌 루트상에 위치한 프랑스 생 아슐 지역에서도 다량 발견된 것이었습니다.

누누이 말씀드리지만 이 세상에 우연은 없는 법입니다. 저는 이미 전작에서 전 세계에 흩어져 있는 고인돌은 월지족의 이동 흔적이기 때문에 고인돌의 분포도를 보면 그들의 이동 경로를 파악할 수 있다고 밝힌 바 있습니다. 따라서 미주 지역까지의 이동 경로를 살펴보면 일단 두 가지로 나뉨을 알 수 있습니다. 즉, 월지족은 한반도에서 일본을 거친 뒤 한 집단은 남하하여 동남아시아와 남태평양을 거쳐 남미 지역으로 이동한 것이며, 다른 집단은 북상하여 캄차카 반도와 알래스카를 거쳐 북미 지역으로 이동한 것입니다.

남하한 흔적은 지금도 동남아시아-호주-뉴질랜드 곳곳에서 발견되는 고인돌을 통하여 알 수 있으며, 뒤에서 소개해드릴 브라질 아마존 지역에 존재하는 월지족의 흔적을 통해서도 그 루트를 확인할 수 있습니다. 마찬가지로 북상한 흔적 역시 남아 있는데, 제가 이 연구를 하는 도중에 봤던 어느 TV 방송에서 한 여류 학자가 캄차카 반도와 알래스카 지방을 여행하는 도중에 고인돌의 흔적을 소개하는 장면이 있었기 때문입니다. 그리고 전작에서 소개한 바와 같이 미주 지역에서 다시 대서양을 지나 먼저 아일랜드 풀나브론 지역에 고인돌을 세운 뒤에 다시 잉글랜드로 건너가서 만든 것이 바로 스톤헨지 유적이며, 이곳에서 다시 프랑스 카르낙 지역으로 건너간 것입니다.

영국 남서부 콘월 지방의 고인돌 유적에 대해서 셜록 홈스 시리즈 중 『악마의 발』에서는 다음과 같이 묘사하고 있습니다.

> "육지 쪽 환경은 바다 못지않게 음울했다. 그곳은 사방이 우중충한 빛깔의 물결치는 황무지였고 드문드문 서 있는 교회 첨탑이, 고풍스러운 마을이 있는 자리를 표시해 주었다. 이 외로운 황무지 곳곳에 진작에 사라져버린 종족의 자취가 널려 있었다. 이들의 유일한 문명의 기록으로 야릇한 생김새의 석조 기념물이 있었고, 사자死者들의 뼛가루를 품고 있는 크고 작은 언덕과 선사 시대 사람들의 투쟁의 흔적이 남아 있는 기묘한 토루들이 있었다. ... 또한 그(셜록 홈스)는 고대 콘월어가 칼데아(페르시아 만 해안에 가까운 메소포타미아 남부 지역: 필자 주) 말과 비슷하고, 그것이 주로 페니키아 주석 상인들의 말에서 파생됐다고 생각했던 것 같다."

위에서 고대 콘월어가 칼데아 말과 비슷하다는 것은 당연히 셜록 홈스의 입을 빌린 작가 코난 도일의 생각일 것입니다. 그런데 코난 도일은 소설가이기 이전에 의사로서 전혀 근거 없는 주장을 하지는 않았을 것으로 판단되는군요. 또한 전작에서 소개했던 영산강 유역에서 발견된 대형 옹관과 메소포타미아 칼데아 지역에서 출토된 대형 옹관의 생김새가 비슷한 것으로 미루어 볼 때, 코난 도일의 이러한 생각은 어느 정도 일리가 있다고 생각됩니다.

아무튼 〈그림 19-2〉의 왼쪽에 나타나는 도시 이름은 고인돌이 남

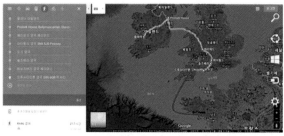

〈그림 19-2〉 아일랜드-잉글랜드-프랑스 고인돌 루트

아 있는 지역들이며, 그림의 오른쪽은 그 도시들을 연결한 이동 루트입니다. 이 그림들을 통해서 전작에서 제가 추정한 바와 같이 월지족들은 대서양을 건너 아일랜드 풀나브론 지역에 먼저 도착한 뒤에 계속 동쪽으로 이동하여 잉글랜드로 건너갔고, 잉글랜드 내륙 지역을 계속 탐사한 후에 영국 콘월 지방에서 해협을 건너 프랑스 서북부 에르드반 해안에 도착한 것을 알 수 있습니다. 또한 에르드반 해안은 예전 강의에서 소개했던 동지에 해가 뜨는 방향으로 열석들이 나열해 있는 카르낙 지역과 아주 가까운 곳에 위치하고 있습니다.

또한 과학자들은 영국 서남부 지역(콘월)에 주석 및 텅스텐이 풍부하며, 이 광물들은 카르낙 열석이 있는 프랑스의 브르타뉴 지방과 다른 유럽 본토에서는 발견되지만 영국에서는 드물게 발견된다고 합니다. 이것은 광물이 풍부한 곳에 월지족들이 거주지를 정했다는 저의 주장과도 일치합니다.

그런데 〈그림 19-3〉과 같이 프랑스에 상륙한 뒤 두 갈래의 고인돌 루트로 갈라지는데, 이것은 한반도에서 알래스카로 북상하는 루트와 동남아시아로 남하하는 루트 두 가지로 갈라졌듯이 월지족은 정확한 목적지를 정하고 이동한 것이 아니라 '불로초'라는 신기루와 같은 대

〈그림 19-3〉 프랑스에서 분기되는 고인돌 루트

상을 찾으러 전 세계를 헤매고 다녔기 때문에 두 갈래로 갈라질 수밖에 없었던 것입니다.

월지족들이 전 세계를 헤매고 다닌 이유는 다음 기회에 상세하게 말씀드리도록 하겠습니다. 지금은 고대사 강의를 끝내지 않고 고고학 편으로 넘어오는 바람에 강의 내용이 꼬이고 말았군요. 이건 제 탓이 아니라 머리가 너무나 명석하여 한번 먼저 들으면 절대 그 내용을 잊지 않는 고등학교 동기가 기존의 고고학 이론에 매몰되어 있는 것을 더 이상 차마 두고 볼 수 없었기 때문이었습니다.

그리고 〈그림 19-4〉와 같이 프랑스 해안에서 벨기에-독일 해안을 따라 북상하는 루트 도중에 파리 위쪽

〈그림 19-4〉 프랑스에서 북유럽으로의 고인돌 루트

에 위치한 곳이 바로 아슐리안형 주먹도끼가 발견된 생 아슐 지역입니다. 따라서 지금까지 구석기 시대의 대표적 유물이라고 알려져 왔던 아슐리안형 주먹도끼의 발상지는 인류의 발상지로 알려진 아프리카나 주먹도끼가 다량 발견된 프랑스가 아니라 월지족들이 거주했던 시베리아 알타이 지역이었던 것입니다.

프랑스의 고인돌 루트 연구를 하면서 느낀 점을 한 가지 더 말씀드리자면, 〈그림 19-4〉의 프랑스에서 북유럽으로의 고인돌 루트를 따라 지금도 도로망이 연결되어 있는 것을 볼 수 있습니다. 이것은 중국의 문호 노신이 〈고향〉이란 글에서 말한 바와 "본래 땅 위에는 길이 없었는데, 걸어가는 사람이 많아지면 그것이 곧 길이 되는 것"처럼 본래 저 곳에는 길이 없었는데 월지족들이 저곳을 통과하면서 길이 생겼을 것이라는 것입니다.

그리고 이러한 이동 경로 도중에 고인돌 외에도 페르시아 지역에 뿌리를 둔 월지족의 흔적이 등장하는데, 그 대표적인 것이 메소포타미아 지역의 지구라트에 근원을 둔 멕시코 치첸이차 계단식 피라미드입니다. 또한 아마존의 고대도시에도 〈그림 19-5〉의 가운데와 같은 눈에 익은 문양이 나타나는데, 이것은 전작에서도 소개했고 지금까지 삼엽문이라고 알려져 왔던 아나히타 여신을 상징하는 팔메트 무늬인 것이죠.

〈그림 19-5〉 다양한 장식에 나타난 팔메트 무늬

지금부터는 소위 신석기 시대의 대표 토기라고 알려져 있는 빗살무늬토기에 대해서 살펴보겠습니다. 국립중앙박물관이 펴낸 『한국 미의 재발견-선사 유물과 유적』에서는 빗살무늬토기에 대하여 다음과 같이 설명하고 있습니다.

"빗살무늬토기는 빗 모양의 무늬새기개를 이용하여 그릇의 겉면에 각종 기하학적 무늬를 구성한 것으로 우리나라 신석기 문화를 대표하는 토기이다. 이러한 기하학 무늬는 원래 스칸디나비아 반도에서 바이칼 몽고까지 퍼졌던 고대 시베리아인들과 관련된 것으로서 시베리아를 거쳐 한반도에 퍼진 것으로 생각된다."

원래 빗살무늬토기란 명칭은 북유럽의 핀란드와 북부 독일 일대에서 발견되는 신석기 시대 토기를 핀란드 고고학자 아 일리오가 독일어로 Kamm Keramik이라고 명명한 데서 유래되었습니다. 그것을 일 본의 고고학자 후지다 료사쿠가 즐문櫛 文토기로 번역하였고, 다시 한국의 고고

〈그림 19-6〉 빗살무늬토기

학계는 빗살무늬토기로 직역하여 현재까지 쓰고 있는, 신석기 시대의 대표적인 토기의 이름입니다(〈그림 19-6〉 참조).

핀란드에서 발견된 빗살무늬토기와 관련하여 어느 핀란드 학자의 논문에 의하면 핀란드 지역에서도 한반도와 마찬가지로 소위 신석기 시대의 대표적 토기라는 빗살무늬토기와 함께 금속 시대의 유적·유물도 같이 발굴되었더군요. 그리고 이것이 의미하는 바는 석기·청동기·철기 시대의 구분은 우리나라뿐만이 아니라 전 세계적으로도 아무런 의미가 없다는 것입니다. 결국 우리나라뿐만이 아니라 전 세계적으로도 고고학 책을 다시 써야만 하는 것이죠.

위에서 빗살무늬토기에 대한 국립중앙박물관의 설명에는 '고대 시

베리아인들'과 관련된 것이라고 했는데, 아마도 눈치 빠른 독자들은 이 '고대 시베리아인들'이 누구인지 짐작하실 것입니다. 그렇습니다. 바로 한반도 고대사의 주인공들인 월지족이었던 것이죠. 제가 어떻게 이렇게 확신할 수 있냐하면 이 토기의 분포 지역을 보면 알 수 있습니다. 『한국민족문화대백과사전』에는 이 토기가 핀란드, 스웨덴 남부, 북부 독일, 서북 러시아의 카렐리아 지방에서 오카 강·볼가 강 상류 지방에 걸친 북유럽 일대, 우랄 산맥을 넘어서 오브 강·예니세이 강 유역 일대, 바이칼호 지역, 몽고 지방, 연해주 일대에 걸쳐 광범위하게 분포되어 있다고 설명하고 있습니다.

이러한 분포 지역에서 오브 강과 예니세이 강은 파지리크 지역을 끼고 흐르는 강이며, 바이칼호 역시 월지족의 일파인 코리족이 살고 있는 곳입니다. 몽고 지방 역시 말할 것도 없고 연해주 일대는 월지 족들의 고인돌 루트에서 일본을 거쳐 북상하는 루트인 캄차카 반도 인근 지역입니다. 북부 독일 역시 유럽의 고인돌 루트에서 포함되어 있다고 앞에서 소개한 바가 있으며, 핀란드와 스웨덴 역시 월지족의 표지 유물인 고인돌이 분포하고 있는 지역입니다.

즉, 빗살무늬토기와 고인돌의 분포 지역은 겹치는 것이죠. 기존 고고학자들의 이론처럼 빗살무늬토기가 신석기 시대의 대표적인 토기이고 고인돌이 청동기 시대의 대표적인 유물이라면, 이처럼 빗살무늬토기와 고인돌이 전 세계적으로 같은 지역에서 발견되는 것은 그야말로 우연의 일치겠죠. 그러나 이것은 결코 우연의 일치가 아니라 월지족이라는 공통분모가 있기 때문에 이런 일이 발생했던 것입니다.

한편 이러한 빗살무늬토기에 새겨진 무늬가 머리를 빗는 '빗'의 가늘게 갈라진 낱낱의 살을 표현한다는 고고학계의 일반적인 이론과는 달리 서예학자인 김양동 교수는 그의 저서『한국 고대문화 원형의 상징과 해석』에서 빗살무늬토기에 새겨진 무늬가 태양의 빛살을 상징하는 무늬라고 파악했습니다. 즉, 그는 토기에 새겨진 무늬는 신석기 시대 사람들이 초기 농경 생활에서 필요한 토기를 만들고, 그 표면에 그들의 원시 신앙인 태양에 대한 경배심과 풍부한 일조량, 풍년을 기원하는 주술적 염원 등을 나타낸 것으로서 '빗살무늬'가 아니라 '빛살무늬'라고 파악한 것이었습니다.

그리하여 그는 '빛살무늬 토기'의 상징은 태양 숭배 사상이 문양으로 변환된 것이지, '빗살무늬토기'식의 즉물적 명칭은 한국 최초 문양의 상징 해석으로선

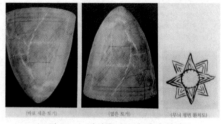

〈그림 19-7〉 빗살무늬토기 평면 환치도

도저히 맞지 않다고 주장했습니다. 그리고 '빛살무늬'라는 그의 주장에 대한 증거로서 토기를 엎어놓고 문양을 평면으로 환치換置하거나 엎은 토기를 위에서 내려다보면 〈그림 19-7〉과 같은 영락없는 해바라기와 같은 태양문이 되는데, 이것이 바로 태양의 빛살을 문양화한 명확한 증거라고 주장했습니다.

한편 아리엘 골란은『선사 시대가 남긴 세계의 모든 문양』에서 빗살무늬토기에 새겨진 사선은 전 세계에서 나타나는 문양으로 비를 나타내는 것이라고 해석했습니다. 또한 마리야 김부타스는 수직의 직선, 지그재그 선, 물결선이 그려진 사람 모양의 신석기 시대 그릇들은

비를 관장하는 하늘여신을 나타낸다고 해석하기도 했습니다.

그렇다면 과연 빗살무늬토기에 새겨진 무늬는 진정 무엇을 상징하는 것일까요? 제가 빗살무늬토기의 무늬가 상징하는 것에 대한 깨달음을 얻은 순간은 바로 김양동 교수가 주장한 빗살무늬토기를 엎어 놓고 위에서 바라본 평면 환치도를 봤을 때였습니다. 즉, 중앙의 원을 중심으로 여덟 개의 삼각형이 그려진 그 그림은 바로 예전 강의에서도 소개한 적이 있는 '이슈타르 여신의 팔광성'이었던 것입니다.

〈그림 19-8〉 쿠두루

〈그림 19-8〉은 루브르 박물관에 있는 메소포타미아의 경계석인 쿠두루Kudur-ru라는 것입니다. 쿠두루는 아카디아어로 국경 또는 경계를 의미하는데, 기원전 16~기원전 12세기 동안 고대 바빌로니아의 카시트Kassite 시대부터 제작되었다고 합니다. 쿠두루는 검은 돌에 신이나 왕의 모습 또는 신들을 상징하는 도안 등이 부조되어 있으며, 설형문자의 명문들이 새겨져 있는데요. 이 그림에서 상단 왼쪽은 이슈타르 여신의 팔각형 별(팔광성)을 나타내고, 가운데는 달의 여신 신Sin을 나타내는 초승달, 그리고 오른쪽은 태양신 사마쉬Shamash를 나타내는 태양 원반입니다.

저는 전작에서 한반도에서 발견되는 고대 무구巫具인 팔주령 혹은 팔령구 가운데에 그려진 팔각형 별 모양은 이슈타르 여신을 상징하는 무늬라고 밝힌 바 있습니다. 그런데 김양동 교수가 그린 빗살무늬토기의 평면 환치도는 바로 메소포타미아 지역에서 발견된 이슈타르의 별과 같은 무늬였던 것이었습니다.

이제 빗살무늬토기 문양의 의미는 독자 여러분들도 이해가 되실 것입니다. 그렇다면 이 토기는 과연 무엇에 사용하던 물건이었을까요? 왜 토기를 세우기도 힘들게 밑부분을 뾰족하게 만들었을까요? 이 토기를 만든 사람들은 바보였을까요? 아마도 이런 의문을 독자 여러분들도 학창 시절에 한번쯤은 가져보셨을 것입니다. 기존 학자들은 강이나 해안의 모래 위에 세우기 쉽게 밑을 뾰족하게 만들었다고 설명하고 있지만, 밑이 평평하면 모래든 흙이든 바위든 아무 곳에서나 쉽게 세울 수 있기 때문에 이것 역시 궤변에 불과합니다.

지난 강의에서 말씀드린 것처럼 2017년 여름 12일간 소위 선사 시대 유적지들을 답사하는 도중 월지족들이 하천의 곡류 지역을 거주지로 선택한 이유가 그들이 필요로 하는 금이나 기타 광물 등을 채취하기 쉽도록 하기 위함인 것을 깨닫고서는 그 즉시 관련된 정보를 얻기 위하여 모 사금 탐사 카페에 가입했었습니다.

그 후 제가 거주하고 있던 지역 신문에 연재한 칼럼을 지속적으로 카페에 소개했는데, 〈빗살무늬토기의 비밀〉이라는 제목의 칼럼을 카페 매니저가 읽고서는 빗살무늬토기의 용도가 사금

〈그림 19-9〉 도가니_익산 왕궁리 전시관

을 채취한 후에 금을 녹이는 과정에 사용되는 도가니일 것이라는 의견과 함께 〈그림 19-9〉와 같은 백제 지역에서 발견된 도가니 사진을 같이 소개했습니다. 그리고 그 모습은 빗살무늬토기와 똑같았습니다!

카페 매니저의 의견에 의하면 뜨겁게 녹인 금속체는 비중 선별되는데, 금이 제일 밑에 가라앉도록 아래가 뾰족한 형태의 토기를 만들었을 것이며, 토기 위의 주둥이 부분에 사선으로 무늬를 새긴 것은 집게나 가죽장갑으로 그 도가니를 들어서 운반할 때 미끄러지는 것을 방지하기 위함일 것이라더군요. 그리고 이러한 주장의 증거로 토기에 묻어 있는 잔류물을 X선 형광분석기를 이용하여 분석한 결과, 알루미늄 성분과 산화동 성분이 검출된 해외자료를 거론하였습니다.

제가 12일간의 소위 선사 유적지 답사 여행 도중 청주의 작은 용굴에 들렀을 때, 동굴의 벽면 암석에서 시커먼 물질이 손가락에 묻어나는 것을 경험한 적이 있었습니다. 그리고 사금 탐사 카페 안의 자료들을 통하여 그 물질이 흑연인 것을 알았고, 고교 동기들의 단체 대화방을 통하여 흑연의 용도 중 하나가 도가니를 만드는 데 있음을 알았습니다. 그래서 도가니는 흑연으로 만드는 것이라고 생각했었는데, 빗살무늬토기의 용도가 도가니일 것이라는 의견을 접한 뒤에 자료를 찾아본 결과 도가니는 흑연뿐만이 아니라 단단한 흙으로도 만든다는 사실을 알게 되었습니다.

비록 빗살무늬토기의 용도가 도가니일 것이라는 확신은 들었지만, 최종적으로 그 가설을 증명하기 위한 가장 확실한 방법은 빗살무늬토기가 발견된 지역에 과연 월지족들에게 필요한 광물이 있느냐는 것이었습니다. 그래서 관련 자료들을 찾아본 결과 빗살무늬토기의 용도가 바로 도가니라는 확증을 얻을 수 있었습니다.

먼저 암사동 집터에서 〈그림 19-6〉과 같은 대표적인 빗살무늬토기가 발견되었다고 하는데, 그 인근에 있는 몽촌토성 옆의 한강 지역은 사금이 채취되는 곳이었더군요. 또한 양구에서도 빗살무늬토기 조각이 발견되었는데, 그곳에서는 금·은·동·아연·유화철과 같은 다양한 광물이 분포하는 곳이어서 토기의 용도가 도가니인 것을 확신시켜 줍니다.

그뿐만 아니라 전 세계적으로도 빗살무늬토기가 발견되는 곳은 강변이거나 해안의 패총이었습니다. 그런데 예전 강의에서 말씀드린 것처럼 월지족들이 강물이 굽어도는 곳에 거주지를 정한 이유는 퇴적지에서 필요한 광물을 채취하기 위함이었으며, 패총은 광물을 가공하는 데 필요한 중화제로 사용할 목적으로 조개껍데기를 쌓아 둔 곳이었습니다. 따라서 소위 신석기 시대의 대표 토기라는 빗살무늬토기가 강변이나 해안가 패총에서 발견된 이유는 바로 이 토기가 광물 가공에 필요한 도가니로 사용되었기 때문이었습니다.

소위 전문가라는 역사학자나 고고학자들이 지금까지 밝히지 못한 빗살무늬토기 무늬의 상징과 그 용도가 이처럼 비전공자들의 집단지성에 의하여 밝혀진 것은 참으로 역사의 아이러니라고 하지 않을 수 없군요.

홍산 문명과 명도전의 정체

오늘은 최근 중국이 황하 문명 대신 세계 최고最古의 문명으로 내세우는 홍산 문명과 명도전의 정체에 대해서 살펴보도록 하겠습니다.

〈그림 20-1〉 고조선 유적과 요하 문명권

홍산 문명은 〈그림 20-1〉과 같이 중국 내몽고자치구 적봉시의 홍산을 중심으로 한 요서 지역에서 생성된 신석기 시대 위주의 문명 집합체를 말합니다. 이 문명을 세상에 처음 알린 사람은 일본의 고고학자

도리이 류조(鳥居龍藏)인데, 그는 1906년 적봉 일대에 대한 지표 조사를 하다가 많은 신석기 유적과 적석묘를 발견하게 되었습니다.

홍산 문명의 포괄 범위는 동쪽으로는 조양, 남쪽은 발해만, 서쪽은 내몽고 초원, 북쪽은 대흥안령 남쪽 기슭에 이르는 광범위한 지역인데, 신석기 시대 문명이 주종이지만, 청동기 시대나 동석병용 시대 문명 등 여러 문명을 함께 아우르고 있으며, 문명의 성격도 초기 농경 문명과 유목 문명, 정주농경 문명 등이 섞여 있다고 합니다.

이 중 오한기敖漢旗의 흥륭와 문명에서는 175채의 집이 10채 단위로 줄지어 계획도시처럼 질서정연하게 배치되어 있는 마을이 발견되었는데, 마을 주위는 마치 해자처럼 도랑으로 에워싸여 있었으며 여기서 빗살무늬토기와 옥기가 발견되었습니다. 지금까지 본 강의를 들은 독자들은 벌써부터 이 유적지의 정체에 대해 감이 오시죠! 참고로 현행 중국의 행정구역은 크게 성급, 지급, 현급으로 나눌 수 있는데, 기旗는 내몽고자치구에만 있는 현급 행정 단위를 말합니다.

중국은 지금까지 황하 문명을 세계 4대 문명 중 하나로 내세우다가 요하 지역에서 발견된 홍산 문명의 시원이 기원전 6천 년 경으로 추정되자, 황하 문명 대신 홍산 문명을 자기들의 대표 문명으로 내세우면서 세계에서 가장 오래된 문명이라고 자랑하고 있는 실정입니다. 그러나 저는 이미 전작에서 이러한 홍산 문명을 포함하는 요하 문명권이 기원전 6천 년 전의 문명이 아니라 대략 기원전 100년 전후에 만들어진 것이며, 그 주체 역시 한민족의 뿌리인 월지족이라고 주장한 바가 있습니다.

예전 강의에서 경수 효과로 인한 방사성탄소연대측정법의 문제점에서도 밝혔듯이 홍산 문명을 포함한 요하 문명권의 시기를 기원전 6천 년 이상으로 과대 측정한 오류가 생긴 원인은 이 지역이 석회석의 용식 작용으로 이루어진 카르스트 지형이기 때문이었습니다. 중국의 석회암 지대와 카르스트 지역은 총 7개 지구 62개 지역으로 분류되는데, 그중 하나가 요하 문명권이 포함되어 있는 '흥안령 산지와 요동 반도 카르스트구'입니다. 그리고 이러한 석회석이 포함된 물(경수)이 이 지역의 유물을 오염시킴으로써 고탄소 오염 효과에 의해서 방사성 탄소 반감기인 대략 6천 년 정도의 측정 오차가 생기게 된 것이었죠.

〈그림 20-2〉 홍산 유적지 문자판

이처럼 홍산 문명의 기원이 기원전 6천 년 경이 아니라 전한前漢 시대라는 저의 주장을 지지해 주는 증거가 있습니다. 즉, 2017년 2월 적봉시 북쪽 70km 지점에서 길이 60cm 돌판 위에 10개 문자가 양각되어진 문자판이 두 개 출토되었는데, 발굴 작업을 계속하여 지금까지 총 18개의 문자판이 출토되었다고 합니다. 그중 홍산 유적지 유물을 수집하고 있는 이웃 블로거로부터 〈그림 20-2〉와 같은 자료를 입수하여 고등학교 동기 대화방에서 고문에 능통한 친구의 도움을 받고, 『서예대자전』에서 확인한 결과 이 문자가 설문고문說文古文인 것을 밝혀낼 수 있었습니다. 고문은 중국 고대 문자 즉 중국 고대 자체字體를 가리키는데, 허신은 『설문해자』 서문에서 고문을 한나라 때에 발굴된 고문 경전의 서체를 가리키는 용어로 사용하였습니다.

이 문자판에 새겨진 글자들 대부분에 대해서 무슨 글자인지는 파악할 수 있었지만 그 의미는 아직 파악하지 못했는데, 이 부분은 한문 전공자들의 몫으로 남겨두겠습니다. 특히 이 글자들 중 둥근 머리에 꼬리가 말린 올챙이처럼 생긴 글자가 있는데, 이 글자는 료了자(혹은 아들 子로도 사용되었다고 합니다)의 고문이며 그 밑에 달 월月자 비슷하게 생긴 글자는 저녁 석夕자입니다.

경주 조양동에서 발견된 청동 거울에도 다양한 글자들이 새겨져 있는데, 저는 처음에 이 글자들에서 혹시 페르시아 문자의 흔적을 찾을 수 있을까 하여 열심히 조사해본 적이 있었습니다. 그 결과 아직 특별한 연관성은 발견하지 못했지만 청동 거울에 새겨진 글자들이 홍산 문명권에서 출토된 글자와 비슷하게 올챙이 꼬리처럼 끝부분이 말리는 공통적인 특징을 보이고 있는 것을 발견할 수 있었습니다.

홍산 문명을 만든 주체가 월지족이라는 가장 중요한 또 다른 증거는 이 지역에서 발견된 〈그림 20-3〉의 매미 모양 옥기인데,

〈그림 20-3〉 매미 옥기(좌)와 가운데 그림(우)

옥기의 가운데에는 날개 달린 개의 모습을 한 이상한 동물 그림이 새겨져 있습니다. 그리고 이 괴수의 정체는 바로 페르시아 사산 왕조의 상징 문양이자 이란의 신화에 등장하는 시무르그라는 전설의 동물인 것입니다.

〈그림 20-4〉사산 왕조 시무르그

즉, 〈그림 20-3〉의 왼쪽은 개인이 소장하고 있는 홍산 문명 지역에서 발굴된 매미 모양의 옥기이며, 오른쪽은 가운데 부분의 그림을 확대한 것입니다. 그리고 오른쪽 그림은 비록 날개 부분이 훼손되어서 정확하게 나타나지는 않지만 〈그림 20-4〉와 같은 사산 왕조의 상징인 시무르그와 비슷한 모양인 것을 한눈에 알 수 있습니다. 이러한 시무르그의 그림이 알타이 지역의 암각화와 고구려 고분 벽화에도 등장하는데, 관련 내용은 뒤에서 말씀드리겠습니다.

원래 매미는 땅속에서 생활을 하다가 다시 태어나는 것처럼 보입니다. 그래서 많은 문화권에서 매미는 부활이나 불멸의 상징으로 간주되며, 또한 도교에서 매미는 신성을 상징하기도 합니다. 그런데 옥기 소장자의 설명에 의하면 홍산 문명 지역에서 발견된 매미 모양의 옥기는 무덤에서 발견된 것으로 원래는 망자의 입 안에 물려둔 것이라고 합니다. 이러한 행위의 의미는 망자의 부활을 염원하는 것으로 해석할 수도 있지만, 인간의 껍질을 벗고 신선으로의 우화등선(羽化登仙; 날개를 달고 신선이 되어 하늘에 오르는 것)을 염원하는 의미일 수도 있다고 봅니다.

왜냐하면 도가는 노장사상으로부터 출발했지만, 보다 후대에 성립된 종교적인 의미의 도교는 페르시아 문화가 많이 결합되어 있는 것을 엿볼 수 있기 때문입니다. 대표적인 예로서 페르시아의 연금술이 도교에서 연단술로 변형된 것이나, 도교의 우화등선은 페르시아 지역에서 발견되는 날개 달린 신의 모습에서 차용한 것으로 추정됩니다. 또한 『삼국유사』에서 선도성모가 중국에서 신선술을 익히고 한반도로 건너왔다는 기록과 제가 선도성모의 전신이 도교의 최고여신인 서왕모라고 주장하는 것은 이런 맥락들과 관련이 있는 것입니다.

그 밖에도 홍산 유물을 전문적으로 수집하는 이웃 블로거의 자료에는 안동 하회탈과 비슷한 가면과 상투를 한 인물상 등과 같이 다양한 유물들이 소개되어 있는데요. 각저총의 씨름 그림과 무용총의 수박희 그림에도 상투를 한 인물이 등장하며, 2014년 10월 27일자 〈KBS 뉴스〉에서는 가장 오래된 한국인 얼굴의 원형이라면서 부여 금동 가면을 소개한 적이 있습니다. 그런데 이 금동 가면의 얼굴 역시 상투를 하고 있는데, 간다라 미술의 부처상에도 나타나는 상투(top knots)의 기원은 인도-이란인 또는 원原-인도-유럽인인 아리안계에서 비롯되었다고 합니다. 이 모든 것이 홍산 문명을 만든 주체가 바로 한반도의 고대 역사를 써내려간 주체와 동일한 아리안계 월지족임을 밝혀주는 증거가 되는 것이죠.

『이솝우화』에는 뼈를 물고 다리를 건너다가 물에 비친 자신의 모습을 보고 그것마저 가지려는 욕심으로 짖는 바람에 원래 물고 있던 뼈마저 물에 빠뜨리는 욕심 많은 개의 이야기가 나옵니다. 마찬가지로 원래 세계 4대 문명에 속하던 황하 문명에 만족하지 못하고 잘못된 시대 편년의 결과에 의하여 기원전 6천 년 전으로 거슬러 올라간다는 홍산 문명을 비롯한 요하 문명권을 새로이 중국 문명의 뿌리로 삼으려는 중국 학자들은 『이솝우화』에 나오는 욕심 많은 개와 마찬가지로 계속 욕심을 부리다가는 '요하 문명'은 말할 것도 없이 원래 그들이 자랑으로 내세우던 '황하 문명'의 가치마저도 잃게 되는 어리석음을 범하게 될 것입니다.

사실 앙소 문화·대문구 문화 등과 같이 지금까지 발견된 소위 황하 문명 유적지와 사천 지역의 삼성퇴 유적지라는 것들도 그곳에서 출토되는 유물들의 특징을 살펴보면 월지족들의 흔적으로 보이는데, 이 부분에 대해서는 기회가 되면 자세히 밝히도록 하겠습니다. 이렇듯 깊게 파고들면 그동안 중국이 자랑했던 황하 문명이라는 것도 남아서 전해지는 실체는 아무 것도 없을 수 있으니, 중국 역사학자들은 요하 문명에 욕심낼 생각 말고 자기 앞가림이나 잘하라고 당부하고 싶군요.

홍산 문명의 정체에 이어서 지금부터는 명도전의 정체에 대해서 살펴보도록 하겠습니다. 어찌저찌 학문의 길에 발을 담근 후 비록 지금까지 공부를 계속해오고 있지만, 돌이켜보면 가장 열심히 치열하게 공부했던 시기는 대학원 석사 무렵이었던 것으로 생각됩니다. 당시 저는 매 학기 5과목(각 과목당 4시간 2학점)을 이수해야 했습니다. 그런 까닭에 월요일부터 금요일까지 한 과목씩 배치되어 있는 전공 수업에 허덕이다가 수업이 끝난 금요일 오후 무렵에야 겨우 정신을 차리고 토요일까지(일요일부터는 다음 주 수업 준비로 다시 정신이 없었으므로) 운동장이 내려다보이는 대학원 2층 열람실 창가 좌석에 앉아 전공과목 외의 이런저런 책들을 읽으면서 스트레스를 풀고는 했습니다.

그리고 그 무렵 읽었던 책 중의 하나가 바로 홍콩의 무협소설가 김용의 『소오강호』였습니다. 이 책을 읽게 된 계기가 정확히는 기억나지 않지만 같은 제목의 홍콩 영화가 대학원 재학 중인 1990년 8월에 국내에 개봉된 것으로 보아 아마도 영화를 먼저 본 후에 원작이 궁금해서 소설을 읽게 된 것 같군요. 김용의 무협소설『소오강호』라는 제목이 낯선 분들의 경우도 연령대가 40대 후반 이상인 경우, 아마 1992년도에 개봉된 〈동방불패〉라는 홍콩 영화는 기억이 나실 것입니다. 주인공이었던 이연걸 보다는 오히려 임청하의 중성적인 매력이 훨씬 두드러졌었죠. 그리고 이런 이유로 인해 이듬해에 나온 〈동방불패 2탄〉은 아예 임청하를 주인공으로 해서 만들어졌었습니다.

명도전의 정체를 밝히려고 하면서 뜬금없이 김용의『소오강호』와 임청하의 〈동방불패〉를 언급하는 것은 이 소설과 영화에서 명도전에 대한 주요 단서가 등장하기 때문입니다. 즉, 이 소설에서 임청하가 맡은 역인 동방불

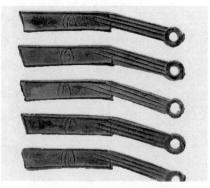

〈그림 20-5〉 평북 위원군 용연동 명도전

패가 몸담고 있는 문파가 바로 '일월신교日月神敎'였습니다. 그리고 이 '일월신교'는 역시 김용의『의천도룡기』에서는 '명교明敎'라는 이름으로 등장하게 되는데, 소설에서 등장하는 '일월신교'나 '명교'는 둘 다 '조로아스터교'를 의미합니다. 그리고『의천도룡기』에 등장하는 명교 교도 주원장은 나중에 나라를 세운 후에 국호를 '明'이라고 짓는데, 이것은 각종 자료를 찾아보면 그가 명교 교도의 힘을 빌어서 나라를 수립했기 때문이라는 것이 거의 정설인 것 같습니다.

그렇다면 명도전의 정체는 과연 무엇일까요? 성삼제가 2001년 일본의 역사 교과서 왜곡 사건이 발생했을 때, 정부가 구성한 〈일본역사교과서왜곡대책반〉 실무반장을 맡아 작업하면서 고조선 역사 왜곡에 대한 단상을 기록한 책 『고조선 사라진 역사』 중 〈명도전은 고조선 화폐가 아닐까〉라는 제목의 장에서는 다음과 같은 내용으로 시작하고 있습니다.

> "'명도전은 고대 연나라의 화폐다.' 이 명제는 참일까, 거짓일까.
>
> '명도전은 전국 시대 때 연나라(기원전 323~222년)에서 만들어진 청동제 화폐로서, 손칼 모양의 납작한 표면에 명明 자 비슷한 문양이 양주陽鑄되어 있어 이런 이름이 붙었다.(송호정 《한국 고대사 속의 고조선사》)'
>
> 이것이 우리가 알고 있는 명도전에 대한 정설이다. 2005년도에 발행된 고등학교 국사 교과서에도 명도전 사진 밑에 '명도전. 중국 춘추전국 시대에 연나라, 제나라에서 사용한 청동화폐'라는 설명이 달려 있다."

전작의 출판 도중에 읽기 시작하였던 김상태의 『엉터리 사학자 가짜 고대사』에서 언급한 성삼제의 책에 흥미를 느껴 인터넷에서 목차를 확인하다가 당시 거주하던 경주시립도서관에서 빌려온 것은 다름 아닌 6장의 제목인 〈명도전은 고조선의 화폐가 아닐까〉 때문이었습니다. 제 블로그에서도 밝혔다시피 저는 '선도성모 집단(월지족)의 한반도' 이주와 관련한 3부작 총 48장 전체 목차를 1부 집필을 시작하면서 이미 작성해둔 상태였는데, 그중에 2권의 제6장 제목이 바로 〈화랑도의 기원 연부인燕夫人과 명도전의 정체〉였습니다.

즉, 저 역시 명도전을 선도성모 집단과 관련이 있다고 생각했으며, '선도성모 집단의 한반도 이주기'가 바로 고조선의 단군 신화였다는 것을 전작 에필로그 부분에서 넌지시 밝힌 바 있습니다. 따라서 저와 같은 생각을 한 성삼제의 책에서는 과연 무엇을 단서로 명도전이 고조선과 관련이 있음을 밝혀냈는지가 궁금했기 때문에 이 책을 빌려 보게 된 것이었습니다. 그리고 읽어 본 결과 성삼제가 명도전과 고조선을 연결시킨 가장 큰 단서는 바로 '명도전의 출토 지역과 고조선의 강역이 겹친다'는 것이었습니다.

반면에 제가 명도전을 선도성모 집단과 관련시키는 가장 큰 이유는 바로 선도성모 집단이 조로아스터교를 믿었다는 사실과 이러한 조로아스터교를 대변하는 것이 바로 '해와 달', 합치면 '(光)明'자이기 때문입니다. 그리고 이것은 전작에서 대문구 문화 토기에 등장하는 해, 달, 불꽃 무늬와 몽골의 국기에 등장하는 소욤보 무늬가 선도성모 집단의 조로아스터교 영향을 받았기 때문으로 추정하고 있는 것과 밀접한 관련이 있습니다.

그 밖에 명도전이 선도성모 집단과 관련이 있을 것이라는 추측의 근거로는 요동 지역과 한반도 서북부 지역에서 명도전과 함께 출토되는 오수전과 반량전 등이 한나라에서 사용되던 화폐라는 사실을 들 수 있습니다. 만약 명도전이 지금까지 학자들이 추정하듯이 춘추전국 시대에 사용되었던 연나라 화폐라면, 당시에 혹시 오늘날처럼 고화폐 수집의 취미가 있지 않는 다음에야 한나라 시절에는 전혀 쓸모도 없는 엄청난 양의 고물을 지니고 다녔을 이유가 없습니다.

즉, 춘추전국 시대를 통일한 진시황이 한 업적 중 하나가 나라마다 달랐던 문자, 화폐, 도량형을 하나로 통일시킨 것이었습니다. 전국 시대에는 각국의 문자와 화폐, 도량형이 제각기 달랐습니다. 제나라와 연나라에서는 도폐刀幣를 발행했고, 조나라, 위나라, 한나라에서는 삽 모양의 지폐가 통용되었으며, 진나라와 동주에서는 사각형의 구멍이 뚫린 원형 동전이 유통되었으나 초나라에서는 조개 화폐가 사용되었습니다.

그래서 진시황은 전국적으로 사각형의 구멍이 뚫린 원형 동전을 발행해 사용하도록 하고, 거북이 등껍데기, 조개, 옥 등으로 만든 6국 각자의 화폐는 사용하지 못하도록 명령했습니다. 전국적으로 통일해서 금과 동으로 만든 원형 화폐를 사용하도록 했는데, 그중 금으로 만든 화폐는 상폐, 동으로 만든 화폐는 하폐였습니다. 그리고 이런 동전들은 2천여 년이 지난 청나라 때까지도 사용되었습니다. 따라서 명도전이 연나라 화폐였다면 진시황 이후에는 화폐로서의 기능을 상실하고 고물 취급을 받았을 것이므로 명도전을 가지고 다녔을 이유가 없는 것이었죠.

그런 까닭에 명도전은 연나라 화폐가 아니라 선도성모 집단이 전국 시절 연나라 지역이었던 북경과 요동 반도 인근에서 머무를 때 만들어서 사용하던 화폐였으며, 이러한 사실은 선도성모 집단이 한반도에 건너오기 전에 이미 요동 반도 인근 지역에서 자체적으로 화폐를 만들어서 사용할 정도의 국가(지금의 우리들이 고조선이라고 칭하는)를 형성했다는 의미가 되는 것입니다. 다만 당시 선도성모 집단이 거주하던, 연나라 지역에서 사용하던 도폐의 모양은 그대로 이어받아서 칼 모양의 명도전을 만든 것으로 추정됩니다.

이 강의를 진행하면서 문득 떠오른 생각이 기존의 고물 취급을 받던 연나라 도폐에다 선도성모 집단이 '明'자를 새겨서 화폐로 이용했을 수도 있겠다는 것입니다. 일종의 폐품 재활용에 해당하는 것인데요. 아마도 오늘날의 과학 기술이라면 도폐의 제조시기와 글자를 새긴 시기가 동일한지 여부를 충분히 파악할 수 있을 것 같군요. 따라서 이 부분을 조사해볼 가치가 있겠다는 생각이 듭니다.

또한『화랑세기』에는 화랑의 기원인 원화 제도가 연부인燕夫人으로부터 비롯되었다고 기록되어 있습니다. 그런데 저는 이 기록에서 나타나는 연부인이 바로 선도성모일 것이라고 확신하고 있습니다. 그리고『화랑세기』에서 선도성모를 연부인이라고 부른 까닭은 바로 선도성모 집단이 한반도로 이주하기 전에 지금의 북경 주변과 요동 반도에 해당하는 연나라 지역에서 거주했기 때문인 것이죠.

즉, 최근까지도 우리는 결혼한 여성을 출신 지역에다 '댁'이라는 말을 붙인 택호宅號를 사용해왔는데, 선도성모를 연부인이라고 부른 것 역시 그녀가 지금 현재 북경과 요동 반도를 포함하는 과거 연나라 지역으로부터 왔다는 것을 나타내는 것이었습니다. 그리고 이러한 사실은 현대인의 시각에서는 이해가 되지 않아서 위서僞書 논란에 시달렸던『화랑세기』가 역사적 진실을 기록한 책이라는 것을 증명해줍니다.

『화랑세기』의 위서 논란에 대한 내용들을 살펴보니 현대인의 생각으로는 이해가 안 되는 풍습들이 기록되어 있어서 말도 안 되는 엉터리 책이라고 비난받고 있던데, 제 생각엔 현대인으로서는 이해가 안 되는 풍습이 기록되어 있다는 사실 자체가 오히려 이 책이 진짜인 것을 반증해주는 것이라고 생각되더군요. 천 몇 백 년 전의 풍습이 오늘날과 같다면 그것은 현대사나 다름없는 것이지 무슨 고대사가 되겠습니까? 그런 풍습을 이상하다고 따지는 학자의 정신 상태가 오히려 이상한 것이죠.

21강
고인돌과 스톤헨지의 비밀

    원래 오늘은 중국 학자들이 주장하는 동북공정론의 허구에 대해서 강의하려고 했더랬습니다. 그런데 이웃 블로거께서 알려주신 너무나 반가운 뉴스를 접하고서는 순서를 달리하여 지금까지 미뤄왔던 고인돌의 정체와 스톤헨지의 비밀에 대해서 먼저 다루려고 합니다. 반가운 소식이란 게 뭐냐면요, 어제 일자(2021. 2. 8.) 서울신문 인터넷뉴스에서 소위 신석기 시대의 유적지라는 스톤헨지 유적지에서 청동기와 철기 유적이 발견되었다는 소식이 전해진 것입니다. 먼저 만세 삼창부터 한 뒤에 강의를 진행하도록 하겠습니다.

    만세! 만세! 만세!

    그동안 제 고대사 이론이 엉터리라고 얼마나 핍박과 설움을 받았는지 독자 여러분들은 상상도 못 하실 것입니다. 저는 지금까지의 강의에서 영국에서 발견된 스톤헨지 역시 월지족의 고인돌 루트상에서 존재하는 유적이며, 이것을 신석기 시대 유적이라고 판단한 것은 탄소

21강 고인돌과 스톤헨지의 비밀　237

연대측정법의 오류 때문에 생긴 착오라고 전작에서부터 여러 번 말씀드렸습니다. 그리고 "전작에서 소개한 바와 같이 아메리카 지역에서 다시 대서양을 지나 먼저 아일랜드 풀나브론 지역에 고인돌을 세운 뒤에 다시 잉글랜드로 건너가서 만든 것이 바로 스톤헨지 유적이며, 이곳에서 다시 프랑스 카르낙 지역으로 건너간 것"이라고 이전 강의에서 말씀드린 적이 있습니다.

그런데 전작을 출간하고 난 뒤 예전에도 한 번 언급했던 모 역사카페의 회원이 저의 이런 주장에 대해 "역사전문 출판사인 모 출판사 이름을 보고 누구 책을 사서 읽었는데, 황당한 주장을 해서 돈이 아까웠다"라는 감상문을 올렸더군요. 게다가 그 감상문에 달린 댓글들도 하나같이 저자 이름을 보고 사야지 아무 책이나 사면 안 된다고 맞장구를 쳤더라구요. 그것을 본 제 심정이 어떠했겠습니까?

속에서 천불이 나더군요. 사실 그 역사카페는 제 책이 출간되기 전에 가입해서 미리 원고 내용을 소개했던 곳이었습니다. 그랬더니 속된 말로 '개떼같이' 덤벼들어서 제 이론이 말이 안 되는 소리라고 물고 뜯더라구요. 그중에 압권은 당시 어느 고등학생이 자기 딴에는 세계사 책 몇 권 읽었답시고 제 이론이 말이 안 된다고 비난하는 것이었습니다. 완전 어이상실이었죠. 그래서 그 카페에 올렸던 모든 글을 지우고 탈퇴했던 씁쓸한 기억이 있던 곳이었습니다.

그런데 불과 몇 년 후인 어제 제 이론에 대한 증거가 나타난 것이었습니다. 사실 전 이렇게 빨리 제 이론을 지지하는 증거가 나올 줄 몰랐습니다. 다만 인공지능이 아주 발달해서 전 세계에 퍼져 있는 고대사와 관련된 '빅 데이터'를 종합하면 제 이론을 지지하는 증거가 나타날 수 있지 않을까라는 일말의 희망을 가졌을 뿐이었습니다. 그런데 어제 뉴스에서 스톤헨지에 대한 제 주장을 뒷받침하는 증거가 떡하니 나타난 것이었으니 어찌 제가 만세 삼창을 부르지 않을 수가 있겠습니까? 그야말로 '광복으로 인하여 핍박과 설움에서 벗어난 우리 민족의 희열'을 맛본 것이었습니다.

기쁨이 지나쳐서 사설이 다소 길었군요. 그럼 지금부터 고인돌의 정체에 대해서 먼저 살펴보고 그와 관련하여 스톤헨지에 대해서 지난 책에서 소개했던 내용과 그 후 추가로 연구해서 밝힌 내용들을 이 강의에서 소개하겠습니다.

전 세계적으로 분포되어 있는 거석기념물인 고인돌은 한자로 지석묘라고 합니다. 즉, 고임돌(지석支石)로 큰 덮개돌(개석蓋石)을 받쳤다고 하여 붙인 이름으로서 영어로는 Dolmen이라고 합니다. 고인돌에 대한 기존 학자들의 이론들은 대부분 엉터리이기 때문에 전작에서 소개했던 기존 이론에 대한 자세한 내용은 다 생략하고 고인돌의 정체에 대한 본론으로 바로 들어가도록 하겠습니다.

예전 강의에서 박혁거세의 죽음과 관련된 조로아스터교의 조장 풍습에 대해서 언급한 바 있습니다. 그리고 지금도 조장 풍습이 있는 티베트에서는 시체를 '천장대'라는 바위 위에 올려놓고 사지를 절단한다고 했으며, 이란에서는 조장을 한 후에 뼈를 추려서 옹관에 보관한다고 했습니다. 그리고 고인돌과 옹관은 세트로 나타나는 일종의 공반 유물(供伴遺物; 유적지에서 함께 출토된 유물)입니다.

결국 우리가 이제껏 선사 시대의 무덤이라고 알아왔던 고인돌은 바로 이 천장대였던 것입니다. 중국의 백운상은 고인돌의 용도에 대해

가능성이 높은 것으로 시신을 안치하는 방 혹은 화장의 장소로 보는 견해를 제시하였고, 우리나라 연구자 중 일부도 고인돌에서 부장품이 나오지 않는 경우가 많아 이 고인돌이 그 자체로 무덤이 아니라 세골장(洗骨葬; 장사를 지내고 일정 기간 뒤에 시신을 다시 옮겨 묻는 일)을 위한 용도일 가능성에 대해 언급한 바 있더군요. 그들의 생각대로 고인돌은 세골장을 위해 시체를 올려놓은 바위였던 것이며, 그 후에 옹관에다 유골을 수습하여 묻었던 것입니다.

지금부터는 고인돌이 조장을 위한 천장대라는 제 주장에 대한 구체적인 근거를 제시하겠습니다. 저는 처음에 천장대가 '침묵의 탑'이라고 불린다는데 착안해서, 절에서 흔히 볼 수 있는 '탑'이 천장대일 가능성에 대해 생각해봤었습니다. 하지만 곧 머리를 가로젓고 말았는데, 그 이유는 아무리 생각해봐도 뾰족하게 생긴 탑 위에 시체를 올려두기는 불가능했기 때문이었죠. 그 후 오랜 연구 끝에 결국은 천장대의 정체를 밝혀내게 되었는데, 그것이 바로 전 세계에서 한국에 가장 많이 분포하고 있는 고인돌이었던 것입니다.

〈그림 21-1〉 티베트 천장대

그리고 고인돌에 대하여 제가 이러한 확신을 가지게 된 근거는 인터넷에서 천장대 자료를 찾다가 이웃 블로거가 된 분의 블로그에서 발견한 〈그림 21-1〉과 같이 1900년대 초에 티베트에 있는 천장대를 찍은 사진이었습니다. 그리고 이 사진의 소재가 미국 위스콘신 대학교 밀워키 캠퍼스의 디지털 도서관인 것을 찾을 수 있었는데, 이 사진에 나타난 천장대는 개석식 고인돌과 동일함을 알 수 있습니다.

〈그림 21-2〉 풀나브론 고인돌

그리고 〈그림 21-2〉는 제가 2012년에 들른 아일랜드 풀나브론 지역의 고인돌 사진인데, 탁자식 고인돌과 함께 티베트의 천장대와 꼭 닮은 개석식 고인돌을 볼 수 있습니다.

원래 이란에는 '침묵의 탑'이라고 불리는, 조장을 위하여 벽돌로 지어진 공공 장례 건축물이 있었습니다. 이러한 형태의 침묵의 탑은 7~8세기 무렵 페르시아가 아랍에 의해 정복된 후, 이슬람교도의 종교 박해를 피해 인도로 이주한 조로아스터교도의 후예인 파시교도에 의해 인도에 전파되었는데, 〈그림 21-3〉은 침묵의 탑의 구조도입니다.

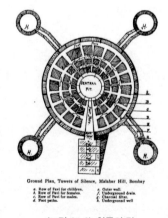

Ground Plan, Towers of Silence, Malabar Hill, Bombay
a. Row of Pavi for children.
b. Row of Pavi for females.
c. Row of Pavi for males.
d. Foot paths.
e. Outer wall.
f. Underground drain.
g. Charcoal filter.
h. Underground well

〈그림 21-3〉 침묵의 탑

파시교도의 본거지인 인도 뭄바이 지역에 있는 침묵의 탑 구조를 살펴보면 가운데에 구멍이 뚫려 있고, 가운데에 위치한 구멍과 외부 벽 사이에 세 개의 동심원 형태를 갖추고 있습니다. 그리고 이 세 개의 동심원은 안쪽으로부터 차례로 어린이, 여자, 그리고 남자 시체를 눕히는 데 사용되었다는군요. 그리고 조장이 끝난 잔해는 가운데에 있는 구멍으로 쓸어내는데, 이 구멍 아래는 지하수를 통하여 아라비아해로 연결되어 있다고 합니다.

또한 월지족들이 거주하던 남부 시베리아 알타이 지역에 있는 아파나시에보 문화 유적인 돌무지의 경우도 바깥으로 크게 돌들이 원 모양을 형성하고 있고 그 내부로도 작은 돌들이 원형 비슷한 형태를 이루고 있음을 알 수 있습니다. 즉, 침묵의 탑 구조인 세 개의 동심원 구조와 비슷한 것을 알 수 있죠. 그리고 북아일랜드 출신 고고학자 멜로이 교수는 앞에서 소개한 돌로 둘러싼 아파나시에보 매장 방식과 비교된다면서 타림 분지에 위치한 동심원 유적을 소개한 바 있는데, 이곳은 월지족으로 추정되는 '누란의 미녀' 미라가 발견된 곳이었습니다. 그런데 이 동심원 유적의 형태는 나무 말뚝을 지면에서 수십 cm 높이로 몇 겹으로 둥글게 박아놓은 형태입니다.

이런 내용들을 종합해보면 고인돌은 원래 조로아스터교를 믿는 고대 페르시아 출신인 월지족이 '침묵의 탑'을 대신하기 위해 파지리크 지역에서 사용한 장례 공간임을 알 수 있습니다. 그리고 이러한 고인돌은 서역에서는 돌을 구하기 힘들어 나무로 대신했다가 이들의 중국 내의 이동 경로에 따라 중국 동북부 지역-한반도-일본-동남아시아, 그리고 머나먼 바다를 건너서 아메리카 대륙과 유럽 지역에 차례로 등장하게 된 것이죠. 물론 고인돌 루트에 대한 강의에서 말씀드린 것처럼 일본에서는 두 갈래로 갈라져서 북쪽으로는 캄차카 반도와 알래스카를 거쳐 북미로 전파된 것이었구요.

〈그림 21-4〉는 미국 뉴욕주 노스 살렘 마을에 있는 바둑 판식 고인돌입니다. 아메리카 대륙에 있는 고인돌은 별로 들은 기억이 없지만 월지족 들의 이동 경로상으로 보면 아메리카 대륙에도 반드시

〈그림 21-4〉 노스 살렘 고인돌

존재해야 하기 때문에, 그것을 확인해보기 위해서 구글에서 검색해 서 찾은 것입니다.

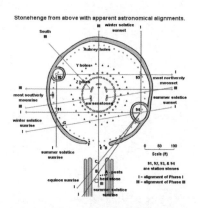

〈그림 21-5〉 천문학적 정렬로 배치된 스톤헨지

그 이름이 색슨어의 Stanhengest 즉, '매달린 돌'에서 유래한 〈그림 21-5〉 스톤헨지의 구조를 살펴보면 직경이 141m나 되는 원을 바깥 테두리로 하는 삼중의 원형 구조로 이루어져 있으며, 그 중앙부에는

이중의 원형 위에 입석이 배치되어 있습니다. 이러한 삼중의 원형 구조는 바로 앞에서 우리가 살펴보았던 '침묵의 탑'의 구조와 일치하는 것을 알 수 있습니다. 그리고 지름이 약 32m에 달하는 바깥의 원은 본래 30개(현재 16개)의 입석 위에 대들보가 올려져 있습니다.

그리고 내부에도 두 개의 돌기둥 위에 돌이 얹혀 있는 데, 사진을 통해서 파악하기 때문에 정확히 알 수는 없지만 제게는 일종의 탁자식 고인돌 형태처럼 느껴지더군요. 그리고 하지의 일출 방향으로는 우리나라에서도 고인돌과 함께 흔히 볼 수 있는 선돌이 서있습니다.

또한 〈그림 21-5〉에서 알 수 있듯이 스톤헨지의 구조는 동지(winter solstice)와 하지(summer solstice), 그리고 분점(equinox; 춘분과 추분)의 일출과 일몰 방향에 맞춰 있습니다. 스톤헨지가 만약 지금까지 학자들의 주장처럼 신석기 시대에 만들어진 것이라면 신석기 시대에 이미 천문학이 발달해서 춘분·하지·추분·동지의 일출과 일몰을 염두에 두고 이 구조물을 만들었다는 것이 되는군요. 하지만 지금쯤은 독자 여러분들도 확신하시겠지만 이 구조물은 신석기 시대와는 전혀 관계가 없습니다. 앞에서 조로아스터교에서는 계절별로 다양한 축제를 여는데, 그 시기가 바로 춘분과 추분, 그리고 하지와 동지라고 이미 말씀드린 바 있습니다.

따라서 스톤헨지가 그런 절기에 맞춰서 구조물이 세워진 것은 이것이 신석기 시대인들이 만든 것이 아니라 조로아스터교를 믿던 월지족들이 만든 것이기 때문이었습니다. 그런데 그 증거로서 스톤헨지 유적지 인근에서 도로 공사를 위한 유적 발굴 작업에서 청동기와 철기 시대의 유물이 나온 것이었으니 그 뉴스를 보고 제가 어찌 흥분하지 않을 수 있겠습니까! 같은 맥락으로 〈그림 21-6〉 아일랜드의 뉴그란지 석실 무덤과 스코틀랜드의 매스 하우 석실 무덤이 동지 일출선에 맞춰 배열된 것 역시 스톤헨지의 구조와 마찬가지로 파악할 수 있습니다. 무덤들의 형태가 무척이나 낮이 익죠!

〈그림 21-6〉 뉴그란지 무덤(좌)과 매스 하우 무덤(우)

2005년도의 경우 2만 명의 방문객들이 하지에 몰려온 것과 같이 스톤헨지가 하지에 인기 있는 관광 행선지가 되어 왔음에도 불구하고 최근 많은 학자들은 선사 시대의 사람들은 이곳을 동지에 방문했을 것이라는 증거들을 발굴해내고 있습니다. 방금 언급한 아일랜드의 뉴그란지나 스코틀랜드의 매스 하우가 동지 일출선에 맞춰 배열되어 있다는 사실 외에도 최근의 증거로는 스톤헨지 내의 듀링턴 벽 부근에서 발견된 돼지의 뼈와 이빨들을 분석한 결과 이 돼지들이 매년 12월 또는 1월경에 도축되었다는 사실이 그것입니다.

따라서 스톤헨지의 구조가 동지 일출선과 하지 일출선 모두에 의미를 부여하기 위해 만들어졌다면 그것은 다음과 같은 이유 때문인 것으로 생각해볼 수 있겠습니다. 즉, 낮의 길이가 가장 짧은 동지 일출선의 경우는 미트라의 죽음과 부활을, 반대로 낮의 길이가 가장 긴 하지 일출선의 경우는 미트라의 융성을 찬미하기 위하여 스톤헨지의 구조를 그런 식으로 배치한 것으로 추측할 수 있는 것이죠.

그러면 지금부터 스톤헨지의 구조를 좀 더 자세히 파악하기 위해 독자 여러분들은 〈그림 21-5〉를 다시 한번 살펴보시기 바랍니다. 스톤헨지의 기본 구조가 조로아스터교인의 장례에 사용되는 침묵의 탑과 같이 세 개의 동심원 구조를 가지고 있음은 이미 앞에서 언급한 바가 있습니다. 그런데 세 개의 동심원 밖에 또 하나의 원이 있는데 이것은 둥글게 파진 호(환호環濠), 즉 해자입니다.

저는 전작에서 이미 황석리인 유골이 발견된 유적이 남한강의 물줄기에 의해 해자처럼 둘러싸여 있고, 경주의 반월성 역시 남천과 성 내부의 해자에 의해 둘러싸여 있음을 언급한 바가 있습니다. 그리고 지난 강의에서 요하문명권 홍륭와 문화의 유적지에서도 마을 주위가 마치 해자처럼 도랑으로 에워싸여 있었으며 여기서 빗살무늬토기

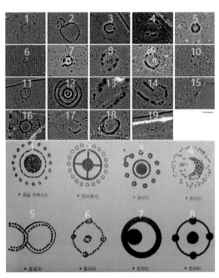

와 옥기가 발견되었다고 했습니다. 그런데 이러한 특징이 스톤헨지에서도 동일하게 나타나고 있는 것입니다.

다음으로 〈그림 21-7~8〉을 살펴보도록 하겠습니다. 〈그림 21-7〉은 첨단 레이더 스캔 기술을 이용하여 발견한 스톤헨지 주변의 땅 속에 남아 있는

〈그림 21-7~8〉 스톤헨지 지하 유적지(위)와 꼐렉수르(아래)

유적지들입니다. 그리고 〈그림 21-8〉은 알타이 지역과 그 부근에서 발견된 께렉수르라고 하는 돌무지 유적들 중 일부 형태인데, 께렉수르 주변에서 발굴된 유골들은 모두 유럽인종에 속한다고 합니다.

잠시 독자 여러분들은 〈그림 21-7~8)에서 비슷한 그림들을 찾아보시기 바랍니다. 얼핏 봐도 스톤헨지 지하 유적지 12번과 께렉수르 1, 2, 3번이 세 개의 동심원으로 이루어져서 비슷한 것을 알 수 있습니다. 그리고 스톤헨지의 14번과 께렉수르의 5번이 원형과 U자 형태의 결합으로 이루어져 있음을 알 수 있습니다. 결국 선도성모 집단인 월지족들이 알타이 파지리크와 그 인근 지역에서 거주하면서 남겼던 세 개의 동심원 구조의 께렉수르가 영국의 스톤헨지 구조물에서 다시 등장하고 있는 것입니다.

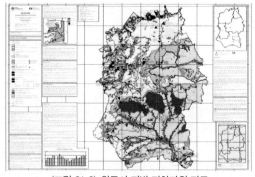

〈그림 21-9〉 윌트셔 지방 지하자원 지도

마지막으로 스톤헨지를 월지족들이 만든 증거가 있습니다. 예전 강의에서 월지족들이 특정 지역을 거주지로 정하는 이유가 있다고 했는데, 혹시 독자 여러분들은 그 이유를 기억하고 계시는지요? 그것은 바로 그들이 필요로 하는 광물, 즉 지하자원을 채취하기 위함이었습니다.

　그런데 제가 몇 년 전 스톤헨지가 있는 윌트셔 지방의 지하자원에 대해 조사해본 결과 〈그림 21-9〉와 같은 다양한 자원이 이 지방에 분포하고 있는 사실을 발견했습니다. 결국 스톤헨지가 신석기인들이 아닌 월지족들이 만든 구조물이라는 모든 증거들이 이보다 더 잘 맞을 수 없을 정도로 딱딱 맞아 떨어졌던 것입니다.

광개토대왕릉비 주몽 설화의 의미와
두 시기의 삼한 시대

오늘부터는 고고학편을 다루느라 잠시 미루어 두었던 고대사편을 이어서 강의하도록 하겠습니다. 앞에서 소개한 광개토대왕릉 비문에는 주몽이 부여를 떠나 큰 강을 만나 갈대를 엮고 거북이를 띄워서 강을 건너는 내용이 나옵니다. 지금부터는 이러한 설화가 의미하는 바가 무엇인지 알아보기로 하겠습니다. 또한 『삼국사기』〈신라 본기〉에 등장하는 왜의 정체가 연오랑·세오녀 설화가 있기 전과 후가 서로 다르듯이 고대 한반도에 존재했던 삼한三韓 역시도 서로 다른 두 시기의 삼한이 존재하는데, 이것에 대해서도 살펴보겠습니다.

두 시기의 삼한 관련 내용은 나중에 강의할 내용인 신채호 선생이 "혹자는 신라가 지나족의 일부라고 하나, 그러나 실제에 근거하여 미루어 볼 때, 신라가 가진 것 중에 지나족의 취미와 서로 같은 것이 무엇 한 가지라도 있는가? 그러므로 진한辰韓 6부가 진한秦漢의 유민이라고 하는 말은 고사古史에서 억측하여 단정한 말일 뿐이고, 설령 혹 몇 명의 진한 유민들이 이곳으로 물러나왔을지라도 그 전부를 지배한 것은 여전히 부여족이었음은 의심의 여지가 없다."라고 『독사신론』

에서 언급한 내용과도 관련 있습니다.

페르시아 전쟁은 고대 그리스의 도시국가 연합과 페르시아 제국이 격돌한 전쟁을 말하는데, 그 시기는 학자에 따라 다르게 분류되지만 『두산백과』에서는 기원전 492년에 시작해 기원전 448년까지 이어진 것으로 기록하고 있습니다. 기원전 492년에서 490년까지 이루어진 제 1차 페르시아 침공에서는 아티카 동쪽 마라톤 평야에 상륙한 페르시아와 아테네의 전투에서 수적인 열세에도 불구하고 아테네가 승리하였고, 이 승전보를 알리기 위해 아테네로 달려간 한 병사의 전설이 오늘날 마라톤이라는 육상 종목의 기원이 되었습니다.

그 후 기원전 480년에 페르시아 제국의 4대 왕 크세르 크세스 1세가 친히 이끈 페르시아의 대군이 2차 그리스 원정에 나섭니다. 크세르 크세스는 헬레스폰트 해협에서 이집트와 페니키아의 군함을 연결하여 두 개의 부교를 만들라고 명령하는데, 폭풍으로 유실되어 다시 지어야만 했습니다. 이에 화가 난 크세르 크세스는 담당 관리를 참수하고 헬레스폰트 해협을 벌하였는데, 족쇄를 바다에 던졌고 300대의 채찍질을 가했다고 전해집니다. 헬레스폰트 해협은 지금의 터키 서부 마르마라해와 지중해를 연결하는 해협으로서, 고대에는 '그리스의 문호'라는 뜻으로 헬레스폰투스 또는 헬레스폰트라고 하였습니다.

당시 그리스 연합군들은 페르시아의 공격에 대항하고자 테르모필레라는 지역을 이용한 군사작전을 세우는데, 이곳은 마케도니아 해안에 위치한 좁은 골짜기로 그리스로 가자면 꼭 통과해야 하는 지역이었으며 많은 군사들이 동시에 진격하는 것을 막을 수 있는 장소였습니다. 그리고 이곳에서의 전투를 영화화한 것이 제라드 버틀러 주연의 〈300〉이었습니다. 아무튼 페르시아의 2차 그리스 원정에서 부교가 처음으로 등장하게 되는데, 우리 고대사에도 이러한 부교로 짐작되는 설화가 전해져 내려오고 있습니다. 즉, 광개토대왕릉 비문에는 다음과 같은 내용이 기록되어 있습니다.

> "옛적 시조 추모왕鄒牟王이 나라를 세웠는데 (왕은) 북부여에서 태어났으며, 천제의 아들이었고 어머니는 하백(수신)의 따님이었다. … 길을 떠나 남쪽으로 내려가는데, 부여의 엄리대수를 거쳐가게 되었다. 왕이 나룻가에서 "나는 천제의 아들이며 하백의 따님을 어머니로 한 추모왕이다. 나를 위하여 갈대를 연결하고 거북이 무리를 짓게 하여라."라고 하였다. 말이 끝나자마자 곧 갈대가 연결되고 거북떼가 물 위로 떠올랐다. 그리하여 강물을 건너가서, 비류곡 홀본 서쪽 산상에 성을 쌓고 도읍을 세웠다."

광개토대왕릉 비문에 기록된 이러한 설화는 『삼국사기』와 『삼국유사』에도 '물고기와 자라가 다리를 만들었다'고 기록되어 있어서 전혀 근거 없는 사실은 아닌 것으로 판단됩니다. 다만 물고기와 자라가 스스로 떠올라 다리를 만들 수는 없기 때문에 부교를 만들어서 강을 건넜던 역사적 사실을 신화화한 것으로 생각되는데, 페르시아에 뿌리를 둔 월지족인 주몽은 부교를 만드는 법을 이미 알고 있었을 것이기 때문입니다. 연오랑·세오녀 설화에서 등장하는 돌로 만든 배(石舟)처럼 위의 주몽 설화도 단순히 〈전설 따라 삼천리〉와 같은 허황된 이야기가 아니라 이처럼 합리적으로 설명이 가능한 것입니다. 다만 그 누구도 이러한 설화들을 합리적으로 설명하려고 시도하지 않았을 뿐이었던 것이죠.

다음으로는 고대 한반도에 존재했던 두 시기의 삼한에 대해서 알아보겠습니다. 신라가 수립되기 전에 존재했던 진한辰韓 선주민의 연원에 대해서 다음과 같은 세 가지 서로 다른 주장이 전해지고 있습니다.

첫 번째는 『후한서』와 『삼국지』 〈위서동이전 한전〉의 기록으로, 여기에서는 "진한辰韓의 노인들이 말하기를 자신들은 진秦나라에서 망명한 사람들로서 노역을 피하여 한국(마한)에 오자 마한이 그들의 동쪽 지역을 분할하여 주었다"고 기록되어 있습니다.

두 번째는 고운 최치원 선생의 주장으로서, 진한은 원래 연燕나라 사람이 피난해 와 있던 곳이며, 그 때문에 연나라의 강 이름을 따서 그들이 사는 읍과 마을을 사돌, 점돌이라고 불렀다는 기록이 그것입니다.

세 번째는 『삼국사기』 〈신라 본기〉의 기록으로, 여기에서는 조선의 유민(遺民; 망하여 없어진 나라의 백성)이 산과 계곡에 나누어 살면서 6촌을 이루었다고 기록되어 있습니다.

'진한'이라는 국가의 형성 주체에 대해서 왜 이렇게 서로 다른 주장들이 존재하는 것이며, 과연 이러한 주장들 중 정확한 것은 어느 것일까요? 지금부터는 이렇게 서로 다른 주장이 나오게 된 이유와 그 진실에 대해 살펴보겠습니다

저는 처음에 월지족인 선도성모 집단이 파지리크에서 출발하여 중국 내륙을 거쳐 한반도에 도착한 후의 이동 경로를 대동강 지역에서 어느 정도 머물면서 그 주변을 탐색한 후에 서해안을 따라 내려오면서 내륙으로의 탐색 및 이동 과정을 반복하면서 남해안을 거쳐 경주

에까지 이르게 되었을 것이라고 생각했습니다. 왜냐하면 그러한 탐색 및 이동 경로가 나중에 소개할 월지족의 한반도 이주 목적인 불로초를 찾는 데 있어서 합리적인 의사결정인데다가 삼한 지역에 공통적으로 나타나는 선도성모 집단의 흔적들 때문이었습니다.

즉, 변진에는 큰 새의 날개를 사용하여 후장을 치루는 풍습이 있었는데, 이것은 이전 강의에서도 소개한 적이 있는 도교적인 풍습으로 판단됩니다. 사람이 신선이 되어 하늘로 오르는 것을 우화등선이라고 하는데, 이것은 날개가 생겨서 하늘로 오른다는 뜻입니다. 이와 관련하여 『논형』〈무형편〉에는 "선인의 형상을 그려보면 몸에 털이 나고, 어깨에는 날개가 났으며, 구름을 타고 다닌다. 그래서 수명이 길고 천 년 동안 죽지 않는다"라고 했습니다.

또한 선도성모 집단이 중국에서 생활했던 전한 시대 이후에 도교가 교단을 형성하여 흥성하고 신선사상이 더욱 성행했던 후한 시대의 사람들에게 있어서 최고 목표는 승선昇仙이었고 선인이 된 가장 강력한 증거가 바로 날개였습니다. 따라서 삼한 사람들의 장례에 새 날개를 부장한 것은 다름 아닌 사자가 승선하기를 바라는 기원이었던 것으로 생각됩니다.

그 밖에 제천행사로 행하는 단오를 수릿날이라고도 하는데, 여기서 '수리'라는 용어는 기존의 학자들이 파악하듯이 고高, 상上, 봉峰, 신神을 의미하는 고어가 아닙니다. '수리'는 경주 선도산의 예전 이름인 서수리산(이것을 한자로 표기하는 과정에서 서술산이 되고 선도성모를 서술성모라고도 부르게 됩니다)에서도 알 수 있듯이 다름 아닌 수리(매)를 의미하는 것입니다.

이때 수리는 선도성모의 일화에서 아버지의 편지를 전달해주는 솔개를 의미하며, 또한 서왕모 신화에서 서왕모에게 먹이를 물어다 주는 삼청조, 혹은 고구려 고분 벽화에도 등장하는 태양 속에 산다는 삼족오의 현신으로 파악해야 할 것입니다. 아나히타 여신의 이름을 설명할 때 독수리'라는 단어 역시 sûra라는 단어에서 파생되었을 것이라고 추정했듯이, 어쩌면 기존의 학자들 중 '수리'라는 단어를 '神'이라는 의미로 파악한 것은 나름 타당성이 있어 보입니다.

한편 『삼국지』〈위서 동이전 한전〉에는 마한에 대해 다음과 같이 기록하고 있습니다.

> "부락마다 우두머리가 있는데, 그중에 큰 자는 스스로 신지라고 하고 부르고 그 다음은 읍차라고 한다. 이들은 높은 산과 너른 바다 사이에 흩어져 살았으며 성곽이 없다. 여기에는 '백제국伯濟國', '고리국古離國', '월지국月支國' '비미국卑彌國' 등등 50여 나라가 있으며, 진왕辰王은 월지국을 다스린다. … 사는 집은 풀로 지붕을 이고 흙으로 방을 만들어 그 모양이 마치 무덤과 같으며, 입구는 위쪽에 있다. … 소나 말을 타고 다닐 줄은 모르고, 죽은 사람을 안장할 때만 사용했다. 구슬을 귀하게 여겨 옷에 꿰매어 장식하기도 하고, 목이나 귀에 달기도 하지만, 금은이나 비단 같은 것은 보배로 여기지 않는다. … 나라에 일이 발생하여 관의 명령으로 성곽을 쌓을 때는 젊은이들 가운데서도 용맹하고 씩씩한 자들은 모두 등의 가죽을 뚫고, 큰 밧줄로 그곳에 한 장쯤 되는 나무에 붙들어 매고 날마다 소리를 지르면서 기력을 단련시킨다."

여기서 소개된 마한은 월지족이 한반도에 이주한 이후, 즉 월지족에 의해 마한이 정복된 후의 생활상을 설명하고 있는데요.『삼국지』〈위서 동이전 한전〉에서 설명하고 있는 마한의 주거

〈그림 22-1〉 진주 대평리 움집

형태는 전작에서 언급한 바와 같이 서왕모 신화에서 설명된 수혈식 주거 형태이자 〈그림 22-1〉과 같이 한반도 내 여러 유적지에서 발견되는 움집을 설명하는 것입니다. 그리고 '등의 가죽을 뚫고, 큰 밧줄로 운운'하는 내용은 우리나라의 전통적인 운반 기구인 '지게'를 묘사한 내용으로 추측됩니다.

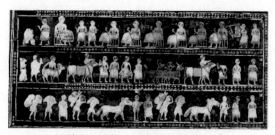

〈그림 22-2〉 메소포타미아 지게 그림 유물

이와 관련하여 〈그림 22-2〉의 메소포타미아 지역에서 발견된 깃발에는 지게 모양의 들 것을 지고 가는 그림이 그려져 있습니다. 그런데 지게를 사용하지 않았던 당시 중국인들 혹은 한반도 선주민들 눈에는 지게를 진 모습이 마치 등의 가죽을 뚫고 밧줄로 나무를 묶은 것처럼 보였던 것이죠. 진짜로 등가죽을 뚫고 밧줄로 나무를 매면 그 사람은 출혈 과다로 죽습니다.

한편 『삼국지』 〈위서 동이전 한전〉에는 다음과 같이 잘못 설명된 부분도 있습니다. 첫 번째는 마한을 설명하면서 처음에는 성곽이 없다고 하면서 뒤에서는 모순되게 관의 명령에 의해 성곽을 쌓을 때의 풍습을 묘사하고 있으며, 두 번째는 소나 말을 탈 줄 모르고 죽은 사람을 안장할 때 부장용으로 사용했다는 기록이 그것입니다. 성곽에 대한 부분은 아마도 진수가 삼한 지역에 월지족이 이주하기 전의 상황과 이주 후의 상황을 구분하지 못하고 잘못 설명한 것으로 판단됩니다. 또한 말을 부장하는 풍습을 보고 말을 탈 줄 모르는 것으로 판단한 것 같은데, 이것 역시 진수의 오해였습니다.

월지족이 말을 부장한 것은 삼한 지역에서 발견되는 문신의 풍습과도 관련이 있다고 생각되는데, 원래 문신의 기원은 종교적인 의미에서 나온 것으로 사후 세계에서 가족들을 식별하기 위한 종족 표지 기능으로 문신을 했다고 합니다. 즉, 문신은 영혼 불멸에 대한 믿음에서 나온 것인데, 말을 부장한 것도 사후에도 생활을 할 수 있도록 평소에 고인이 살아 있을 때 사용하던 말을 같이 부장했을 것으로 추측됩니다(저승길에 타고 가라고 말을 부장했다는 학설도 있습니다). 이와 관련하여 월지족이 거주하던 파지리크 고분에서도 문신을 한 유골 또는 미라와 부장된 말의 뼈가 많이 발견되고 있습니다.

고조선의 준왕이 위만에게 쫓겨 내려와 마한을 설립한 역사적 사실을 간과했던 저는 이렇게 삼한 지역에서 공통으로 나타나는 월지족의 흔적으로 인해 선도성모 집단이 당연히 대동강 유역에서 해안선을 따라 서해안을 돌아 남해안을 거쳐 가야와 신라 지역으로 이주하면서 중간 중간의 기착지에서 삼한을 형성한 것으로 처음에는 생각했습니다.

그래서 초기 철기 문화의 전파 경로가 대동강 유역에서 한강 유역을 거쳐 낙동강 유역으로 이르는 육로와 서해안과 남해안을 거쳐 동남부 지역으로 파급되는 해로가 있으며, 이 두 계열의 문화가 낙동강 하류 지역에서는 혼합되는 경향을 보인다는 자료를 보고도 단순히 불로초 탐색의 효율성을 위해 두 그룹으로 나누어 이동한 것으로만 생각했었습니다.

그런데 이러한 제 생각이 잘못된 것임을 깨달은 것은 연구 진행 도중 다시 한번 살펴본 『삼국사기』〈신라 본기〉 박혁거세 38년의 다음과 같은 기록을 읽고서였습니다.

> "38년 봄 2월에 호공을 보내어 마한을 빙문聘問하니, 마한 왕은 호공을 꾸짖으며 말하기를, '진辰·변卞 두 나라는 우리의 속국인데 근년에 조공을 바친 일이 없으니 사대의 예가 이럴 수 있소?'하였다. 대답하기를, '우리나라는 이성二聖(박혁거세와 알영부인)이 발흥함으로부터 인사가 닦여지고 천시도 화평하며 창고에는 곡식이 가득하고 백성들은 공경하고 사양하므로, 진한의 유민에서 변한·낙랑·왜인까지도 두려워하지 않는 자 없으나…?'하였다.
>
> (三十八年春二月遣瓠公聘於馬韓 馬韓王讓瓠公曰辰卞二韓爲我屬国比年不輸職貢事大之禮其若是乎對曰我國自二聖肇興人事修天時和倉庚充實人民敬讓自辰韓遺民以至卞韓樂浪倭人無不畏懷…)"

처음에 이 부분을 읽었을 때는 마한과 진한(신라)은 어차피 선도성모 집단(월지족)이라는 같은 뿌리에서 나왔는데, 왜 이럴까라는 의문을 잠시 가졌다가, 단순히 선도성모 집단 내 부족 간의 알력 관계 정도일 것으로만 생각하고 그냥 넘어갔었습니다. 즉, 저는 처음에는 마한도 월지족이 한반도 내에서 이동하는 도중에 세운 나라로 오판한 것이었습니다. 이러한 오판은 사실 선도성모 집단의 정체에 대한 연구를 하기 전에는 저도 우리 고대사에 대해 무지했기 때문이었습니다.

그런데 이 부분에 대한 기록을 다시 보면서 눈에 띈 것은 다름 아닌 '변한'을 지칭하는 '변'자가 '고깔 변弁'이 아니라 '성씨 변卞'이었던 것이었습니다. 저는 처음에 오타인 줄 알고 원문을 다시 확인해봤지만 원문에서도 마찬가지였습니다. 그래서 '변弁'과 '변卞'이 같이 쓰일 수 있는지 자전字典을 통해 확인해보니 우리나라 자전에는 '변卞'에도 '고깔'의 의미가 있는 것을 알았습니다.

그래도 미심쩍어 이번에는 중국 사이트(바이두)에 있는 자전에서 두 글자를 찾아보았습니다. 그 결과 우리나라 자전에는 '변卞'이란 글자에도 '고깔'의 의미가 있는 것으로 나오지만, 중국의 자전에는 '법', '옛 지명', 그리고 '성씨'의 의미만 있는 것으로 나와서 원래 '고깔'의 의미를 가지는 '변弁'자와 두루 쓰일 수 없는 다른 글자임을 알 수 있었습니다[2].

결국 추측해보면 원래 우리나라 자전에도 '변卞'에는 '고깔'의 의미가

---

2) 1. 신화자전 온라인 사이트 : http://xh.5156edu.com/html3/1864.html〉
卞 biàn 【名】 法,法度〖law〗, 古地名〖Biantown〗.春秋时鲁邑,汉置卞县,后魏废.故址在今山东泗水县东, 姓.
弁 biàn 古代的一种帽子:弁髦 (a. 古代贵族子弟行加冠礼时用弁束住头发, 礼成后把弁去掉不用,后喻没用的东西;b. 喻轻视). (弁言)书籍或长篇文章的序文、引言.旧时称低级武官:马弁. 武弁.

없었는데, 후세 사람들이 '변한卞韓'과 '변한弁韓'이 같은 나라이름이라고 생각하고 '변卞'에도 '고깔'의 의미를 넣었던 것이죠. 이러한 사실과 마한의 왕이 신라의 사신을 꾸짖었다는 기록, 그리고 삼한 시대 철기 문화의 전파 경로가 육로와 해로 두 가지였다는 사실들을 종합해보면 삼한은 선도성모 집단이 이주하기 전의 마한·변한卞韓·진한과 선도성모 집단이 이주한 후의 마한·변한弁韓(고깔모자를 쓴 월지족이 정복한)·진한(선도성모 집단에게 정복된), 즉 두 시기의 삼한이 존재했던 것이었습니다.

그리고 선도성모 집단이 지금의 경기도 부근에서 육로와 해로 두 가지 경로로 나누어 이동한 것은 단순히 불로초 탐색의 효율성을 높이기 위해서가 아니라 당시까지 마한이라는 강력한 집단이 호남 지역에 존재했기 때문에 그들과의 불필요한 충돌을 피하기 위해서였던 것임을 알 수 있습니다. 또한 위의 "진한의 유민에서 변한·낙랑·왜인까지도 두려워하지 않는 자 없다(自辰韓遺民以至卞韓樂浪倭人無不畏懷…)"라는 기록에서 선도성모 집단은 해로가 아닌 육로를 통하여 경주에 도착했음을 알 수 있습니다.

즉, 한강 유역에서 육로를 통하여 내려오다가 진한 지역을 먼저 점령했기 때문에 '진한의 유민'이란 표현을 사용한 것입니다. 그러나 변한은 아직 월지족에 의해 정복되지 않아서 여전히 '변한卞韓'이라고 기록하고 있었던 것이죠. 그리고 그 후에는 월지족이 '변한卞韓'마저 통합하여 '변한卞韓'에서 '변한弁韓'으로 바뀌게 된 것이었습니다.

결국 '自辰韓遺民以至卞韓樂浪倭人'이라는 이 문장을 통하여서도 월지족에 의한 신라(辰韓)와 가야(弁韓)의 국가 수립 선후 관계를 파악할 수 있는 것입니다. 물론 역사서에도 신라가 가야보다 먼저 수립되었다고 기록되어 있지만 말입니다. 그리고 한사군의 하나인 낙랑군이 아닌 낙랑이란 국가가 따로 존재했다는 것도 알 수 있습니다. 따라서 처음에 제시한 '진한의 형성 주체'에 대하여 서로 다른 주장이 나오게 된 이유는 다음과 같습니다.

첫 번째, 『후한서』와 『삼국지』〈위서동이전 한전〉의 기록에서 진한의 노인들이 자신들을 진나라에서 망명한 사람들이라고 한 것은 선도성모 집단이 신라를 수립하기 전에 원래 거주했던 진한의 선주민들이 진나라에서 망명한 사람이라는 것을 나타냅니다.

두 번째, 고운 최치원 선생이 "진한은 원래 연燕나라 사람이 피난해 와 있던 곳"이라는 말한 것은 선도성모 집단이 한반도 이주 후에 정복한 진한, 즉 신라를 언급한 것으로 선도성모 집단이 한반도로 넘어오기 전에는 지금의 북경을 중심으로 하는 연나라 지역에서 머물다 넘어왔기 때문인 것으로 추측할 수 있습니다. 그리고 이것은 역사학자들이 연나라의 화폐라고 주장하고 있는 명도전과 『화랑세기』에서 화랑의 기원인 원화 제도가 연부인燕夫人으로부터 비롯되었다고 기록된 것과 관련이 있는 것인데, 관련 내용은 앞에서 설명한 바가 있습니다.

세 번째, 『삼국사기』〈신라 본기〉에서 "조선의 유민이 산과 계곡에 나누어 살면서 6촌을 이루었다고 기록"한 것 역시 선도성모 집단의 이주 후를 말하는 것으로서 전작에서 선도성모 집단의 한반도 이주기가 바로 '단군 신화'라고 언급한 것과 관련이 있는 것인데, 이 부분 역시 기회가 되면 한국인의 성씨와 관련된 강의에서 신라 6촌의 정체에 대해서 살펴보도록 하겠습니다.

　미리 맛보기만 조금 드리자면 저의 본관인 경주 이씨의 시조가 되는 알평공 외의 나머지 촌장들은 박혁거세와 마찬가지로 월지족 출신들이었습니다. 예를 들어 고허촌장의 이름은 소벌도리蘇伐都利였는데, 서역에 위치한 월지족 쿠차(龜玆) 국왕의 이름이 소벌발결蘇伐勃駃로서 역시 소벌 씨였습니다. 즉, 고허촌장 역시 쿠차 국왕과 같은 성을 가진 월지족이었던 것이죠. 다른 촌장들의 성씨 역시 마찬가지인데, 자세한 내용은 단군 신화와 관련된 책에서 소개하도록 하겠습니다.

　그런데 〈한국학중앙연구원〉에서 편찬한 『한국민족문화대백과』에서는 "'소벌'은 신라의 옛 칭호인 '서라벌徐羅伐'을 약칭한 '서벌徐伐'이라 생각된다."고 엉뚱한 소리를 하고 있습니다. 고대사학자들은 어쩌면 이렇게 한결같이 엉뚱한 곳에서 삽질을 하고 있는지 한숨만 나올 따름입니다.

23강

월지족의 한반도 이주 목적

오늘은 그동안 스포일러로 잠깐씩 소개했던 월지족의 한반도 이주 목적에 대해서 살펴보겠습니다.

저는 전작에서 선도성모 집단의 한반도 이주 목적을 "불사不死의 추구를 위한 불로초 구하기"라고 넌지시 밝힌 바가 있습니다. 21세기 과학 문명이 지배하고 있는 오늘날에는 이러한 주장이 마치 동화나 만화 같은 엉뚱한 이야기로 들리겠지만, 사실 과학 문명이 극도로 발달한 오늘날에도 과학 기술의 힘을 빌려 불로불사를 꿈꾸는 사람들이 여전히 존재합니다. 2005년도에 『특이점이 온다』라는 책을 저술한 레이 커즈와일은 생명공학, 나노 기술, 그리고 로봇기술의 결합으로 '영원한 삶'을 꿈꾸면서 그런 기술이 도래할 때까지 자신의 건강을 유지하려고 노력하고 있다고 책에서 밝히고 있습니다.

여기서 '특이점'이란 기술이 인간을 초월하는 순간으로서, 한마디로 컴퓨터의 인공지능이 인간의 능력을 뛰어넘는 시점을 말합니다. 이 책에서는 그런 순간이 앞으로 수십 년 후가 될 것으로 예상하고 있지만, 특정 분야에서는 이미 인공지능이 인간의 능력을 뛰어넘은 바가 있습니다. 예를 들어 2016년 3월에 우리들에게 충격을 준, 구글 딥마인드가 개발한 인공지능 바둑 프로그램 알파고는 그 이전의 여러 전문가들이 당분간 바둑 분야에서 컴퓨터 프로그램이 인간 전문가를 뛰어넘기 어려울 것이라는 예상을 보란 듯이 깬 바가 있었죠.

그리고 대결이 있은 1년 후에 구글 딥마인드의 창업자인 데미스 허사비스와 이 회사 소속 연구원 17명은 '인간 지식 없이 바둑을 마스터하기'라는 논문을 〈Nature〉에 발표했습니다. 이 논문에서 그들은 이세돌을 이긴 버전인 '알파고 리'와 새로운 버전인 '알파고 제로'의 승부를 소개하고 있는데, 알파고 제로는 바둑 기본 규칙만 아는 상태로 인간의 가르침 없이 바둑의 이치를 혼자 터득하여 독학 36시간 만에 알파고 리의 수준을 뛰어넘었다고 합니다. 이어 알파고 제로가 72시간 독학을 한 후 이세돌-알파고 리와의 대국 조건(제한시간 2시간씩)과 똑같이 하여 알파고 리와 대결한 결과, 제로가 리에게 100전 100승 무패를 따냈다는데, 이것은 알파고 제로가 한 수에 0.4초가 걸리는 '초속기' 바둑으로 490만 판을 혼자 두면서 연구한 결과라고 하는군요.

직접 계산을 해보니 490만 번의 대국이란 1번의 대국에 최소한으로 잡아서 프로기사전의 속기에 해당하는 한 시간이 소요된다고 가정할 때, 사람은 하루 24시간 내내 560년을 두어야만 이룰 수 있는 기록이었습니다. 그런데 알파고 제로의 겨우 한 수에 0.4초가 걸리니 상대방의 대응 수까지 포함하여 490만 번의 대국을 두는 데는 총 한 달 보름밖에 걸리지 않습니다.

이에 대해 논문의 교신 저자인 데미스 허사비스와 공동 제1저자 3

명 중 한 명인 데이비드 실버는 독학으로 바둑을 배운 알파고 제로가 기존 버전들보다 오히려 강한 이유에 대해 "인간 지식의 한계에 더 이상 속박되지 않기 때문"이라고 설명했습니다.

저는 전작에서 밝힌 것처럼 2013년도에 이 연구를 시작할 당시 아무런 선입견을 가지지 않고 한국 고대사와 관련된 기존의 학설들을 배제한 채 모든 가능성을 열어둔 원점에서 출발하는 '제로베이스 사고'를 연구방법의 하나로 사용했었습니다. 보다 솔직히 말하자면 제로베이스 사고를 연구방법으로 사용한 것은 당시에는 선입견을 가질 만한 별다른 고대사 지식이 제게는 없었기 때문이기도 했습니다. 그런데 알파고 제로 역시 백지 상태에서 스스로 학습하여 '인간의 가르침'을 받은 알파고 리를 뛰어넘었다는 사실은 참으로 의미심장하지 않을 수 없군요.

여담이지만 무릇 모든 배우는 사람은 '고정된 관념의 틀에 갇히지 않아야 한다'고 생각합니다. 그리고 이것은 공자께서 말한 '군자불기君子不器'나 일본의 검성 미야모토 무사시가 지은 『오륜서五輪書』에서 형식에 얽매이지 말라고 한 '유구무구有構無構'의 자세와 일맥상통하는 것입니다. 제가 이해하는 君子不器의 의미는 '고정된 틀이나 사고방식, 즉 그릇의 형태에 얽매이지 않는 유연함을 가진 인간으로서의 군자'입니다.

이세돌 기사와 알파고의 첫 대국(2016. 3. 9.)이 있기 한 달 전에 저는 당시 대다수의 전문가와는 달리 알파고의 승리를 예측했었습니다. 그리고 1국의 패배 이후에 다음과 같은 글을 블로그에 올린 적이 있었습니다.

"오늘 이세돌 9단과 인공지능 프로그램 알파고와의 세기적 대결 제1국에서 이세돌 9단이 충격적(?)으로 패배하고 말았다.

약 한 달 전에 소위 인공지능 (전문가) 및 바둑 전문가 10인에게 예상을 물었을 때, 10명의 전문가 모두가 앞으로는 몰라도 이번에는 이세돌 9단의 승리를 예상했었다. 그런데 난 댓글에 알파고의 승리 가능성에 대해서 언급했는데, 누군가는 나의 댓글에 말도 안 되는 소리라고 답글을 달아서 재답글을 단 적이 있었다.

그런데 막상 뚜껑을 열어보니 결과는 나의 예상처럼 알파고가 이기고 말았다(나도 유감스럽다). 전문가들은 막판으로 갈수록 인공지능의 수읽기가 사람보다 강할 것이라고 판단하고 있지만, 내 생각은 다르다. 사람과 프로그램의 차이는 간단하다.

사람은 자기가 보고 싶은 부분을 보고, 한번 실수를 하면 아무리 전문 기사라도 그 영향이 없을 수가 없다. 하지만 프로그램은 실수를 했건 말았건 항상 현 상황(둘 차례)에서 가장 최선의 수만을 고려할 것이다. 그 차이가 오늘과 같은 결과를 가져왔을 것으로 본다.

아무쪼록 남은 대국에서라도 이세돌 9단의 승리를 기원하는 바이다. 아무리 앞으로 언젠가는 바둑에 있어서도 인공지능이 모든 사람을 능가할지라도 벌써 그렇게 되면 너무 허무하지 않은가 말이다."

경우의 수가 너무 많아 기계가 인간을 이기기가 가장 어렵다는 바둑 분야에서 벌써 인공지능이 인간 전문가를 뛰어 넘었습니다. 그리고 앞으로 인공지능의 기술이 더욱 발전하다 보면 언젠가는 한국 고대사와 관련해서 지금까지 제가 주장했던 여러 학설이 인공지능에 의해 사실로 밝혀질 것이라고 저는 확신하고 있습니다(제 박사 논문이 인공지능의 학습 방법을 경영학 분야에 적용시킨 것이라고 예전 강의에서 말씀드린 적이 있듯이 제가 인공지능 분야의 전문가는 아닐지라도 문외한도 아닙니다). 그중 전작에서 스톤헨지가 신석기 시대의 유적지가 아니라는 제 주장은 인공지능이 아니라 얼마 전 그 지역의 발굴을 통해서 이미 밝혀졌구요.

즉, 기존 역사학자나 고고학자들이 한국 고대사- 더 넓게는 고인돌을 포함한 거석문화와 석기·청동기·철기 시대 구분과 관련된 전 세계의 고대사 -에 대한 제 이론을 인정해주지 않더라도 인공지능이 발달하다 보면, 고도로 발달된 인공지능이 전 세계에 흩어져 있는 관련 자료들을 종합하여 제 이론을 지지해주는 결과물을 낼 수 있을 것이라고 굳게 믿고 있는 것이죠.

혹시라도 만에 하나, 인공지능이 아무리 발전해도 제 이론과 같은 결과를 얻어내는 수준에 도달하지 못한다고 하더라도 상관없습니다. 왜냐하면 저는 최고로 발전된 인공지능도 해결하지 못한 전 세계 고대사 문제를 한 개인의 지성과 추리 능력만으로 해결한 것이니, 이 또한 전혀 나쁠 것이 없기 때문입니다. 결국 바둑 용어로 표현하자면 저는 '이겨도 좋고 져도 좋은' 꽃놀이패의 정수를 만끽하고 있는 것입니다.

이쯤에서 여담을 접고 다시 앞으로 돌아가서 월지족의 한반도 이주 목적에 대해서 살펴보기로 하겠습니다. 선도성모 집단이 한반도로 이주할 당시였던 기원전 2~1세기 무렵에는 '불사의 추구'와 관련된 믿음과 광신적이라고 표현해도 지나치지 않을 신비 종교가 중국 전체를 뒤덮고 있을 때였으며, 그 중심에는 선도성모의 전신인 서왕모 신앙이 자리잡고 있었습니다.

즉, 선도성모 집단이 중국에 머무르던 당시는 한 무제 치세 시기로서 무제는 일생 동안 종교, 신학 사상에 심취해 오제五帝, 삼일三一, 후토后土, 명산대천에 대한 제사를 지내고 봉선(封禪; 제왕이 하늘과 땅에 제사를 올리는 대전) 의식과 명당 건립, 제도 개정에 따른 대전을 거행했습니다. 무제는 즉위한 이듬해에 옹(雍; 지금의 섬서성 봉상鳳翔)에 이르러 오제, 즉 청제·적제·황제·백제·흑제에게 제사를 올렸으며, 이후 3년에 한 차례씩 제사를 올렸습니다. 오제 가운데 한나라 고제가 첨가한 흑제를 제외하면 모두 진나라 때부터 제사가 행해졌었습니다. 삼일은 무제 때 교외에서 제사를 지낼 때 새로 모신 신으로 태일太一·천일天一·지일地一을 말하는데요. 당시 류기라는 방사가 처음으로 태일에게 제사지낼 것을 요청했습니다.

한 무제처럼 이러한 일에 막대한 자금을 들이고, 또한 숱한 장소에서 행사를 빈번하게 거행한 제왕은 역대를 통틀어 매우 드물었으며, 이 부분에 있어 그는 그보다 100년가량 이전에 불로초를 구하도록 수천 명의 동남동녀와 함께 서불(徐巿 또는 서복徐福)을 파견했던 진시황을 능가했습니다. 무제는 봉선을 하면 괴이한 것들을 불러 모아 신령과 교류할 수 있다는 방사 공손경의 말에 자못 흥미를 느꼈으며, 당시 해안을 따라 순수한 것은 신선과 소통하겠다는 목적이 있었기 때문에 바다에 신선이 있다고 말하는 사람 수천 명을 보내 봉래 선인을 찾으라고 시켰습니다.

〈그림 23-1〉 한 무제 시절 명당 복원도

또한 명당은 은나라와 주나라 때부터 대전을 거행하던 궁실로서, 기원전 109년(무제 원봉 2년) 제남(산동성 성도) 사람 공손대가 바친 건축 도면에 따라 새로 건설되었습니다. 이 도면에 따르면 명당은 전殿이 하나 있는데, 사방에 벽이 없고, 띠로 지붕을 덮었으며, 사방으로 물이 흘러 궁실의 담장을 에워싸고 있으며, 이 층으로 길을 만들어 위로 누각으로 올라갈 수 있도록 했습니다. 서남쪽에서 전당으로 이어진 길을 일러 곤륜도라고 칭했으니 천자는 이 길을 통해 들어가 상제에게 제사를 올렸는데, 고고발굴을 통해 서한 말기 장안 남쪽 교외에서 명당 유적지가 발굴되었습니다. 응소의 주석에 따르면, 명당의 형상은 위는 둥글고 아래는 방정한(네모난)데 여덟 개의 창이 있어 사방으로 통하게 되어 있었습니다.

그런데 기원전 109년 공손대가 바친 명당의 도면에서 나타나는 서왕모를 상징하는 곤륜도라는 명칭, 해자의 흔적, 한반도에서 발견되는 독특한 전방후원前方後圓 분묘 양식인 위는 둥글고 아래는 네모난 '천원지방天圓地方(상원하방上圓下方)'의 형태, 이슈타르 여신의 상징 숫자인 여덟 개의 창으로 구성된 8각 구조 등의 단서를 통해 저는 공손대라는 인물이 선도성모 집단과 관련이 있다고 판단합니다. 이와 관련하여 박혁거세의 탄생지로 알려진 나정 유적지에서 팔각 건물지와 우물지, 해자, 부속 건물지, 유적지를 두른 담장터가 발굴되었는데, 건물은 단층이 아니라 복층형태라고 알려져 있습니다. 즉, 위에서 설명한 명당과 같은 형태의 건물이라는 것이죠.

저는 가끔씩 나정 유적지를 둘러보고는 했는데, 복원 작업이 전혀 이루어지지 않고 있는 것을 보고 답답한 마음을 금할 수가 없었습니다. 아마도 복원하고 싶

〈그림 23-2〉 지구라트 복원도

어도 원래의 모습을 알 길이 없어서 그런 것으로 짐작되는데, 중국 서안(장안)에서 발견된 명당 복원도를 참고하면 될 것입니다. 또한 한반도 곳곳에서 발견되는 전방후원분의 기원이 일본이니, 한반도니 여러 학설이 나오고 있는데, 진짜 기원은 월지족의 뿌리인 메소포타미아 지역에 있는 〈그림 23-2〉 천원지방 형태의 지구라트이며, 전방후원분은 이들 월지족이 한반도와 일본으로 이주하면서 구축한 것입니다.

즉, 전방후원의 형태는 천원지방의 3차원 입체적인 형태를 2차원의 평면에 투사한 모양인 것인데, 일본에서는 입체적인 상원하방 형태의 분묘도 발견되고 있다고 하더군요. 이처럼 고대 한·일 관계사의 주요 쟁점 가운데 하나인 영산강 유역에서 주로 발견되는 전방후원분과 대형 옹관묘를 만든 사람들의 정체에 대해서는 앞에서 이미 자세히 설명한 바가 있습니다.

아무튼 이렇듯 불사를 위한 한 무제의 욕망과 노력은 불로초를 구해오도록 수천 명의 동남동녀와 함께 서불을 삼신산으로 보낸 진시

황보다 훨씬 더 강한 것이었습니다. 당시 중국에 광풍과 같이 몰아치던 '불사의 추구'는 사실 그 기원에 있어서 반도원의 선도를 이용하여 장생불사를 주관하던 서왕모 신화의 연원인 메소포타미아 신화에서 비롯된 것이었습니다.

즉, 세계에서 가장 오래 된 서사시인 바빌로니아의 『길가메쉬 서사시』에서는 주인공인 길가메쉬가 친구 엔키두의 죽음에 충격을 받고 불사의 비결을 구하기 위해 대홍수에서 살아남은 우트나피시팀을 찾아가는데, 그는 길가메쉬에게 불로초(생명의 나무)를 바다에서 캐는 방법을 가르쳐 줍니다. 그래서 그는 발에 무거운 돌을 묶고 잠수하여 그 풀을 꺾지만, 집으로 돌아오는 길에 우물에서 목욕하는 동안 땅에서 나온 뱀이 그 풀을 가지고 사라져 버리며, 결국 "모든 것을 본 자(이 서사시의 아카드어 제목)" 길가메쉬는 영원히 살 수 없게 되었다는군요.

여기서 길가메쉬가 발에 무거운 돌을 묶고 잠수하는 방식이 오늘날 제주도의 해녀들이 물질을 할 때 무거운 추를 달고 잠수하는 것과 같은 것은 다소 의미심장한데, 제주도는 제가 월지족의 표지 유물로 간주하고 있는 고인돌, 옹관, 검은간토기, 붉은간토기가 한반도에서 동시에 출토되는 유일한 지역이기 때문입니다.

앞에서 레이 커즈와일이 과학 기술의 힘을 빌어서 영원한 삶을 꿈꾼다고 했는데, 이처럼 과학 기술과 생명공학의 힘을 빌어서 영원한 삶을 연구하는 프로젝트가 바로 〈길가메쉬 프로젝트〉이며, 유발 하라리는 『사피엔스』에서 이 프로젝트가 성공할 것이라고 예상하고 있더군요.

결국 '영원한 삶'은 동서고금을 막론하고 인간이 지속적으로 추구해온 것인데, 이러한 영원한 삶의 추구가 바로 월지족이 한반도와 그 이후 일본 열도를 거쳐 전 세계로 계속 이동한 이유였던 것입니다. 그리고 그들은 '불로초'라는 세상에 결코 존재하지 않는 신기루를 쫓고 있었으니 그들의 이동이 한반도나 일본에서 끝나지 않고 전 세계 곳곳에 흔적을 남기며 돌아다녔던 것이었습니다.

앞으로의 강의에서는 이러한 월지족의 이주 목적을 증명해주는 각종 도상학적 증거들과 역사 기록을 살펴보도록 하겠습니다.

24강

월지족의 한반도 이주 목적에 대한 도상학적 증거

오늘은 월지족의 한반도 이주 목적에 대한 역사 기록과 도상학적 증거들을 살펴보겠습니다.

메소포타미아 문명 유적에는 '생명의 나무'와 관련된 〈그림 24-1~2〉와 같은 다양한 형태의 그림이 있는데, 〈그림 24-1〉은 두 마리의 물고기 혹은 날개 달린 신이 '생명의 나무'를 지키고 있습니다. 조로아스터교의 각종 종교 의식 및 다양한 주제에 대해 기록해 놓은 〈Persian Rivayats〉에 의하면, 조로아스터교의 주신인 아후라 마즈다가 Hom 나무를 만들었을 때, 그는 그 나무를 대양의 한 가운데에 두었고, 물고기(kar-fish)를 만들어서 그 나무를 사악한 것으로부터 안전하게 보호하라고 시켰다고 하는데, 〈그림 24-1〉의 왼쪽 그림은 그런 신화를 나타내는 것입니다.

이런 이유로 조로아스터교에서 물고기는 보호, 행운, 그리고 번영의 상징입니다. 그리고 〈그림 24-1〉에서 생명의 나무 위에 있는 날개 달린 원반 형태의 존재가 바로 조로아스터교의 주신인 아후라 마즈다를 나타냅니다. 또한 예전 강의에서 말씀드린 적이 있는데, 서왕모

〈그림 24-1〉 생명의 나무를 지키는 쌍어(좌)와 날개 달린 신(우)

와 동격인 바빌로니아의 이슈타르 여신의 상징 식물 중 하나가 연꽃인데, 이러한 연꽃이 바로 '생명의 나무'입니다(혹은 대추야자를 생명의 나무라고도 합니다). 그리고 〈그림 24-2〉와 같이 생명의 나무를 지키는 독수리 머리를 한 신의 모습이 신라의 수도인 경주에서도 역시 발견되는데요.

경부고속도로에서 경주 톨게이트를 통과하여 시내로 들어오다 보면 나정교에 새 날개 모양의 거대한 조형물이 세워져 있는 것을 볼 수 있습니다. 이 대형 조형물은 치미라는 것으

〈그림 24-2〉 생명의 나무와 독수리 머리 신

로 황룡사 터에서 발굴된 실물의 크기는 높이 1.86m, 너비 1.05m인데, 이곳의 조형물은 청동 3톤, 석재 14톤을 들여서 실물의 3배 규모인 높이 6m, 너비 4.35m로 제작·설치되었다고 합니다.

제가 치미를 보았을 때 머리에 떠오른 첫 인상은 〈그림 24-3〉의 왼쪽 그림과 같은 영화 〈벤허〉에 등장하는 로마 병사가 머리에 쓰고 있던

투구와 닮았다는 것이었습니다. 〈그림 24-3〉의 오른쪽 그림은 황룡사지에서 출토된 동양 최대의 대형 치미인데, 치미란 고대의 목조건축에서 용마루의 양 끝에 높게 부착하던 대형의 장식기와를 말합니다.

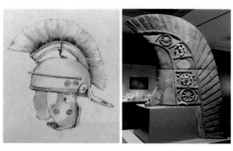

〈그림 24-3〉 로마군 투구_이윤태 작(좌)와 치미(우)

이러한 치미는 삼국 시대부터 궁중 건물이나 사찰 건물에 사용되어 왔다고 하며, 신라·고구려·백제 지역에서 공통적으로 발견되고 있다고 합니다. 그리고 황룡사 치미는 지금까지 발견된 치미 중에서 가장 큰 것으로 알려져서 당시 황룡사 건물 규모의 웅장함을 증명하는 귀중한 자료로 평가되고 있습니다. 특히 황룡사 치미는 날개 모양의 전형적인 신라 시대 형태를 갖추었는데, 뒷면에는 연꽃무늬와 미소 짓는 남녀 얼굴 모양이 좌우 대칭으로 배열된 게 특징이라는군요.

이러한 치미의 기원에 대해서는 여러 가지 견해가 있으나 길상과 벽사의 상징으로서 의장意匠된 상상의 새인 봉황에서 비롯하였다고 보는 것이 일반적이며, 중국 한나라 때는 반우, 진나라 때는 치미, 당나라 때는 치문, 통일신라 때는 누미 등 여러 가지 명칭으로 불리어 왔습니다.

그러나 〈그림 24-2〉에서 나타나는 독수리 머리의 신과 그가 지키는 생명의 나무인 연꽃의 무늬가 치미 안에 새겨져 있는 것을 보면 이러한 치미의 기원은 바로 메소포타미아 '생명의 나무'와 그것을 지키는 독수리 머리의 신에서 비롯된 것임을 알 수 있습니다. 즉, 물고기나 독수리 머리의 신이 사악한 것으로부터 생명의 나무를 지켰듯이, 치미 역시 사악한 기운으로부터 절이라는 신성한 공간을 지키도록 지붕에 설치해두었던 것이었죠.

지금까지 설명한 '생명의 나무'를 지키는 두 마리의 물고기 무늬와 관련된 한국 고대사 인물이 있는데, 바로 수로왕의 부인인 허황옥입니다. 고고학자 김병모는 학창 시절 들른 수

〈그림 24-4〉 수로왕릉 정문 쌍어 무늬

로왕릉 정문에서 〈그림 24-4〉와 같은 물고기 한 쌍이 그려져 있는 것을 보게 되었습니다. 그 후 그곳에 그려진 물고기 한 쌍의 의미와 김해 허씨의 뿌리인 수로왕비 허황옥의 출신지를 찾기 위하여 추적을 시작한 결과, 허황옥의 고향 아유타국이 인도의 아요디아라는 것과 쌍어 무늬의 기원이 메소포타미아의 유적에서 발견되는 쌍어까지 거슬러 올라간다는 것을 밝혀내게 되었습니다. 또한 허왕후 묘비에 새겨진 '가락국 수로왕비 보주 태후 허씨릉'이란 기록을 단서로 하여 허왕후의 조상들이 인도 아요디아에서 중국 사천성 보주로 이동했다는 사실도 파악하였습니다.

이처럼 허왕후를 상징하는 쌍어 무늬는 가야 지역에서 주로 나타나

며, 그 밖에 신라에서는 한 마리의 물고기가 허리띠에 장식되어 있고, 백제에서는 무령왕릉에서 출토된 그릇 바닥에 쌍어가 그려져 있는 것이 발견되었습니다. 그리고 가야 시조 수로왕의 부인인 허왕후를 나타내는 상징이 쌍어 무늬인 것은 이들 역시 조로아스터교를 믿는 월지족이기 때문이었습니다. 뒤에서 월지족의 한반도 이주 목적에 대한 도상학적 증거들을 다루겠지만, 사실 월지족의 한반도 이주 목적에 대한 도상학적 증거뿐만이 아니라 놀랍게도 역사 기록도 남아 있습니다. 즉, 『삼국유사』〈가락국기〉에는 허왕후가 수로왕을 처음 만나는 장면을 다음과 같이 기록하고 있습니다.

> "저는 아유타국의 공주로 성은 허이고 이름은 황옥이며 나이는 16살입니다. 본국에 있을 때 금년 5월에 부왕과 모후께서 저에게 말씀하시기를, '우리가 어젯밤 꿈에 함께 황천皇天을 뵈었는데, 황천은 가락국의 왕 수로라는 자는 하늘이 내려 보내서 왕위에 오르게 하였으니 곧 신령스럽고 성스러운 것이 이 사람이다. … 저는 배를 타고 멀리 증조蒸棗를 찾고, 하늘로 가서 반도蟠桃를 찾아 이제 아름다운 모습으로 용안을 가까이하게 되었습니다."

위에서 허황옥은 수로왕에게 온 목적을 "멀리 증조를 찾고, 하늘로 가서 반도를 찾아…"라고 밝히고 있습니다. 여기서 '증조'란 찐 대추를 말하는데, 『사기』〈효무 본기〉에는 방사 이소군이 한 무제에게 "저는 일찍이 바다를 건널다가 안기생을 만난 적이 있습니다. 안기생은 제게 대추를 먹으라고 주었는데, 크기가 참외만 했습니다. 안기생은 신선이므로 봉래의 선경을 왕래할 수 있는데, 마음이 맞으면 모습을 나타내지만 마음이 맞지 않으면 숨어 버립니다."라고 아뢰었다고 기록되어 있습니다. 그리고 이 말을 들은 무제가 방사를 파견해 바다로 들어가서 봉래에 있다는 안기생 같은 신선을 찾게 했다고 합니다. 따라서 허황옥이 찾는 대추는 신선들이 먹는 불로불사의 음식을 의미하는 것이죠.

또한 대추와 비슷하게 생긴 대추야자는 성경에서 종려나무라고 불리는 것으로서 중동 사람들의 주식으로 사용되는데, 메소포타미아 종교사 연구가인 야콥센은 이슈타르 여신의 수메르 버전인 이난나 여신의 어원은 '대추야자 열매송이 아가씨'의 의미라고 해석했습니다. 그리고 대추야자는 과육이 달고 영양이 풍부하며 특별한 저장 장치가 없어도 2~3년간 보관할 수 있다고 알려져 있으며, 씨는 삼천 년을 묵혀놔도 발아할 수 있을 정도로 생명력이 강하며, 이런 뛰어난 저장성과 생명력 덕에 '생명의 나무'라고 불리기도 한다는군요. 혹은 대추야자 열매는 그야말로 나뭇가지가 꺾일 정도로 주렁주렁 열리기 때문에 오래전부터 '다산'의 상징으로 여겨져 왔으며, 먹거리가 부족한 사막 지역 주민들의 훌륭한 당분과 탄수화물 공급원이었기 때문에 '생명의 나무'라는 별칭을 가지고 있다는 주장도 있습니다.

〈그림 24-5〉는 완전 무장을 한 채 사

〈그림 24-5〉 이슈타르 여신과 대추야자

자 위에 서 있는 이슈타르의 그림으로 영국 박물관에 소장되어 있는 실린더형 도장에 새겨져 있는 것입니다. 그녀의 상징 중 하나인 팔각형 별이 정교한 왕관을 장식하고 있으며, 앞으로 뻗은 다리는 전사용 킬트를 드러내고 있습니다. 그녀의 앞에는 숭배자가 서 있고, 뒤에는 성스러운 대추야자가 있습니다.

〈그림 24-6〉 장유화상 초상

그리고 '찐 대추' 이외에 허왕후가 수로왕을 찾아온 목적 중 다른 하나인 반도는 바로 서왕모의 '반도원'에서 자라는 선도로서, 이 반도를 먹으면 신선이 되어 불로장생하게 된다고 알려져 있는 것이죠. 김해 신어산 은하사에는 〈그림 24-6〉과 같은 허황옥의 오빠 장유화상의 영정이 그려져 있는데, 그 영정 그림에는 "월지국에서 가락국으로 온 장유대화상 영정"이라는 글귀가 적혀 있습니다. 즉, 허왕후의 오빠인 장유화상이 월지국 출신이라고 기록되어 있는 것입니다.

따라서 선도성모와 마찬가지로 월지국 출신인 허왕후가 신선이 먹는 찐 대추와 서왕모의 불로장생약인 반도를 구하기 위해서 가야에 왔다는 기록으로 미루어 볼 때, "불사의 추구를 위한 불로초 구하기"가 선도성모 집단의 한반도 이주 이유라는 제 주장은 이처럼 확실한 역사적인 근거가 있는 것입니다. 다만 지금까지 역사학자들은 이런

'역사 기록'을 단순히 허구적인 신화 혹은 별 의미 없는 수식어에 불과한 것으로 무시해왔을 따름인 것이었죠.

그리고 '불사의 추구를 위한 불로초 구하기'에 대한 구체적인 몇 가지 도상학적 증거가 지금까지 여러 가지 형태로 전승되고 있습니다. 지금은 그것들에 담겨진 진정한 의미가 까마득히 잊히고 있지만 말입니다. 첫 번째 증거는 오늘날의 한국인들에게도 너무나도 익숙한 그림인 '일월오봉도'이며, 두 번째 증거는 신라 '서봉총 금관'이며, 세 번째 증거는 '백제금동대향로'인데요. 지금부터는 월지족의 한반도 이주 목적인 '불로초 구하기'가 앞에서 언급한 증거들에 어떻게 표현되어 있는지 살펴보기로 하겠습니다.

먼저 월지족의 한반도 이주 목적인 '불로초 구하기'에 대한 첫 번째 도상학적 증거인 일월오봉도에 숨겨진 의미에 대해서 살펴보겠습니다. 일월오봉도는 해, 달, 다섯 개의 봉우리, 그리고 물결과 소나무와 같이 연관성이 적어 보이는 다양한 모티프가 모여 구성된 그림을 지칭하며, 오봉도가 병풍에 그려져 있는 것을 오봉병이라고 합니다. 일월오봉도에서 특히 눈에 띄는 것은 푸른 하늘에 해와 달이 동시에 떠 있는 기이한 자연 현상과 일렬로 줄 서 있는 듯한 다섯 개의 봉우리로서, 이것은 보통의 산수화와는 달리 특정한 사상에 근거한 하나의 상징체계를 의미하는 것임을 쉽게 짐작할 수 있습니다.

명세나의 논문에 의하면 오봉병은 조선 시대에 주로 어좌 뒤편에 설치되었으며, 현재 일월오악도, 일월곤륜도 등과 같이 여러 가지 이름으로 호칭되고 있다고 하는군요. 이처럼 오봉도가 많은 이름으로 불리고 있는 것은 그만큼 그 상징체계가 다양하게 파악되고 있음을 의미하며, 각기 보는 이마다 오봉병을 여러 가지 시각으로 해석했다는 것을 의미합니다. 그리고 일월오봉도 그림의 구성 요소 중 해와 달은 처음부터 그림에 포함되어 있지는 않았다고 하는데요. 조선 후기 유도원은 『퇴계집』에 주석을 달아 『퇴계선생문집고증』을 저술하였습니다. 이 책에서 유도원은 퇴계집에 나온 단어 중 '당가唐家'라는 용어에 주석을 달았는데, 이 당가에 대한 설명 중 오봉병에 대한 다음과 같은 설명이 기록되어 있습니다.

> "당가는 어탑 위에 설치하는 것으로, 백목판으로 만든다. 연봉과 모란을 조각하고 휘장을 달며 처마를 만들고 네 모퉁이에 기둥을 세우며, 반자를 설치하고, 쌍금봉을 새기고 동·서·북 삼면에 그림을 그린다. 오봉산을 그린다. 북면엔 오봉을 그리고, 좌우에 여록(餘麓; 풍수지리에서, 주산·청룡·백호·안산 외의 산소 근처에 있는 산)을 그린다. 일월경을 단다. 소상小喪시에는 모란을 그린다."

여기서 눈여겨 볼 내용이 "일월경을 단다"라는 구절로서, 조선 중기 〈흉례도감의궤〉의 오봉병에 대한 설명 중 왜 일월의 모티프가 빠져 있는지를 설명해 줍니다. 즉, 당시엔 오봉병에 해와 달을 그려 넣는 대신에 일월경을 달았으며, 이를 위해 철사가 사용되었다고 하는군요. 또한 철사는 오봉병에 직접 다는 것이 아니라 당가에 달아 오봉병의 화면으로 내려오게 한 것으로 보이며, 이것은 일월경이 오봉병의 그림 안에서 해와 달의 역할을 하기 위한 것으로 여겨집니다.

이상의 내용은 일월오봉도에서 초기에는 그림 안에 해와 달이 포함

되어 있지 않고 오봉만 존재했다는 것을 말해줍니다. 그렇지만 일월
경을 이용함으로써 해와 달 역시 그림이 나타내고자 하는 상징 내용
에 포함되는 것을 알 수 있습니다. 그리고 해와 달은 바로 '명도전의
정체'에서 말씀드린 것처럼 월지족들이 믿던 조로아스터교의 주요 특
징인 '광명'을 상징하는 것임을 쉽게 짐작할 수 있습니다.

〈그림 24-7〉 창경궁 일월오봉도(좌)와 해반도도(우)

2013년 12월에 국립중앙박물관에서는 '한국의 도교 문화-행복으로
가는 길'이라는 제목 아래 고대에서 조선 시대에 이르는 회화·공예품·
전적류·민속품·고고발굴품 등 300여 건의 유물을 전시한 적이 있었
습니다. 이 자리에는 궁중장식화로는 유일하게 〈그림 24-7〉과 같이 앞
면에는 일월오봉도, 그리고 뒷면에는 도교 최고의 여신 서왕모의 반
도가 바닷가에 그려져 있는 작품이 전시되었습니다.

이것은 조선 후기 왕의 강연장이었던 창경궁 함인정에서 칸막이로
사용됐던 작품으로, 일제가 창경궁을 창경원으로 바꿀 때 발견되어
국립중앙박물관 수장고에 보관되어 오다가, 복원을 거쳐 처음으로 공
개되었다고 합니다.

이 두 폭 병풍의 일월오봉도는 현존하는 가장 오래된 작품으로서,
그동안 박물관 수장고에 있다가 〈창경궁영건도감의궤〉를 통해 존재

가 확인되었습니다. 이 일월오봉도는 여타 작품이 20세기 것으로 중
국을 통해 들어온 서양 안료를 쓴 것과 달리 천연 안료인 석채를 사
용했으며, 뒷면에는 신선세계의 상징인 반도가 그려져 있는데, 이 역
시 궁중장식화 중 유일하다고 합니다. 이러한 일월오봉도의 도상적
연원에 대하여 크게 나누면 고분 벽화와 오봉병을 연관시키는 학자
와 『시경』의 시에서 찾는 두 부류의 학자가 있더군요.

〈그림 24-8〉 석제 병풍

고분 벽화와 관련짓는 대표적인
학자는 미술사가인 미셀 밤블링으
로 〈그림 24-8〉 감숙성 천수시에서
발굴된 수대隋代의 고분 석제 병풍
에 해와 달이 묘사된 것을 오봉병과
연결시켜 설명하였습니다. 유혜진의 논문에 의하면 천수 석제 병풍은
11폭의 판석으로 이루어져 있는데, 이 중 좌측 두 번째에 해가 떠있
고, 우측 두 번째의 것에 달의 모습이 표현되어 있습니다. 밤블링은
이것이 오봉병뿐만 아니라 현존하는 모든 동아시아의 일월 병풍의 시
작으로 보았습니다.

그러나 이러한 밤블링의 시각에 대해 이성미는 천수 석제 병풍은
묘주의 일생을 11장면에 그린 것이므로 고구려 고분 벽화의 묘주 생
활상과 같은 것으로 보아야 한다고 말했습니다. 이러한 천수 병풍의
도상에 대하여 돈황 석굴에 나타나는 조로아스터교 도상 전문 학자
인 강백근처럼 돈황본 『안성천영』과 대조하며 조로아스터교의 도상으
로 해석하는 논지가 있기도 한데, 저는 돈황 석굴 역시 처음에는 미
트라의 예배 장소인 미트라에움이었을 가능성이 높다고 생각합니다.

한편 『시경』〈소아〉의 천보天保의 시는 신하들이 왕의 덕을 칭송하고 하늘과 조상의 축복을 기원하는 시인데요. 조용진은 이 시의 내용에 등장하는 달과 해, 산의 표현, 소나무가 일월오봉병의 도상과 일치하고, 천보 아래 왕조의 번영에 대한 상징이라는 점에서 오봉병과 조선의 유교적 정치철학을 연관 지어 관계성을 주장하였습니다.

그 밖에 오봉도의 연원을 이성계가 마이산에서 하늘의 뜻을 전수받아, 도탄에 빠진 고려 왕국을 재건할 정치적 명분을 부여받은 것을 상징화한 그림으로서 태조의 건국이념을 정당화시켜준 그림이라는 주장도 있더군요.

그러나 내륙 지방인 전북 진안에 위치한 마이산은 일월오봉도에 나타나는 바다와 전혀 상관이 없습니다. 마찬가지로 감숙성 천수시 고분의 석조 병풍도 도상에 바다의 이미지가 전혀 등장하지 않으며, 천보의 시에서도 강물은 등장하지만 바다의 이미지는 역시 등장하지 않습니다. 혹자는 일월오봉도에 등장하는 폭포와 연관시켜 이 물결이 바다가 아니라 강물이라고 주장하기도 하더군요. 그러나 일월오봉도에 등장하는 파도가 강물이라는 주장 역시 잘못임을 일월오봉도가 유행했던 조선 후기의 다른 그림들을 살펴보면 명확히 알 수 있습니다.

〈그림 24-9〉는 조선 후기의 문인화가인 심사정과 윤두서가 그린 〈송하관폭도〉입니다. 이 중에서 특히 오른쪽 윤두서의 그림

〈그림 24-9〉 송하관폭도_심사정(좌)·윤두서(우)

에서 명확하게 드러나듯이 폭포에서 흘러나오는 물결은 파랑이 일어나지 않고 잔잔한 것을 알 수 있습니다. 그리고 이러한 것은 조선 초기의 문인화가인 강희안이 그린 고사관수도에서도 마찬가지여서, 작품 내의 인물이 바라보는 강물은 물결이 전혀 일지 않음을 알 수 있습니다.

〈그림 24-10〉 해상군선도_안중식·조석진

반면에 바다의 파도를 그린 그림들을 살펴보면 일월오봉도의 그림과 마찬가지로 너울이 크게 이는 것이 확연하게 드러납니다. 〈그림 24-10〉은 안중식과 조석진이 그린 〈해상군선도〉이며, 〈그림 24-11〉은 김홍도가 그린 〈해상군선도〉 8첩 병풍입니다. 이들 그림에서는 바다의 물결이 크게 일렁이며 너울지는 것을 확연하게 볼 수 있으며, 그 밖에 다른 화가들이 바다를 그린 작품들도 한결같이 일월오봉도에서 나타나는 것과 같은 너울을 표현하고 있습니다. 따라서 일월오봉도의 배

〈그림 24-11〉 김홍도 해상군선도

경은 육지가 아니라 바다와 접해있는 곳 혹은 바다 한가운데 있는 산들을 표현하고 있음을 알 수 있습니다.

또한 일월오봉도의 배경이 바다인 것을 확연히 알 수 있게 하는 작품은 태조 어진이 봉안되어 있는 경기전에 있는 일월오봉병입니다. 태조 어진은 일월오봉병 앞에 봉안하며 항상 펼쳐두고 감지 않았는데, 경기전에 있는 〈그림 24-12〉의 일월오봉병은 물결무늬가 화면의 반 이상을 차

〈그림 24-12〉 경기전 일월오봉병

지하면서 높게 올라와 있는 것을 볼 수 있습니다. 이것은 다른 일월오봉병에서는 보기 어려운 독특한 구도이며, 마치 일월과 오봉이 바다 위에 떠오르는 듯하며, 양쪽 봉우리 사이에서 흘러나오는 폭포의 모습 또한 보이지 않아 특이합니다.

이제 일월오봉도가 표현하고 있는 진정한 숨은 의미를 파악하기 위해 다시 한번 그림의 구성을 자세히 살펴보기로 하겠습니다. 이 그림에는 5개의 봉우리 위에 해와 달이 떠 있는데, 좌우 두 개의 봉우리를 소나무가 살짝 가리고 있고, 산봉우리 앞에는 파도가 넘실대고 있습니다. 그리고 창경궁에서 발견된 오봉병의 뒷면에는 신선들이 먹는다는 반도가 그려져 있습니다.

한 가지 더 생각해볼 점은 일월오봉도는 일월오악도 혹은 일월곤륜

도라고도 불린다는 것입니다. 알다시피 오악은 태산·화산·형산·항산·숭산 다섯 산을 말하는데, 왜 이 그림은 일월오악도라고 불리면서 오악에 속하지도 않는 일월곤륜도라고도 이름이 붙었을까요?

그 이유는 바로 이 그림이 월지족의 한반도 이주 목적을 나타내고 있기 때문입니다. 즉, 앞에서도 언급했듯이 허황옥은 수로왕을 만나는 자리에서, "저는 배를 타고 멀리 신선이 먹는 대추를 구하고, 하늘로 가서 선계의 복숭아를 좇으며…"라고 말하면서, 불로불사를 가능하게 해주는 서왕모의 반도를 찾아왔음을 밝히고 있습니다.

『열자』에는 발해의 동쪽 멀리에 오신산이 있는데, 그 산에는 불로불사의 과일이 자라고 있으며, 오신산 중 두 개의 산이 머나먼 바다로 떠내려가서 세 개의 산만 남았다고 기록되어 있습니다. 즉, 『열자』〈탕문편〉에 의하면, 발해의 동쪽 수억만 리 저쪽에 대여·원교·방허(혹은 방장)·영주·봉래라는 오신산이 있는데, 그 높이는 각각 3만 리, 금과 옥으로 지은 누각이 늘어서 있고, 주옥으로 된 나무가 우거져 있다고 묘사하고 있습니다.

그리고 그 나무의 열매를 먹으면 불로불사하며, 그곳에 사는 사람은 모두 선인들로서 하늘을 날아다니며 살아간다는군요. 또한 오신산은 본래 큰 거북의 등에 업혀 있었는데, 뒤에 대여와 원교 두 산은 흘러가 버리고 방장·영주·봉래의 삼신산만 남았다고 합니다. 따라서 일월오악도에서 좌우 두 개의 봉우리가 소나무에 의해 가려진 것은 원래 오신산에서 두 개의 산이 떠내려가고 세 개의 산만 남은 것을 상징하는 것으로 추정할 수 있으며, 산봉우리 앞에 파도를 그린 것은 이곳이 발해의 동쪽 멀리에 있는 바다임을 나타낸 것이죠.

예로부터 한반도에 위치한 금강산을 봉래산, 지리산을 방장산, 한라산을 영주산이라고도 부르는 것은 이런 까닭에서였습니다. 금강산·지리산·한라산을 삼신산이라고 부르는 것을 서불(서복)이 동남동녀들을 이끌고 한반도로 찾아온 사실과 연결시키는 사람들도 있는데, 서불은 단지 한반도 서해안, 남해안, 그리고 제주도를 거쳐 일본으로 건너갔지, 결코 한반도에서 불로초를 찾기 위해 오랜 시간 동안 머물지는 않았다고 판단됩니다.

왜냐하면 서불은 어린애들을 데리고 그렇게 오랜 시간을 불로초 탐사를 위해 한반도 구석구석을 탐색할 능력이 되지 않았기 때문이죠. 따라서 금강산·지리산·한라산을 삼신산의 이름으로 부르는 것은 불로초를 구하기 위해 선도성모 집단이 한반도로 이주한 후였을 것으로 추정하는 것이 합당하다고 봅니다.

그리고 현존하는 가장 오래된 일월오봉도 뒤에 해반도도가 그려져 있는 것 역시 일월오봉도의 산이 불로불사의 과일인 서왕모의 반도가 자라는 오신산임을 나타내기 위한 것이었습니다. 또한 일월오악도의 오악에 곤륜산이 포함되지 않음에도 불구하고 '일월곤륜도'라는 다른 이름이 붙은 이유는 이 그림이 불로불사를 이루게 해주는 서왕모의 반도와 관련이 있으며, 서왕모는 중국 신화에서는 곤륜산에 거주했기 때문이었던 것입니다. 사실 그림에 내포된 의미를 생각하면 '일월곤륜도'라는 명칭이 '일월오악도'보다 더 정확한 것이죠.

이번엔 〈그림 24-13〉을 관찰해 보도록 하겠습니다. 그림의 조선통신사 행렬도에는 새의 깃털을 갓에 꽂은 사람이 선두에 걸어가고 있습니다. 아마도 그림에 등장하는 이 사람은 왜 갓에 새의 깃털을 꽂

〈그림 24-13〉 조선통신사 행렬도

는지 그 의미도 모른 채 단지 옛날부터 전해 내려오는 관습에 의해 깃털을 꽂은 갓을 썼을 것입니다.

그리고 고구려 고분 벽화에 그려진 새의 깃털을 꽂은 절풍을 쓰고 있는 사람도 마찬가지로 그 의미를 모르고 대대로 전해져 내려오는 관습에 의해 그랬을 수 있는데, 전작에서 언급했듯이 이러한 풍습은 고대 페르시아에서 먼 여행을 떠나는 사람이 부적처럼 새의 깃털을 몸에 지니고 다니는 것에서 시작된 것이었습니다. 그런데 세월이 지남에 따라 그 본래의 의미는 잊혀지고, 모자에 깃털을 꽂는 형식만 전해진 것이었죠. 마찬가지로 일월오봉도를 그린 사람들은 그 그림에 담겨져 있는 원래의 의미인 '불로초 구하기'는 망각한 채, 그때까지 민간에서 전승되어 내려오던 형식만 그림으로 나타내었던 것입니다.

저는 2016년 5월에 일월곤륜도를 전문으로 그리는 이웃 블로거님께 특별한 그림을 그려달라는 주문을 했습니다. 주문 내용은 기존의 일월곤륜도에 소나무 대신 복숭아나무를 그려 넣은 '일월곤륜반도도'

〈그림 24-14〉 일월곤륜반도도_김은주 작

를 그려달라는 것이었는데, 그 목적은 이번 책에서 월지족이 한반도에 건너온 이유를 설명하는 부분에서 사용하기 위해서였습니다. 그림은 벌써 완성되었는데, 원고 작성이 늦어지는 바람에 까맣게 잊고 있다가 2017년 연말에 〈그림 24-14〉의 사진을 메일로 받았습니다. 비록 늦었지만 지면을 통하여 수고로움을 마다하지 않은 김은주 화가에게 미안한 마음과 더불어 감사한 마음을 보내며, 작품은 살림이 좀 퍼지면 정당한 값을 지불하고 받을 계획입니다.

다음으로는 월지족의 한반도 이주 목적인 '불로초 구하기'에 대한 도상학적 증거로서 서봉총 금관에 숨어 있는 의미에 대해서 살펴보도록 하겠습니다.

신라 시대의 유물 중 그 정교하고 화려한 세공으로 둘째가라면 서러워할 유물이 금관입니다. 신라 금관의 연원에 대해서는 시베리아 유목 민족이 신라로 이주하면서 전해졌다고 보는 견해와 신라인들이 자체적으로 만들었을 것으로 보는 견해가 있습니다.

전자는 신라 금관의 나뭇가지 모양과 사슴뿔 모양 장식이 시베리아 샤먼이 착용했던 관과 유사하다는 점에 근거하고 있습니다. 반면에 신라인들이 자체적으로 만들었다고 보는 학자들은 신라인들이 북방의 황금 문화를 수용하여 그들이 전통적으로 선호해온 도안에 접목하여 금관을 창작하였던 것으로 파악하고 있다더군요.

신라 금관의 기본 형식은 착용자의 머리에 닿는 둥근 테에 세움 장식을 세우는 방식인데요. 세움 장식 형태는 일반적으로 나뭇가지 모양과 사슴뿔 모양 두 가지가 있는데, 나뭇가지 모양 세움 장식은 금관의 앞과 좌우에 '산(山)'자 모양의 가지 세 개, 사슴뿔 모양 세움 장식은 금관 뒷부분 양 끝에 두 개를 세웁니다. 그리고 금판을 둥글게 오려 만든 수많은 금 드리개와 굽은 옥(曲玉)들이 금관을 장식하고 있습니다.

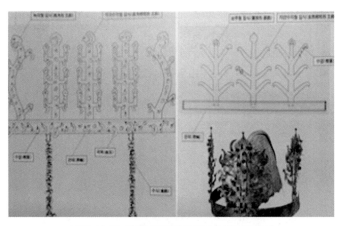

〈그림 24-15〉 직각수지형(좌)과 자연수지형 금관(우)

신라 금관의 원류를 시베리아에서 찾는 고고학자 김병모는 신라 금관의 구성 요소를 〈그림 24-15〉의 왼쪽과 같은 직각수지형과 〈그림 24-15〉의 오른쪽과 같은 자연수지형으로 분류했습니다. 그리고 나뭇잎과 곡옥은 나무 열매의 상징으로 씨를 품고 있어서, 후손이 대를 이어 왕이나 사제의 직위를 이어간 사람의 위세품에 달린 장식품으로 사용되었다고 주장했습니다. 그리고 금관의 꼭대기에 있는 하트 모양은 보주로 파악했습니다.

또한 한국의 금관은 선행 형식이 존재하지 않으며, 갑자기 나타난 문화 현상으로 시베리아 샤먼의 모자는 금제품이 아니며 관테에 나무 모양을 세운 입식은 중앙아시아에 그 유형이 있지만 신라형의 직각형 수지와는 다르다고 했습니다. 마찬가지로 녹각형 수지 역시 스키타이 문화에도 나타나지만 직각형 수지는 신라인이 창안한 것이며, 내모內帽 중에 뾰족한 모자는 신라·고구려·백제·가야에서 공통적으로 사용되었는데, 금속으로 만든 뾰족한 모자는 스키타이, 페르시아 사산 풍과 깊은 관련이 있는 것으로 파악했습니다.

금관이 발굴된 고분은 모두 적석목곽분 형태인데, 공식적으로 출토된 금관을 기존의 학자들이 추정하는 시기 순으로 나열해보면 황남대총 북분, 금관총, 서봉총, 천마총, 금령총 순이며, 그 밖에 도굴되었다가 회수된 교동 금관까지 포함해서 총 6개의 금관이 발견됐습니다. 그중 교동 금관은 가장 형태가 단순하며 오래된 것으로, 신라의 전형적인 관인 '산자 모양 금관의 시원적인 모습으로 추정됩니다.

나머지 5개 금관 중에서 초기 형태인 황남대총 북분, 금관총, 그리고 서봉총 금관은 산자 모양이 3단으로 이루어져 있으며, 후기의 천마총과 금령총 금관은 산자 모양이 4단으로 이루어져 있습니다. 그리고 나뭇가지 모양과 사슴뿔 모양의 꼭대기에는 보주라고 하여 하트 모양의 장식이 달려 있는데, 이것의 의미에 대하여 학자들은 러시아 비잔틴 교회 양식의 돔으로 해석하거나 또는 신수의 움, 촉, 순으로 생명력을 상징한다고 해석하기도 했습니다.

이들 금관 중 특히 주목할 것이 황남대총 북분 금관과 서봉총 금관입니다. 황남대총의 경우, 같이 출토된 '부인대夫人帶'라는 글자가 새겨진 금제 허리띠에 의해서 주인이 여자인 것을 알 수 있는데, 남자의 무덤으로 추정되는 남쪽 무덤에서는 오히려 금동관이 출토되었습니다. 이것에 대하여 지금까지 학자들은 왕은 금동관을 쓰고 왕비는 금관을 쓴 것으로 파악하여 역사의 미스터리로 여겨 왔습니다.

그러나 사실 금관은 왕관이 아니라 선도성모와 같은 여제사장이 사용하는 여성용이었으며, 이것은 다른 금관들의 머리 크기가 대부분 작은 것으로도 추정할 수 있습니다. 또한 서봉총은 1926년에 발굴되었는데, 당시 스웨덴의 황태자이며 고고학자인 구스타브 공작이 참관하여 출토된 금관을 손수 채집하였고, 관에 세 마리 봉황 모양이 장식되어 있기 때문에 스웨덴(瑞典)의 '瑞'자와 봉황의 '鳳'자를 따서 서봉총이라고 이름붙인 것입니다.

그렇다면 지금까지 학자들이 다양한 의견을 제시했던 3단으로 이루어진 山자 모양 나뭇가지, 하트 모양의 보주, 그리고 세 마리의 새가 상징하는 진정한 의미는 무엇일까요? 제가 파악하기로는 〈그림 24-16〉 서봉총 금관에 표현된 이러한 상징들 속에 선도성모를 비롯한 월지족이 한반도로 이주한 진정한 이유가 담겨져 있습니다.

즉, 금관들이 발견된 적석목곽분의 원형은 월지족이 생활했던 남부

〈그림 24-16〉 서봉총 금관(출처: 공공누리)

시베리아 파지리크 지역에서 비롯된 것이며, 앞에서 선도성모의 전신이 중국의 신화에 등장하는 서왕모라고 밝힌 바 있습니다. 그런데 앞에서도 여러 번 말씀드렸듯이 서왕모가 도교에서 가장 숭배 받는 이유는 바로 불로불사의 생명을 주는 반도 때문인데, 금관에 장식된 하트 모양의 보주는 다름 아닌 반도, 즉 복숭아를 형상화한 것입니다. 창경궁에서 발견된 일월오봉병의 경우에도 병풍 뒷면에는 해반도도가 그려져 있어서 일월오봉도가 상징하는 것이 발해 저 멀리 바닷가에 불로불사의 반도나무가 있는 삼신산이라고 했듯이, 서봉총 금관의 꼭대기에 있는 하트 모양의 물체도 다름 아닌 반도였던 것이죠.

사실 우리가 실생활에서 먹는 복숭아의 모습은 금관 위에 장식되어 있는 하트형과 전혀 닮지 않았습니다. 그런데도 우리는 관념적으로 복숭아라는 이미지를 떠올릴 때는 하트 모양의 복숭아를 떠올리게 됩니다. 과피에 털이 없는 복숭아를 천도天桃복숭아라고 하며, 중국에서는 이것을 유도油桃라고 부릅니다. 그런데 제가 바이두에서 검색해본 중국의 유도 사진 중에는 하트 모양의 복숭아가 있었습니다.

따라서 어쩌면 우리가 관념적으로 떠올리는 하트형의 복숭아 모양은 선도성모 집단이 한반도에 가져온 초창기 천도복숭아의 생김새에서 비롯되었을 수도 있겠습니다. 12일간의 선사 유적지 답사 여행 때 들른 수양개 선사 유물전시관에는 구석기 유적지 부근에서 철기 유적지도 같이 발견되었다고 소개되어 있는데, 철기 유적지 설명 중 복숭아씨가 발견되었다는 내용을 보고 혼자 미소 지은 적이 있었습니다. 왜냐하면 복숭아는 선도성모와 관련이 있으며, 원산지는 서왕모 신화가 시작되는 곤륜산 인근 지역이기 때문입니다. 결국 철기 유적지에서 발견된 복숭아씨도 이 유적지가 월지족의 흔적인 것을 보여주는 증거인 것인데, 역시 아는 만큼 보이는 법입니다.

〈그림 24-17〉 일월반도도 병풍

다음 그림을 살펴보시죠. 〈그림 24-17〉은 국립고궁박물관에 소장되어 있는 일월반도도 병풍입니다. 이 그림은 4폭 병풍 2좌를 펼쳐서 세트를 이루도록 만든 것으로서, 전경 좌우에 복숭아가 주렁주렁 열린 복숭아나무가 자리하고 넘실거리는 바다 너머로 해와 달이 떠오르는 모습을 초록과 노랑 위주의 진한 채색으로 그려져 있습니다. 소나무가 그려져 있는 일월오봉도보다는 어쩌면 바다에 반도가 그려져 있는 이 그림이 앞에서 설명한 일월오봉도가 가지고 있는 원래의 의미를 더 잘 담고 있다고 할 수 있겠습니다. 그런데 이 그림에서 묘사되어 있는 반도는 우리가 실생활에서 볼 수 있는 형태의 복숭아가 아니라 끝이 하트처럼 뾰족한 형태입니다.

이러한 이미지는 과거에만 그런 것이 아닙니다. 몇 년 전 '국민 여동생'으로 불리던 모 여가수의 복숭아 그림이 인터넷상에서 소개된 적이 있는데, 그 그림 역시도 관념적인 이미지의 복숭아를 그리고 있더군요. 이처럼 우리 민족에게는 관념적인 하트 모양의 복숭아 이미지가 집단무의식 속에서 전승되어 내려왔던 것처럼 보입니다. 그리고 그 관념적인 이미지의 시작은 선도성모 집단이 영원한 삶을 추구하여 삼신산의 반도를 찾아서 한반도에 이주한 이후였을 것입니다.

한편 서봉총 금관에 장식되어 있는 세 마리의 새는 서왕모 신화에 등장하는 삼청조를 상징하는 것입니다. 『산해경』〈대황서경〉에는 "파란 신조가 세 마리 있는데 머리는 붉고 눈은 검다. 한 마리는 대려, 또 한 마리는 소려, 나머지 한 마리는 청조라고 한다."라고 기록되어 있고, 『산해경』〈해내북경〉에는 "서왕모는 궤에 몸을 기대고 있으며, 머리에는 번쩍이는 옥꾸미개를 쓰고 있다. 그녀가 있는 곳의 남쪽에 크고 파란 새가 세 마리 있는데, 모두 용맹하고 건장하며 오직 서왕모만을 위해 음식을 찾는다."고 기록되어 있습니다.

"삼청조가 서왕모를 위해 음식을 찾는다"라는 구절에서 우리는 이 새가 단순히 관상용의 새가 아니라 먹이를 잡는 맹금류인 것을 알수 있는데, 서왕모의 삼청조 신화는 바로 유목 민족들의 '매사냥'을 의미하는 것이었습니다. 그래서 선도성모 설화에 솔개 이야기가 등장하는 것이며, 고구려 고분 벽화에 매사냥 그림이 그려져 있는 것이죠. 그리고 서왕모의 삼청조인 매는 이슈타르 여신의 신조이자 같은 맹금류인 올빼미의 변형일 것으로 추정됩니다.

또한 금관에 표현된 세 개의 산은 불로초가 존재한다는 삼신산을 상징하는 것으로 추정할 수 있습니다. 앞에서 일월오악도의 좌우 두 봉우리가 소나무에 의해 가려진 것은 원래 오신산에서 두 개의 산이 떠내려가고 세 개의 산만 남은 것을 상징하는 것으로 추정할 수 있다고 했습니다. 마찬가지로 신라 금관에서 3단으로 이루어진 '山'자 형태는 삼신산을 상징하는 것이며, 후대에 이것이 4단으로 바뀐 것은 시간의 흐름에 따라서 왜 애초에 3단으로 만들었는지 그 이유를 잊었기 때문인 것으로 추정할 수 있습니다.

그리고 신라 금관에서 나타나는 나뭇가지 모양과 사슴뿔 모양의 가지의 기원은 앞에서 소개한 〈그림 24-2〉와 같은 생명의 나무인 것으로 추정됩니다. 즉, 메소포타미아 신화에서 길가메시가 영원한 삶을 얻기 위하여 찾았던 생명의 나무 신화가 선도성모 집단이 중국으로 이주함에 따라서 진시황 시절부터 중국에서 퍼졌던 삼신산 신화와 선도성모 스스로가 그 주인공이었던 서왕모 신화의 반도까지 뒤섞여서 나타난 결과물이 바로 신라 금관의 독특한 디자인이었던 것이죠.

이러한 추정의 정확성은 김병모가 "금관의 내모 중에 뾰족한 모자는 신라·고구려·백제·가야에서 공통적으로 사용되었는데, 금속으로 만든 뾰족한 모자는 스키타이, 페르시아 사산 풍과 깊은 관련이 있는 것"으로 파악한 것이 증명해줍니다. 즉, 금관의 내모 중 뾰족한 모자라는 것은 월지족이 즐겨 쓰는 고깔모자였던 것입니다.

같은 맥락으로 박경자의 박사 학위 논문에 의하면 이처럼 일월오봉도와 신라 금관에 등장하는 삼신산 사상은 신라 왕궁의 연못인 안압지 조성에도 반영되어 있습니다. 즉, 1975년부터 1976년까지의 안압지 발굴조사에 확인된 못 속의 세 섬은 도교의 신선사상에 의한 봉래·방장·영주의 삼신산으로 추정된다고 하는군요.

다음으로 〈그림 24-18〉 백제 금동대향로에 나타나 있는 '불로초 구하기'에 대한 단서를 찾아보도록 하겠습니다. 백제 금동대향로는 1993년 12월 12일 저녁, 부여 능산리 고분군 서쪽 골짜기에 있던 유적지 중 하나인 공방터의 수조 구덩이에서 출토되었습니다. 향로는 전체 높이가 62.5cm로 모두 네 부분으로 구성되어 있는데, 맨 위의 봉황과

〈그림 24-18〉 금동대향로

뚜껑의 산악도, 그리고 연꽃이 장식된 노신과 이를 물고 있는 용받침이 그것입니다. 이 가운데 맨 위의 봉황과 뚜껑의 산악도는 하나의 주물로 만들어졌음이 확인됨에 따라 향로는 본래 세 부분으로 분리되어 제작되었다는 것을 알 수 있다고 합니다.

먼저 향로의 뚜껑에 장식된 박산은 중국의 동쪽 바다 가운데에 불로장생의 신선들이 살고 있다고 하는 삼신산을 상징적으로 표현한 것으로서, 여기에는 신선을 상징하는 듯한 각종 인물, 동물, 산수 등이 다양하게 묘사되어 있는데, 동물들은 실존 동물 이외에도 상상의 동물도 많이 등장합니다. 향로 본체는 가운데 테두리의 유운문(流雲紋; 흐르는 구름 문양)을 경계로 위쪽의 삼산형 산악도와 아래쪽 연꽃 연못의 수상 생태계로 나뉘어 있습니다. 또한 곳곳에 장식된 폭포, 나무들, 불꽃 문양(불꽃은 조로아스터교의 상징입니다), 귀면상 등은 산악도의 사실감을 더해주고 있었으며, 제단 모양으로 꾸며진 정상에는 봉황이 날개를 활짝 펴고 춤을 추고 있습니다.

봉황의 바로 아래에는 다섯 악사가 각각 금, 완함, 동고, 종적, 소 등의 다섯 가지 악기를 연주하며 둘러앉아 있고, 다시 그 주위에는 다섯 봉우리에 다섯 마리의 새가 봉황과 함께 춤추는 형상을 하고 있습니다. 노신의 연꽃에도 갖가지 새와 물고기를 포함한 수상 생태계가 표현되고 있으며, 그 한쪽에는 무술을 하듯 역동적인 동작을 취하고 있는 인물의 모습이 있는데, 이러한 자세는 수박희를 그린 고구려의 무용총과 안악 3호분 벽화에서도 찾아볼 수 있습니다. 그리고 그 아래에는 발가락이 다섯 개인 용이 노신의 연꽃 줄기를 입에 물고 비상하려는 듯이 용틀임을 하고 있습니다.

이처럼 금동대향로에서 반복적으로 나타나고 있는 '5'라는 숫자가 가지고 있는 상징체계에 대하여, 서정록은 『백제금동대향로_고대 동북아의 정신세계를 찾아서』에서 부여와 고구려와 같은 고대 동북아의 5부 체제와 관련짓고 있습니다.

즉, 부여는 마가·우가·저가·구가 등 대가를 중심으로 사출도를 운영했는데, 부여는 이러한 동서남북의 4출도와 중앙을 합쳐 5부제의 성격을 가지고 있었습니다. 고구려도 마찬가지로 연노부·절노부·순노부·관노부·계루부의 5부족 체제였으며, 백제 역시 중앙과 사방을 합친 5부 체제였습니다. 신라 역시 6촌 중 이알평의 양산촌을 제외한 나머지 5촌이 모두 하늘에서 산에 내려와 마을을 세웠다는 북방계 천손 신화를 가지고 있다고 서정록은 주장하고 있습니다.

서정록이 이처럼 금동대향로에 나타난 숫자 5의 상징성을 부여·고구려·백제의 5부 체제와 관련지은 것은 탁월한 생각인데, 사실 이러한 5부 체제의 근원은 월지족으로 거슬러 올라갑니다. 즉, 대월지는 기원전 174~기원전 161년 사이에 오손과 연합한 흉노의 공격을 받아서 이시크 고분이 있던 일리 강 유역으로부터 축출되어 아무다리야로 가서 사카족이 차지하고 있던 박트리아를 점령한 후에 휴밀·귀상·쌍미·힐돈·도밀 다섯 흡후(yabghu)의 나라로 나뉘었습니다. 이후 기원전 1세기에 귀상족이 나머지 네 부족을 정복하여 귀상 왕조를 수립하게 되는데, 귀상이라는 이름은 서양에 쿠샨으로 전해졌지만 중국에서는 쿠샨 왕조를 계속 월지라 불렀습니다.

이처럼 5부 체제는 월지족의 오랜 전통이었는데, 한반도로 이주한 월지는 부여·신라·고구려·백제·가야의 다섯 나라를 세우고 그 안에서도 또다시 세부적으로 5부 체제를 갖춘 것이죠. 신라가 6촌으로 나뉘진 것은 한족 출신인 양산촌 이알평이 서안에서부터 월지족들을 따라 한반도로 이주해온 결과인데, 자세한 내용은 한민족 성씨의 뿌리와 관련해서 다루도록 하겠습니다. 가야의 경우도 『삼국유사』의

「가락기」에는 5가야로 나옵니다.

아무튼 백제 금동대향로가 출토되어 공개되었을 때 많은 학자들은 이 향로가 중국의 박산향로를 모델로 했을 가능성을 제기했다고 합니다. 그런데 중국에서 박산향로의 출현은 전국 시대 말기에 서역에서 전래되기 시작한 향료와 밀접한 관계가 있는 것으로, 향을 피우는 문화는 페르시아 지역에서 기원전 수천 년 전부터 시작되었다고 하는군요.

또한 박산향로는 한 무제 무렵부터 출토되기 시작하는데 섬서성 홍평현 무릉 1호묘에서 출토된 기원전 135년의 〈도금은죽절훈로〉와 기원전 113년 이전의 것인 하북성 만성 1호 유승의 무덤에서 출토된 〈금상감박산로〉 등이 초기의 예입니다. 그리고 한 무제 시절은 바로 제가 선도성모의 전신으로 추정하고 있는 서왕모 신앙이 중국 전역에 걸쳐 널리 퍼져 있을 때인 것입니다. 결국 백제 금동대향로의 모델이라고 하는 박산향로 자체가 월지족의 뿌리인 페르시아 문화의 산물이었던 것입니다.

이제 독자 여러분들도 이 모든 것들이 페르시아에 뿌리를 둔 월지족인 선도성모(중국에서는 서왕모로 숭배된) 집단이라는 하나의 연결 고리에 의해 굳게 연결되어 있음을 알 수 있을 것입니다. 또한 금동대향로를 장식하고 있는 '생명의 나무'인 연꽃무늬와 불로불사의 약이 존재한다는 삼신산, 그리고 향로 곳곳에서 드러나는 신선사상 등은 앞에서 소개한 일월오봉도와 신라 금관에 담긴 서왕모의 반도와 관계가 있는 것임을 쉽게 파악할 수 있을 것입니다. 결국 월지족의 한반도 이주 목적에 대한 단서들이 신라 금관이나 일월오봉도 외에 백제 지역에서 발굴된 금동대향로에도 나타나 있는 것이죠.

셜록 홈스 시리즈 중 『네 사람의 서명』〈빠진 고리〉에는 다음과 같은 내용이 나옵니다.

"내 친구의 추리에 어떤 근본적인 결함이 있는 것일까? 홈스는 뭔가 크게 착각한 것이 아닐까? 그의 명민하고 사색적인 정신이 어떤 잘못된 전제 위에 허약한 이론을 쌓아 올린 것이 아닐까? 나는 그가 틀리는 것을 한 번도 본 적이 없었지만 가장 뛰어난 이론가도 실수할 때가 있는 법이다. 나는 그가 논리를 지나치게 정교하게 다듬다가 실수했을 것이라고 생각했다. 사실 홈스는 평이하고 상식적인 이야기보다는 의표를 찌르는 기발하고 정교한 이론을 더 좋아하지 않는가 말이다. 하지만 나는 내 눈으로 직접 증거를 보았고, 그가 어떤 근거로 추리를 했는지 알고 있다. 연속적으로 일어난 괴기한 사건들을 떠올려보면 아무리 사소한 것이라도 모두 한 가지 방향을 가리키고 있음을 알 수 있다. 설령 홈스의 설명이 틀렸다고 하더라도 그에 못지않게 놀랍고 기이한 내막이 있으리라는 것을 인정하지 않을 수 없었다."

왓슨이 홈스의 추리에 대해 의문을 가졌듯이 독자 여러분들도 월지족의 한반도 이주 이유에 대한 제 주장에 대해서 처음에는 '과연 그럴까'라는 의문을 가질 수도 있었을 것입니다. 그러나 왓슨이 각종 증거와 홈스의 추리과정을 지켜봄으로써, 연속적으로 일어난 각종 괴기한 사건들이 모두 한 방향을 가리키는 것을 알 수 있었듯이, 이제는 독자 여러분들도 월지족의 한반도 이주 목적과 관련하여 제가 내세우는 각종 증거들이 아무리 사소한 것이라도 모두 '영원한 삶의 추구를 위한 불로초 구하기'라는 한 가지 방향을 가리키고 있음을 알 수 있을 것입니다.

오늘은 한국 고대사의 비밀을 밝혀주는 각종 고분 벽화와 암각화에 새겨진 도상학적 증거들에 대해 살펴보겠습니다.

지금까지 제가 강의한 내용들을 읽어보신 독자라면 아시겠지만, 저는 고대사 연구에 있어서 도상학적 접근방법을 즐겨 사용했습니다. 그 이유는 우리 고대사와 같이 역사 기록이 부족한 상태에서는 문자로 남아 있는 기록보다는 차라리 중국의 화상석, 고구려 고분 벽화, 알타이 지역의 암각화, 그리고 메소포타미아 지역의 부조 등에 남아 있는 각종 도상으로부터 한민족의 뿌리를 찾는 데 아주 좋은 단서들을 얻을 수 있었기 때문이죠. 즉, 한민족 문화의 원형을 이루고 있는 월지족의 한반도 이주 목적 및 이동 경로에 대한 기록들이 비록 문헌상으로는 제대로 남아 있지 않을지라도 그들의 이동 경로상에는 일관된 흔적이 도상으로 완벽하게 남아 있었습니다.

월지족의 한반도 이주 이전에도 선주민들이 분명 있었음에도 불구하고, 저는 월지족이 한민족 문화의 원형을 만들었기 때문에 월지족이 한민족의 진정한 뿌리라고 생각합니다. 월지족이 만든 한민족 문화의 원형에는 추석을 비롯한 각종 세시풍습과 아리랑, 각종 탈춤 및 굿, 단오제, 남사당놀이 등과 같은 여러 주요 무형문화재들을 포함하는데, 이와 관련된 자세한 내용은 월지족의 한반도 이주기인 〈단군신화〉와 관련된 차기 작품에서 소개하도록 하겠습니다.

지금까지 우리 고대사를 연구하는 역사학자들이 저지른 잘못 중 하나는 문자 기록으로 남겨진 텍스트에만 관심을 집중하고 도상학적 증거들에 대해서는 그다지 큰 관심을 쏟지 않았다는 것인데, 이로 인해 그렇지 않아도 부족한 우리 고대사의 비밀을 밝힐 수 있는 단서들을 스스로 더 좁게 제한시키고 말았습니다. 지금부터는 중국의 화상석, 고구려 고분 벽화, 그리고 알타이 지역과 한반도 곳곳에 남아 있는 암각화 등과 같은 여러 도상학적 증거들을 이용하여 한국 고대사의 비밀 몇 가지를 더 밝혀보도록 하겠습니다.

한국 고대사의 비밀을 밝혀주는 여러 도상학적 증거 중에서 먼저 중국에서 신선술을 익히고 건너왔다는 선도성모와 도교의 최고 여신인 서왕모 사이에 어떤 관계가 존재하는지를 중국 서왕모 화상석에 등장하는 동왕공·서왕모 도상과 고구려 동수묘 고분 벽화에 그려진 남녀 묘주도의 도상 비교를 통하여 살펴보도록 하겠습니다.

중국 한나라 시절, 묘지 화상에는 사주수제도(祠主受祭圖; 사당 주인에게 제사지내는 모습의 그림)를 중심으로 그 위와 아래에 도상학적 의의가 전혀 다른 두 종류의 거마행렬도가 있습니다. 즉, 사주수제도의 위 부분에 있는 경우는 도안화문의 틀이 없는 거마행렬도로서 그림의 왼쪽에는 한 대의 수레-사마안거(馴馬安車)가 있는데, 우산 뒤에 '대왕거大王車'라고 새겨진 제기가 있어 습관적으로 '대왕 거마행렬도'라고 불립니다. 사주수제도의 아래 부분에 있는 경우는 상층은 사주수제도, 중층은 공자견노자도孔子見老子圖, 하층에는 나머지 한 폭의 거마행렬도가 배치되어 있습니다.

이러한 거마행렬도의 의미에 대하여 기존의 학자들은 망자가 제사를 받기 위하여 지하세계에서 묘지 사당으로 오는 것을 나타내거나(신립상), 무덤 주인의 승선을 향한 여정의 출발과 종결이라는 줄거리에 맞추어 이루어졌거나(전호태), 혹은 망자가 최종 도착지인 서왕모가 있는 천계 또는 선계에 이르기를 갈망하는 내용(유강하)이라고 파악하였습니다.

반면에 저는 전작에서 여러 거마행렬도에서 공통적으로 나타나는 행렬 위를 같이 날아가는 새의 그림을 선도성모의 '비연복지' 설화와 연관시켜 화상석에 그려진 거마행렬도의 의미를 당시 중국 내륙에서 한반도로 이동하는 선도성모 집단을 나타내는 것이라고 파악하였습니다. 그리고 여러 거마행렬도 화상석에서 나타나는 새의 그림이 평안남도 남포시 약수리 고분 벽화에도 등장하는데, 이러한 거마행렬도에 나타나는 새의 그림이 결코 우연이 아니라고 앞에서도 말씀드린 적이 있습니다.

이처럼 한나라 화상석에 나타나는 거마행렬도의 의미가 선도성모 집단의 한반도 이동이라는 저의 주장을 뒷받침하기 위해 한나라 화상석에 등장하는 동왕공·서왕모 도상과 고구려 동수묘 고분 벽화에 그려진 묘주도의 도상을 비교해보면 두 도상은 몇 가지 점에서 일치하는 것을 알 수 있습니다.

〈그림 25-1〉은 황해도 안악군에 위치한 안악 3호분 동수묘의 남자

〈그림 25-1〉 동수묘(좌)와 덕흥리 고분 묘주도(우)

주인공과 평남 남포시 덕흥리에 위치한 고분의 남자 주인공 그림인데, 안악 3호분의 경우 고분에 적혀 있는 묵서명에 의하면 동진 영화 13년인 서기 357년에 조성되었으며, 남포 덕흥리 고분의 경우 고구려 영락 18년인 408년에 조성되었다고 합니다. 그런데 저는 이 두 묘주도는 엄밀히 말하자면 묘의 주인을 그린 것이 아니라 한나라 화상석에 그려진 동왕공, 즉 한반도 이주 당시 월지족의 왕 모습을 그린 것으로 파악하는데, 그 근거는 다음과 같습니다.

〈그림 25-1〉에 있는 두 그림을 자세히 살펴보면 동일한 형태의 모자를 쓰고 있고, 오른손에는 새 깃털로 만든 부채를 들고 있으며, 왼손은 특이한 형태를 취하고 있습니다. 그런데 이 그림에 등장하는 부채와 왼손의 형태로써 이 그림의 주인공이 도교와 관련이 있음을 알 수 있습니다. 즉, 도교의 주요 인물들은 말총 등으로 만든 먼지떨이인 주미 또는 불진과 새의 깃털로 만든 부채인 학우선 등을 위의구威儀具로 들고 있는 것으로 묘사되는데, 위 두 그림의 주인공이 오른손에

들고 있는 것이 바로 일종의 학우선인 것이죠.

그리고 〈그림 25-1〉에서 왼손이 취하고 있는 자세는 수인手印이라는 것으로 불교나 도교에서 사용되는 손가락의 형태입니다. 김미진의 논문에 의하면 원래 수인은 불상의 손가짐을 말하는 것으로 산스크리트어로 mudra라고 하고, 음역해서 무다라, 모날라, 무날라 혹은 인상印相이라고도 합니다. 이것은 기호, 표징뿐만 아니라 신체에 각인된 신성한 기호로서의 손가락을 의미하기도 하는데, 보다 엄밀히 구분하면 수인은 빈손으로 어떤 모양을 나타내는 것이며, 〈그림 25-1〉과 같이 한 손에는 지물을 들고 있는 손 모양은 계인契印이라고 한다는군요.

〈그림 25-2〉 도교 삼청존신

그리고 〈그림 25-2〉는 도교에서 가장 높은 지위를 차지하고 있는 삼청존신을 묘사한 그림입니다. 천신은 하늘 가장 높은 곳에 있기 때문에 신선 계보의 제일 높은 자리를 차지하고 있는데, 도교의 최상층 천신은 옥청 원시천존·상청 영보천존·태청 도덕천존으로 이루어집니다. 이러한 세 천존은 각자 그 유래가 있는데, 원시천존의 원형은 중국의 창세 신화에 등장하는 반고이며, 영보천존은 우주가 생성될 즈음 태극의 두 기운이 태동하는 '두 가닥의 새벽 정기'가 화한 것이며, 도덕천존은 수많은 소설이나 희곡에서 자주 언급되는 태상노군, 즉 노자입니다. 그런데 〈그림 25-2〉에서 왼쪽에 있는 태청 도덕천존이 오른손에는 부채를 들고 있고, 왼손으로는 계인을 취하고 있는 모습이 〈그림 25-1〉에 있는 동수묘 벽화의 주인공과 정확히 일치합니다.

〈그림 25-3〉 모자를 쓴 신하

또한 〈그림 25-3〉은 동수묘 주인공 좌우에 그려져 있는 모자를 쓴 신하들의 모습인데요. 왼쪽 인물이 쓰고 있는 모자 모습과 오른쪽 인물이 쓰고 있는 모자 모습이 다른 것을 알 수 있으며, 이것은 〈그림 25-1〉의 주인공이 쓴 검은색 펠트 위에 흰색 펠트로 이중으로 덮어진 모자의 모습과도 다릅니다. 그런데 이러한 특징을 가진 모자들이 한나라 화상석에도 등장합니다. 〈그림 25-4〉는 산동 미산현 양성진에서 출토된 화상석 그림인데, 이 그림의 왼쪽에 서왕모, 오른쪽에 동왕공(태양신 미트라의 중국식 표현)이 앉아 있으며 서왕모와 동왕공의 좌우로 각각 시녀와 신하들이 시립하고 있습니다.

그런데 동왕공이 쓴 모자를 자세히 보면 이중으로 이루어진 것을 알 수 있으며, 동왕공 오른쪽의 신하들이 쓰고 있는 모자도 동수묘

〈그림 25-4〉 동왕공 서왕모 화상석

좌우의 신하들이 쓰고 있는 모자처럼 비스듬한 모자와 감투처럼 윗부분이 동그란 모자 두 종류로 이루어져 있는 것을 볼 수 있습니다. 그리고 동수묘 벽화에 등장하는 행렬도에는 '성상번聖上幡'이라는 글자가 쓰인 깃발이 그려져 있는데, 이것 역시 한나라 화상석의 거마행렬도에 '대왕거'라고 새겨진 제기가 있었듯이 동수묘 벽화의 남주인공이 단순히 무덤의 주인이 아니라 한반도로 이동한 월지족의 왕, 즉 한나라 화상석에서는 동왕공의 신분인 것을 나타내줍니다.

〈그림 25-5〉 한 화상전 백희기악도(좌)와 수산리 고분 벽화(우)

또한 〈그림 25-5〉의 왼쪽 한나라 화상전에는 오늘날의 서커스에 해당하는 줄타기·죽마놀이·저글링 등을 하는 백희기악도가 그려져 있는데, 이런 장면이 그림 오른쪽 수산리 고분 벽화에도 그려져 있습니다. 그리고 이것과 관련하여 사마천은 『사기』에서 한 무제 시절에 서역 출신 사람들이 동해바닷가(산동 지방)에 '기이한 동물들'을 데리고 와서 기예를 했다고 적고 있습니다.

따라서 이 모든 것이 의미하는 것은 한나라 화상석 그림들에서 나타나는 거마행렬도와 고구려 고분 벽화에 그려진 거마행렬도가 같은 대상, 즉 월지족의 이동 모습을 묘사했다는 것을 의미합니다. 또한 고고학편에서 한반도에서 발견된 열대·아열대 지방 동물들이 월지족과 함께 이동한 것이라고 말씀드렸었는데, 제 주장에 대한 증거가 이처

럼 『사기』에 기록되어 있는 것입니다.

그런데 동수묘의 남주인공과 한나라 화상석의 동왕공이 쓰고 있는 모자와 비슷한 모자가 있는데, 그것은 다름 아닌 〈그림 25-6〉에서 메디아 왕이 쓰고 있는 모자입니다. 〈그림 25-6〉에서 페르시아 왕은 1단으로 된 모자를 쓰고 있는 반면, 메디아 왕은 동수묘 남주인공의 모자와 비슷

〈그림 25-6〉 페르시아의 모자

한 2단 혹은 3단으로 이루어진 모자를 쓰고 있는 것을 볼 수 있습니다. 그러면 왜 페르시아 아케메네스 왕조에 뿌리를 둔 월지족 출신인 동수묘 주인공이 페르시아 왕이 쓰고 있는 모자가 아니라 오히려 아케메네스 왕조를 수립한 키루스 대제에 의하여 멸망한 메디아 왕의 모자를 쓰고 있는 것일까라는 의문이 생깁니다.

이러한 의문에 대한 해답은 남부 시베리아 월지족 파지리크 문화의 시작 시점이 바로 키루스 대제가 아케메네스 왕조를 수립했던 기원전 6세기였다는 점에서 그 단서를 찾을 수 있습니다. 즉, 월지족들은 아케메네스 왕조 초기에 남부 시베리아 파지리크 지역으로 이주해서 터전을 잡았기 때문에 아케메네스 왕조 이전의 메디아 왕조의 복장에 더 익숙했기 때문일 것으로 추정할 수 있겠습니다. 이러한 저의 추정을 뒷받침해주는 증거가 있는데, 그것은 크세노폰이 젊은 시절의 키루스를 본 후 남긴 다음과 같은 기록입니다.

"세련된 옷차림에 크게 표현된 눈, 그리고 붉게 물들인 머리털, 이것은 메디아의 풍습이다."

크세노폰의 이 기록을 통하여 아케메네스 왕조 초기까지는 그 이전의 메디아 왕조의 풍습을 따르고 있음을 알 수 있

〈그림 25-7〉 천전리 암각화(부분)

는 것이죠. 그리고 저는 이런 형태의 모자를 쓴 사람의 암각화를 발견한 바가 있는데, 그것은 울산 천전리 암각화에서였습니다. 〈그림 25-7〉은 울산 천전리에 위치한 암각화 중 일부인데, 독자 여러분들도 이 암각화에서 모자를 쓴 사람의 얼굴을 찾아보시기 바랍니다. 사실 역사학자를 비롯한 많은 사람들이 어떤 사물을 단순히 보기만 할 뿐이지 제대로 관찰하지 못하는 것 같더군요. 이와 관련하여 『셜록 홈스, 기호학자를 만나다』에서는 다음과 같이 서술하고 있습니다.

> "홈스는 왓슨이 눈앞에 있는 것도 못 본다며 여러 번 질책한다. 그러나 왓슨의 불완전함이 홈스의 지적 우월성에만 기인하는 것은 아니다. 독자들은 왓슨이 그의 파트너(홈스)처럼 발자국 폭을 보고 신장을 알아낸다거나 담뱃재를 보고 어떤 담배인지 설명할 것 까지 기대하지는 않는다. 사실 화자(왓슨)는 독자가 얻을 수 없는 정보를 접하면서도 무엇을 도출해 낼지는 전혀 모른다. 이에 홈스는 이렇게 말했다. "자네는 보면서도see 관찰하지observe 않는군"(〈보헤미아 스캔들〉). "자네는 어디를 봐야 할지를 몰라서 중요한 것을 다 놓치고 말았네"(〈신랑의 정체〉)."

독자 여러분들도 이제 이 암각화에서 제가 발견한 사람의 모습을 발견하셨습니까? 홈스가 말했듯이 제가 천전리 암각화에서 발견한 인물을 찾으려면 단순히 흘깃 쳐다봐서는 되지 않고 자세히 관찰해야만 합니다. 아직도 발견하지 못한 분들은 〈그림 25-7〉의 우측 상단을 자세히 관찰하기 바랍니다. 그러면 〈그림 25-8〉과 같이 모자를 쓴 인물의 모습을 발견할 수 있을 것입니다. 〈그림 25-9〉는 국립중앙박물관에 소장되어 있는 국보 제78호 금동미륵보살반가사유상인데, 여기서 미륵보살은 태양과 초승달을 결합한 장식이 있는 보관을 쓰고 있습니다. 그런데 이 보살이 쓰고 있는 보관의 형태 역시 〈그림 25-8〉 천전리 암각화의 인물이 쓰고 있는 모자의 모습과 비슷하군요.

〈그림 25-8〉 인물 암각화

신라 시대에 유행했던 미륵 신앙은 미트라 신앙이 변형되어서 전파된 것입니다. 그뿐만 아니라 천관을 쓴 관음보살상은 이란의 영향을 받은 것이라고 학자들은 파악하고 있는데, 미륵보살이 쓰고 있는 보관이 암각화의 모자와 비슷한 것입니다. 따라서 천전리 암각화에 새겨진 인물 역시 미트라 신앙 혹은 그 변형인 미륵불과 관련된 인물로 추정할 수 있겠습니다. 혹은 화상석 동왕공(태양신 미트라)이나 고구려

〈그림 25-9〉 반가사유상

고분 벽화 묘주도의 주인공에 해당하는 인물일 수도 있겠죠. 또한 금동미륵보살반가사유상의 보관을 장식하고 있는 태양과 초승달은 앞에서도 말씀드린 것처럼 부리야트 공화국의 국기나 몽골 국기에도 조

로아스터교를 상징하는 불꽃과 함께 등장합니다.

〈그림 25-10〉 까라꼴 벽화

지금부터는 한반도 암각화의 기원인 알타이 암각화에 대해서 살펴보도록 하겠습니다. 『산해경』〈대황서경〉에서는 서왕모에 대하여 "이곳에는 신이 있는데, 얼굴은 사람이고 몸은 호랑이이다. 무늬가 있고 꼬리가 있다."고 서술하고 있고, 〈서산경〉에서는 "서왕모는 사람의 형상이면서도 표범의 꼬리에 호랑이 이빨을 하고 있으며, 휘파람 소리를 잘 낸다."고 묘사하고 있습니다. 이러한 반인반수 형태의 서왕모의 모습이 어디에서 나왔는지에 대한 보다 확실한 증거가 〈그림 25-10〉과 같은 남부 시베리아 파지리크 까라꼴 고분의 벽화에 그려져 있습니다. 이 그림에는 반인반수의 형상들이 등장하는데, 이들의 정체에 대해서는 샤먼, 제관, 선신, 혹은 악신 등 다양한 추측이 제기되고 있습니다.

비록 이 인물들이 누구인지를 밝힌다는 것은 결코 쉽지 않은 문제이지만, 일단 각 인물의 형태적 특징에 중점을 두고 자세히 살펴보면 이들은 모두 가면을 쓰고 주인공의 사방에 분포한다는 것을 발견할 수 있습니다. 까라꼴 인물들이 착용한 의복을 살펴보면 이들은 짐승과 사람의 특징을 모두 가지고 있는데요. 즉, 짐승의 가면을 쓰고, 장갑과 날카로운 발톱이 남아 있는 신발을 착용했습니다. 흑색으로 그려진 두 인물은 꼬리가 달렸고 등에는 털들이 남아 있는데 짐승 가죽으로 만든 듯한 옷으로 전신을 덮은 것 같습니다. 그중 한 인물의 신체에는 검은 바탕에 흰 점을 찍는 드문 채색 방법으로 얼룩무늬가 있는 외투를 표현했으며, 발에는 맹수의 발톱같이 생긴 장화를 신었습니다[3].

특히 여기서 묘사된 "두 인물은 꼬리가 달렸고 등에는 털들이 남아 있는데 짐승 가죽으로 만든 듯한 옷으로 전신을 덮은 것 같다. 그중 한 인물의 신체에는 검은 바탕에 흰 점을 찍는 드문 채색 방법으로 얼룩무늬가 있는 외투를 표현했다"는 까라꼴 벽화 인물의 모습은 "얼굴은 사람이고 몸은 호랑이이다. 무늬가 있고 꼬리가 있다."는 서왕모의 모습과 정확히 일치합니다. 또한 "발에는 맹수의 발톱같이 생긴 장화를 신었다."는 표현에서 올빼미 발 모양을 한 이슈타르 여신의 모습이 떠오릅니다.

또한 〈서산경〉에서 서왕모는 휘파람 소리를 잘 낸다고 묘사하고 있는데, 이것은 한 무제 당시 감천궁에 무속인을 불러서 태일신과 대화를 나눌 때 태일신이 바람 소리와 함께 강림했다는 내용과 관계가 있습니다. 즉, 무당은 몸주신인 아이의 음성으로 말을 할 뿐만 아니라, 아이의 몸짓까지 흉내낸다고 합니다. 아기신은 주로 모셔 놓은 꽃을

---

3) V.D. 꾸바레프(강인욱 역), 「고구려와 까라꼴 문화의 벽화고분 비교연구」

통하여 휘파람 소리를 내거나 아기 목소리로 말을 하는데, 이때 무당은 어린아이의 음성을 내기 위해 입술을 움직이지 않고 뱃속으로 소리를 내려 하기 때문에 이를 듣는 사람들은 그 소리가 천장이나 공중에서 나는 것처럼 느껴지기도 합니다.

따라서 학술적으로 이를 '복화무' 또는 '공창무'라고 하는데, 서왕모가 휘파람을 잘 분다는 것은 서왕모의 정체가 바로 당시에는 제사장이고 요즘으로 치면 무당이라는 것을 의미합니다. 또한 선도성모의 전신이 서왕모라고 했는데, 무속에 관한 자료를 살펴보니 선도성모를 한국 무당의 시조, 즉 무조로 여기고 있더군요.

앞에서 소개한 까라꼴 벽화뿐만이 아니라 유사한 형태의 그림이 알타이 지역에 광범위하게 분포되어 있는 암각화에 새겨져 있습니다. 이와 같은 암각화들은 뚜로췌스카야 삐싸니쨔 같은 북 알타이의 타이가 지대에 있는 강들의 해안 절벽에서부터 고르노 알타이스크의 남동쪽에 위치한 고산 지대 절벽의 빙하성 퇴적층에 이르기까지 다

〈그림 25-11〉 암각화

양한 곳에서 발견됩니다.

또한 암각화들에는 스키토-시베리아 양식에 나타나는 사슴이나 야생황소, 염소, 늑대, 개, 고양이 과의 짐승들과 말이나 기타 다른 동물들의 수렵 장면을 포함하고 있습니다.

이들 암각화 중에서 꼬리가 있는 전사들과 신성한 소, 키메라에 대한 묘사는 특별한 흥미를 불러일으키는

데, 〈그림 25-11〉과 같이 꼬리가 있는 전사들은 모자를 쓰고 깔박-따쉬 사원의 중심에 자리를 잡고 있습니다. 그리고 수수께끼의 물체가 전사들의 허리에 매달려 있는데, 연구자들은 이것을 꼬리, 북, 그릇 또는 가죽 주머니 등으로 해석하고 있습니다. 일련의 경우 그들은 대부분 의심할 여지없이 가늘고 긴 손잡이가 있는 방망이나 지팡이를 가지고 있습니다.

이밖에도 크지는 않지만 상상의 짐승을 그린 밑그림이 가는 선으로 새겨져 있는데, 이 그림은 개를 연상시키는데, 크지 않은 머리에 입을 벌리고 있고 끝이 갈라진 혀는 입 밖으로 내밀고 있습니다. 가늘고 긴 귀 또는 뿔로 보이는 것은 끝이 앞쪽으로 구부러져 있으며, 등 뒤쪽으로 꼬은 꼬리와 날개가 짧은 몸통에 달려 있습니다. 이 형태는 쎈 무르바(개-새 혹은 다른 말로 시무르그라고 합니다)의 형태 중 하나로 보이는데, 이것은 싸사니드 왕조의 문장에 있는 이란의 신화에서 풍요를 나타내는 상징물입니다.[4]

이상의 암각화 그림 중에서 먼저 '긴 손잡이가 있는 방망이나 지팡이를 가진 인물 허리에 달려 있는 가죽 주머니'의 정체에 대해서 살펴보기로 하겠습니다. 이러한 형태는 신라의 고도인 경주에서도 발견되는데요. 즉, 괘릉에 세워진 서역인 무인상에서 이런 모습을 찾아 볼 수 있는데, 무인석은 알타이 암각화의 인물처럼 터번과 같은 모자를 쓴 채 긴 방망이를 들고 있으며, 뒤에는 복주머니 같은 것을 차고 있는 것을 확인할 수 있습니다.

---

4) 편집부, 2006, 『알타이 샤머니즘』, 국립민속박물관.

〈그림 25-12〉 괘릉(좌)과 구정동 무인상(우)

　〈그림 25-12〉의 괘릉에 세워진 서역인 모습의 무인 석상은 외형이나 복식으로 보아 전형적인 깊은 눈에 높은 코, 즉 심목고비형의 아리안 계통인 월지족의 모습을 나타내는데, 이러한 심목고비형의 인물은 고구려 고분 벽화의 씨름하는 장면에서도 등장합니다. 그리고 무인 석상이 들고 있는 막대기는 마상 격구(폴로)를 할 때 사용하는, 끝이 숟가락 모양인 장시杖匙라는 분석이 유력합니다.

　이것은 괘릉에서 4㎞도 떨어지지 않은 불국사역 근처의 구정동 방형분 모서리 기둥에도 역시 끝이 둥글게 굽어진 장시를 들고 있는 서역인이 새겨져 있어서 그 주장을 뒷받침해줍니다. 또한 페르시아의 장편 서사시인 〈쿠쉬나메〉에도 페르시아의 왕자가 신라에 와서 신라

인과 폴로를 하고 공주와 결혼했다는 기록이 있는데, 폴로라는 게임 자체가 고대 페르시아에서 시작되었습니다.

〈그림 25-13〉 괘릉 무인상 주머니(좌)와 석가탑 금대(우)

〈그림 25-13〉은 괘릉 무인이 차고 있는 주머니와 석가탑에서 발견된 금대를 복원하여 재현한 사진인데, 오늘날의 복주머니와 같은 모양인 것을 알 수 있습니다. 이러한 주머니의 용도에 대하여, 지금까지는 서역인들이 계산을 위한 주판을 넣고 다니기 위한 산낭인 것으로 추정되어 왔습니다.

그러나 이진락은 이 주머니의 정체를 중국 한나라 때부터 이용되었고 당나라 때 많이 사용된 반낭이라는 주장을 제기했습니다. 반낭은 관복을 입을 때 주로 수대(綬帶; 관인이나 훈장을 매는 끈)를 넣는 역할을 하므로 수낭이라 하기도 하고, 또 허리에 찰 때 옆 부분에 차기 때문에 방낭이라고도 합니다. 최규순에 의하면 반낭은 진한을 전후하여 새인을 묶어 매는 역할을 하던 수의 제도가 완성되고, 한나라 시절에 그 구성요소·길이·색·밀도 등으로 서로 다른 신분을 구별하기 시작한 이후 수를 넣는 낭 역시 신분을 나타내는 하나의 중요한 표지가 되었다고 합니다.

이와 관련하여 심연옥은 불국사 석가탑 내에서 발견된 금직물을 분석하여 재현한 결과 〈그림 25-13〉과 같은 복주머니 형태의 금대인 것을 확인할 수 있었습니다. 금직물은 부분적으로 손실되고 조직이 와해되어 외관상으로 문양의 형태나 크기를 파악하는데 애로사항이 있었지만, 문양을 복원하기 위해 경사와 위사의 교차점을 찾아 조직의 장도를 그려 문양을 찾는 작업을 시도한 결과 두 종류의 소화문과 팔메트, 그리고 당초문이 상하좌우로 반복되는 문양을 확인할 수 있었다고 합니다. 그런데 이러한 무늬는 삼국 시대의 각종 유물에서도 등장하지만, 특히 중국의 서왕모 화상석에서도 팔메트 무늬를 포함하여 다양한 무늬가 그려져 있는 것을 볼 수 있습니다.

〈그림 25-14〉 시무르그 암각화

다음으로는 "크지는 않지만 상상의 짐승을 그린 밑그림이 가는 선으로 새겨져 있는데, 이 그림은 개를 연상시키는데, 크지 않은 머리에 입을 벌리고 있고 끝이 갈라진 혀는 입 밖으로 내밀고 있다. 가늘고 긴 귀 또는 뿔로 보이는 것은 끝이 앞 쪽으로 구부러져 있으며, 등 뒤쪽으로 꼰 꼬리와 날개가 짧은 몸통에 달려 있다. 이 형태는 쎈 무르바(개-새)의 형태 중 하나로 보이는데, 이것은 싸사니드 왕조의 문장에 있는 이란의 신화에서 풍요를 나타내는 상징물이다."라고 설명되고 있는 〈그림 25-14〉 암각화의 정체에 대해서 살펴보기로 하겠습니다. 여기서 '쎈 무르바(개-새)'라고 표기된 것은 페르시아 신화와 문학에서 등장하는 신화적인 새로서, 초기에는 사에나로 불리다가 후대에는 시남루 또는 시무르그라고 불리던 페르시아 사산 왕조의 상징으로 앞에서 홍산 문명의 옥기에 새겨져 있는 시무르그 그림을 소개한 바가 있습니다.

조로아스터교에 의하면 '물이 모이는 지점'을 의미하는 Vouruka-sha라는 천상의 바다 가운데에는 두 그루의 나무가 있는데, 하나는 사에나 나무이고 다른 하나는 흰색 홈Hom 혹은 흰색 하오마 나무입니다. 사에나 나무는 또한 '모든 치유의 나무(Tree of All Remedies)' 또는 '모든 씨앗의 나무(Tree of All Seeds)'라고 알려져 있는데, 이 나무는 전설의 새 사에나(시무르그)의 둥지입니다. 그리고 사에나는 날개로 바람을 일으켜 모든 씨앗들을 자라게 한다고 전해집니다.

시무르그의 휴식 장소는 'Jad-besh(모든 씨앗의 나무)' 또는 '독수리의 나무'인데, 이 나무는 모든 씨앗의 전달자이기도 합니다. 그런데 시무르그가 이 나무를 떠나 비행할 때 천 개의 나뭇가지가 나무에서 돋아나며, 돌아와서 나무 위에 앉을 때에는 돋아난 천 개의 나뭇가지들을 날갯짓에 의해 부러뜨리게 되는데, 이때 나뭇가지들로부터 씨앗들이 떨어진다고 합니다.

그러면 항상 그 주변에 앉아 있던 Chanmrosh라는 새가 나무를 지켜보고 있다가 Jad-besh로부터 떨어지는 씨앗들을 모아서 분수로

나르는데, 이 분수는 생명을 전달하는 비와 다산과 관련이 있는 조로 아스터교의 선신인 티쉬타르가 물을 받는 곳입니다. 그리고 티쉬타르 는 물과 함께 모든 종류의 씨앗들을 모아서 비와 함께 온 세상 위에 내려주는 것이죠. 그리고 다른 한 그루인 Hom(또는 Haoma)나무는 불 멸의 음료의 원료로서 '생명의 나무'에 해당하며, 생명의 나무는 두 명 의 물고기 인간 혹은 kar-fish에 의해 보호받고 있다고 앞에서 설명드 린 적이 있습니다.

〈그림 25-15〉 장천 1호분 벽화

이처럼 알타이 지역의 암각화와 페르시아의 신화에 등장하는 시무르그가 고구려 고분 벽화에도 등장합니다. 즉, 〈그림 25-15〉의 중국 길림성 집안시 장천 1호분 벽화에는 나무에서 열매가 떨어지고, 나무를 향해 봉황과 같은 새 한 마리가 날아오는 그림을 묘사하고 있습니다. 그리고 나무 밑에는 작은 새 한 마리가 돌아다니고 있는데, 이 그림이 표현하는 것이 바로 앞에서 설명한 시무르그가 '모든 씨앗의 나무'로 돌아올 때 시무르그의 날갯짓에 의하여 씨앗이 떨어지는 것과 그 나무 밑에서 대기하고 있던 Chanmrosh라는 새가 나무를 지켜보고 있다가 '모든 씨앗의 나무'로부터 떨어지는 씨앗들을 모으는 장면인 것입니다.

전호태는 이 그림에 등장하는 커다란 자색 나무와 나무를 향해 날아오는 커다란 새, 그리고 나무 밑에 앉은 무덤 주인과 한 세트를 이루며 서아시아와 인도에서 믿어지던 '생명나무' 이미지를 강하게 풍긴다고 설명하고 있더군요. 그러나 시무르그 새가 서식하는 장소인 '모든 씨앗의 나무'와 kar-fish에 의해 보호를 받는 '생명의 나무'는 엄연히 별개의 나무임을 앞에서 설명한 페르시아 신화에서 알 수 있습니다. 오히려 벽화에서 '모든 씨앗의 나무' 주변에 그려진 연꽃이야 말로 앞에서 설명했듯이 이슈타르 여신의 상징이자 '생명의 나무'인데, 이것은 연꽃이 저녁에는 꽃봉오리를 닫았다가 아침이면 다시 꽃봉오리를 펼치는 재생(rebirth)의 의미를 가지기 때문이라고 하더군요. 그리고 이러한 생명의 나무는 월지족의 한반도 이주 이유와 관련이 있으며 또한 허왕후의 쌍어 무늬와도 관련이 있는데, 이러한 내용은 이미 앞에서 소개한 바가 있습니다.

이상에서 설명한 내용들로 알 수 있는 것은 지금까지 한반도에서

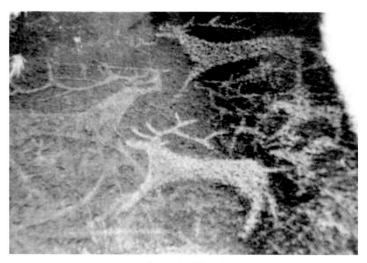

〈그림 25-16〉 백차하 암각화

발견된 소위 선사 시대 암각화나 고분 벽화의 소재들이 남부 시베리
아 알타이 지역에 그려진 암각화의 소재들과 동일하다는 사실입니
다. 다만 거주 환경의 변화에 따라서 등장하는 동물의 종류만 알타
이 암각화의 늑대·사슴 등에서 반구대 암각화의 고래로 바뀌었을 뿐
이었죠. 그리고 이러한 사실로부터 한반도 곳곳에서 발견되는 암각
화는 지금까지 학자들이 주장해왔듯이 선사 시대에 살던 사람들이
아니라 월지족들이 한반도에 거주하면서 바위에 새긴 그림이었음을
알 수 있습니다. 그리고 홍산 문명의 중심지인 내몽골 적봉시에 소
재한 〈그림 25-16〉 백차하 암각화와 그 밖에 중국 내륙에서 유사한
암각화가 발견되는 지역은 모두 월지족의 이동 경로로 보면 될 것입
니다.

　이처럼 월지족들이 그들이 거주하던 지역에 암각화를 새기는 관습
은 그 근원을 거슬러 올라가보면 페르시아 지역에 새겨진 부조임을

〈그림 25-17〉 페르세폴리스 부조

알 수 있는데, 그 대표적인 사례는 〈그림 25-17〉과 같은 페르세폴리스에 새겨진 암각화(저부조relief)입니다.

페르세폴리스는 이란 남서부 파르스 지방에 있는 아케메네스 왕조의 수도로서 그리스어로 '페르시아의 도시'를 의미하는데, 페르시아인들은 이곳을 '파르사Parsa'라고 불렀습니다. 파르사는 파르스에서 유래했는데, 파르스 지방 또는 파르스 지방에 사는 사람들을 말하는데, 페르시아 제국은 파르스에서 시작되어 파르사는 제국의 이름이면서 동시에 수도로 사용되었습니다.

〈그림 25-18〉 덕흥리 고분 견우직녀도

마지막으로 살펴볼 월지족과 관련된 도상학적 증거는 〈그림 25-18〉과 같은 평안남도 남포시에 위치한 덕흥리 고분에 등장하는 견우직녀의 그림입니다. 앞에서 〈그림 25-1〉에 등장하는 동수묘의 주인공과 평남 남포시 덕흥리에 위치한 고분의 주인공들은 각각 실제의 묘주도를 그린 것이 아니라 중국에서 서왕모의 남편인 동왕공이라고 숭배받았던 인물을 그린 것이라고 밝힌 바 있습니다.

또한 덕흥리 고분 서쪽벽 위 오른쪽에는 7개의 별로 U자 모양으로 이루어진 메소포타미아 문명의 북쪽왕관 별자리가 그려져 있는데, 이것은 같은 별자리에 해당하지만 9개의 별로 이루어진 중국의 관색성과는 확연히 차이가 난다고 전관수는 주장한 바가 있습니다. 그리고 이것이 의미하는 것은 덕흥리 고분에 그려진 별자리와 각종 도상들은 중국 문명의 영향을 받은 것이 아니라 메소포타미아 문명의 영향을 직접적으로 받았다는 것입니다.

그렇다면 여기서 우리는 지금까지 중국의 신화로 알려진 견우직녀 신화의 기원에 대해서 다시 생각해볼 필요가 있습니다. 왜냐하면 덕흥리 고분에는 순수하게 메소포타미아 문명의 영향을 받은 도상들로 가득차 있는데, 느닷없이 중국 문명의 영향을 받은 견우직녀 신화가 등장할 리가 없기 때문이죠. 그뿐만 아니라 견우직녀 신화에는 이슈타르 여신 신화와 공통되는 모티프들이 많이 발견됩니다.

중국의 문헌에서 견우성과 직녀성이 처음 등장하는 것은 기원전 5세기 무렵에 공자께서 편찬한 『시경』 「소아」 〈대동大東〉이지만, 견우와 직녀의 설화로 등장하는 것은 전관수에 의하면 서한 초의 일이며, 그 설화가 만들어진 지역은 현재의 서안 지역으로 알려져 있다고 합니다. 그런데 서한 초는 바로 선도성모 집단이 흉노에게 밀려서 중국 내륙으로 들어온 시점이며, 서안은 바로 감천궁에서 선도성모의 전신으로 생각되는 무술인이 한 무제와 만났던 장소입니다. 따라서 이러한 모든 전후 사정을 고려해볼 때, 견우직녀 신화 역시 메소포타미아 지역에 원 뿌리를 두었던 월지족에 의해 전파된 것으로 보는 것이 타당할 것입니다.

바빌로니아의 이슈타르와 탐무즈 신화는 그 이전의 수메르 시대에는 이난나 여신과 두무지 신화에 해당합니다. 그리고 이슈타르의 그리스 지역 변형인 아테나 여신은 직조의 여신이기도 한데, 이처럼 아테나 여신의 베짜기와 관련된 특성은 원래 이슈타르로부터 전승되었을 것이므로 이슈타르 여신은 직녀에 해당하는 것입니다. 그리고 견우와 직녀가 1년 중 서로 떨어져 있다가 칠월칠석에 만난다는 모티프는 바로 두무지(탐무즈)가 겨울에는 저승에 있음으로써 이난나(이슈타르)와 떨어져 있다가 봄에 부활하여 상봉한다는 모티프와 동일하며, 고대 메소포타미아 지역에서 '두무지의 달'로 불리는 계절은 여름이었습니다.

마지막으로 견우직녀의 전설이 메소포타미아 지역에 원 뿌리를 둔 월지족에 의해 중국에 전파되었다는 제 주장의 결정적 증거는 〈그림 25-18〉의 견우직녀도에 검은 개가 등장한다는 사실입니다. 이처럼 견우직녀 설화에 개가 등장하는 것은 중국에서는 없는 모티프이며 일본의 설화에서는 자주 등장합니다. 일본의 설화는 중국의 우랑직녀 설화와 비슷하게 '나무꾼과 선녀 설화'인데, 하늘로 올라간 선녀를 나무꾼이 찾아가는 데 개가 결정적인 역할을 하게 된다고 합니다.

노성환에 의하면 일본의 쿠마모토와 아마쿠사에 전해지는 개와 관련된 칠석이야기가 조금씩 차이가 나지만, 변하지 않는 공통점은 견우에 해당하는 남자가 언제나 개와 관련이 있다고 합니다. 남자가 개를 키우고 있다는 사실 말고도 하늘에 올라갈 때 그 개를 데리고 간다는 것이며, 또 그 개는 사내로 하여금 하늘로 올라가는 데 결정적인 역할을 한다는 것입니다. 반면에 고치 현의 모노베무라에 전래되는 칠석전설에는 직녀가 키우는 개가 등장합니다. 즉, 일본의 견우직녀 설화에서는 견우와 직녀 모두가 개를 키운다는 것이죠.

그런데 이난나(이슈타르) 여신의 애인인 두무지(탐무즈)는 바로 '양치기의 신(the Shepherd)' 혹은 양치기, 즉 목동으로서 견우에 해당합니다. 그리고 수메르 신화에 의하면 이난나와 두무지 모두 개를 가지고 있었는데, 이난나는 일곱 마리의 사냥개를 키웠으며, 두무지는 위풍당당한 검은개들을 키웠다고 합니다. 그리고 두무지의 검은개는 다음과 같이 〈두무지의 애가〉에도 등장합니다.

"(게쉬틴안나는 두무지에게 말한다.)

만일 내가 네 자리를 알려 주면

네 개가 나를 잡아먹을 것이다.

검둥이 개, 네 양치기 개,

도시 개, 네 충실한 개, 네 개가 나를 잡아먹을 것이다.

가르쳐 주려면 네 친구에게 가르쳐 주어라.

[……] 친구, 동무,"

26강

첨성대와 석굴암의 동지 일출선의 의미

오늘은 첨성대와 석굴암의 동지 일출선의 의미에 대해서 살펴보도록 하겠습니다.

앞에서 한 번 소개한 적이 있는 조경학자 정기호는 신라 문화의 중요한 특징 중 동향 문화와 불교문화에 대하여 언급했습니다. 즉, 첨성대를 중심으로 한 일련의 관계성을 지닌 대상물들(선덕여왕릉·사천왕사·안압지, 그리고 선도산과 옥녀봉 등)을 분석해 보면, 이들은 결국 종교적 측면의 불교문화(즉 불사 조영)와 정치적 측면의 궁중 문화(즉 동궁이나 왕릉)의 두 요소가 첨성대라고 하는 불명의 대상을 중심점으로 한 일정한 선상에 놓여 있다고 밝히고 있습니다.

이들 대상들과 동해구 지역을 구성하고 있는 대왕암과 감은사 그리

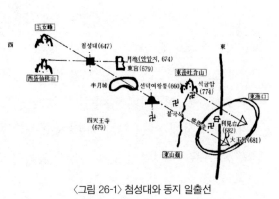

〈그림 26-1〉 첨성대와 동지 일출선

고 이건대 등을 그 조성 연대별로 열거하여 그들의 위치를 일괄해보고, 이들을 경주를 둘러싸고 있는 동악 토함산과 서악 선도산, 그리고 옥녀봉 등의 자연 조건과 동지 일출의 자연 현상을 함께 묶어 보면, 〈그림 26-1〉과 같이 옥녀봉의 정상이 첨성대·선덕여왕릉과 함께 석굴암과 동지 일출이 이루는 선과 나란한 하나의 평행선을 이룸을 알 수 있다고 했습니다. 그리고 여기서 언급된 각 장소는 〈그림 26-1〉에서 나타나듯이 결과적으로 선도산 정상을 한 점으로 잡은 동서축과 옥녀봉 정상을 한 점으로 잡은 동지 일출 방향의 축이 서로 교차되는 지점에 첨성대가 있는 특징을 보인다고 했습니다. 그리고 이러한 현상은 주어진 자연 현상의 한 특징을 포착하여 그 위에 조형물을 극히 계획적으로 앉혀 놓았다는 것으로 요약될 수밖에 없다고 주장했습니다.

정기호의 주장에서 특히 눈에 띄는 점이 선도성모의 주산인 선도산과 옥녀봉이 경주의 주요 유적지 배치의 동서축과 동지 일출 방향의 축이 시작되는 기점이라는 점인데, 선도성모는 여러 번 말씀드렸던 것처럼 서왕모의 현신이며 옥녀는 『한무내전』의 서왕모와 한 무제가 만나는 장면에서 등장하는 인물로서 서왕모를 시위하는 여선이기 때문입니다. 즉, 『한무내전』에서는 서왕모의 시녀인 옥녀 왕자등이 한 무제에게 와서 7월 7일에 서왕모가 방문할 것이니 백일동안 몸을 깨끗이 재계하고 인간사에 관여하지 말라는 전갈을 전하는데, 이처럼 서왕모의 현신인 선도성모가 거주하는 선도산과 서왕모의 시녀인 옥녀가 거주하는 옥녀봉이 경주의 주요 유적지 배치의 기점이 되는 것은 결코 우연이 아닐 것입니다.

한편 국보 제24호이자 불국사와 함께 유네스코 세계문화유산으로 지정된 석굴암은 중국과 인도의 석굴이 천연 석굴인 반면, 화강암의 자연석을 다듬어 인공적으로 축조한 석굴 사찰입니다. 『삼국유사』에 의하면 751년에 김대성에 의해 창건된 석굴암은 1910년대 형체를 알아볼 수 없을 만큼 훼손된 채 발견되어 일제 강점기와 1960년대 보수 공사를 실시함으로써 현재의 모습으로 남게 됐습니다. 하지만 원형에 대한 기록이 남아 있지 않고, 또 발견 당시 원형의 훼손이 심해 보수 공사를 마친 지금의 석굴암이 원형과 같은지에 대해서는 이견이 많았습니다.

석굴암 원형 논쟁을 제일 먼저 제기한 사람은 전 서울대 물리학과 남천우 교수였는데, 그는 '석굴암 원형보존의 위기'라는 기고문을 통해 "신라 시대 우리 선인들이 창건한 석굴암의 원형은 지금 우리가 보는 것과는 상당히 다른 것"이라며 "일제 시대와 해방 이후 두 차례의 보수 공사는 석굴암의 원형 그 자체를 변형해 놓은 개악 공사가 됐다"고 지적했습니다. 그리고 그는 석굴암 본존불의 위치가 동해구를 바라보고 있다는 기존 황수영의 주장과는 달리 동지에 해가 떠오르는 방향인 동지 일출점인 동남 29.4도의 방향을 향하고 있다고 주장했습니다.

이와 관련하여 먼저 살펴볼 내용은 석굴암 본존불의 이름인데요. 지금까지 본존불 이름에 대한 연구는 석굴암에 대한 다른 영역 연구에 비해 활발한 연구 성과를 보이고 있습니다. 선행 연구학자들은 석가모니불, 아축불, 대일여래(비로자나불), 아미타불로 명호를 밝히고 있는데, 화엄사상, 법화사상, 신인종의 밀교사상 등 다양한 불교사상체

〈그림 26-2〉 석굴암 본존불

계를 그 근거로 삼고 있습니다. 이 중에서 석굴암 본존불이 아미타불이라는 저의 추정과 일치하는 주장을 한 황수영은 다음과 같은 근거를 들면서 석굴암 본존불이 아미타여래라고 밝혔습니다.

첫째, 본존불에 대한 양식적인 면으로 중대 신라 당시는 편단우견(偏袒右肩; 부처가 가사를 입는 형식 중 하나로 오른쪽 어깨는 가사를 벗어서 노출되고, 왼쪽 어깨에만 걸쳐 있는 형식)과 항마인의 도상이 아미타불의 수인으로 널리 사용되었다는 점인데, 군위 석굴 삼존불상과 부석사 아미타여래상을 예로 삼았습니다.

둘째, 전세 부모前世父母를 위해 만들었다는 석굴암과 동해구와의 관계를 유기적으로 보고, 또 본존불이 서향인 점을 들어 김씨 왕들의 명복을 위하여 석굴암에 서방 극락정토의 아미타불을 봉안한 것이라 하였습니다.

셋째, 처음 석가여래로 부르기 시작한 것은 일본인에 의해서이고 이전에는 아미타여래로 불렸다는 것인데요. 이것은 19세기 말경, 석굴 전실에 걸었을 것으로 생각되는 '수광전壽光殿'이라는 현판과 〈토함산 석굴 중수 상동문〉 기록을 통해 알 수 있다는 것입니다. 즉 수광은 무량수無量壽와 같은 의미며, 상동문 첫 머리에 쓰인 "…彌陀窟 金剛臺…"에서 미타는 아미타불을 칭함으로 이를 통해 본존불의 명호를 확인하였습니다.

넷째, 당시 중대 신라는 미타 신앙이 중심이기에 본존불은 당연히 아미타여래라는 것입니다.

이러한 황수영의 주장에 대한 반박 주장이 없는 것은 아니나, 지금부터는 제가 석굴암 본존불의 명호가 아미타불인 근거를 남천우가 주장한 석굴암 본존불의 위치가 동지 일출점을 향하고 있다는 것과 연계시켜서 밝히고, 이러한 동지 일출점 혹은 동지 일출선의 의미가 무엇인지를 파악해보겠습니다.

앞에서 조경학자 정기호가 경주의 주요 조형물들이 동지 일출선상에 배치되어 있으며, 남천우 역시 본존불의 위치가 동지 일출점을 바라보는 방향이라고 했습니다. 그런데 이처럼 동지 일출선 혹은 동지 일출점과 관련이 있는 고대 유적지가 한반도 내에 몇 군데 더 있죠. 바로 청도 범곡리 고인돌군과 서울 석촌동 적석총 제2호 움무덤입니다. 그렇다면 석굴암 중앙에 위치한 본존불인 아미타불은 왜 수많은 절기 중 하필이면 동지에 해가 떠오르는 방향을 향하여 위치하고 있을까요? 그것은 동지 일출선 혹은 동지 일출점에서의 동지는 앞에서 살펴보았듯이 고대 페르시아 종교인 조로아스터교와 그 후의 미트라교에서 주신으로 등장하는 태양신인 미트라의 탄생일이기 때문이며, 아미타불은 미트라의 불교식 변형이었기 때문이었습니다.

고대 이란의 신이 인도 불교에 영향을 끼쳐서 부처로 등장하는 경우가 여럿 있는데, 대표적인 것이 물의 여신 아나히타가 관세음보살이 된 것이며, 다른 하나는 미트라 신앙이 불교의 미륵 신앙으로 변형되어 전파된 것입니다. 먼저 관음보살상은 보통 머리 위에 화불을 가지고 있거나 때로는 천관을 쓴 모습인데, 이것은 이란의 영향인 것으로 보인다고 합니다. 『대지도론』에서도 관세음보살이 다른 국토에서 왔다고 했는데, 이 보살은 이란의 종교 문화적 영향을 받아 북서 인도에서 성립된 것으로 보인다고 합니다. 이와모토 유타카에 의하면 이란의 수신인 동시에 풍요의 여신인 아나히타가 당시 간다라 지방에서 나나이야 여신 및 아르드후쇼 여신으로 정착되어 있었으므로 관음보살은 이 여신이 불교화된 것으로 추정된다고 합니다.

〈그림 26-3〉 수월관음도

타키브스탄에서 출토된 아나히타 여신은 물병을 들고 있는데, 왼손에 지니고 있는 항아리에서는 물이 흘러내리고 있습니다. 여기서 흥미 있는 사실은 손에 물병을 든 관음상과 여신상과의 관계입니다.

일반적으로 관음보살은 부처나 보

살 등이 권능이나 자비를 상징하면서 손에 지니고 있는 물건인 지물로 물병을 들고 있는데, 아나히타 역시 물병을 들고 있는 조각상이 발견된 것이죠.

『서유기』에서 우마왕의 아들인 홍해아가 일으킨 불을 끄기 위해 관음보살이 준비한 것이 사해의 바닷물과 모든 강물이 들어간 정병인데, 관음보살상이나 관음보살도는 대부분 정병과 버드나무 가지를 들고 나타나는 것으로 표현됩니다. 마찬가지로 돈황에서 출토된 수월관음이나 양류관음은 오른손에 버드나무를 들고 있는데, 버드나무는 연꽃·아카시아·야자나무·대추야자와 함께 아나히타(이슈타르) 여신의 여러 성수聖樹 중 하나라고 말씀드린 적이 있습니다.

다음으로 페르시아의 태양신 미트라 신앙은 〈그림 26-4〉와 같이 동쪽으로는 중국, 한반도, 그리고 일본으로, 서쪽으로는 로마로 전파되었습니다. 당시 로마 제국이

〈그림 26-4〉 미트라 신앙 전파 경로

지중해 주변을 지배했다면, 파르티아는 실크로드 등의 내륙 교역로를 지배했는데요. 이 나라에서 숭배하던 태양신 미트라가 전파되는 양상은 파르티아의 교역 활동이 얼마나 활발했는지를 말해 줍니다.

로마 제국에서는 민중 사이에 군신 미트라 신앙이 확산되어 중동에서 탄생한 기독교와 으뜸을 다투는 커다란 종교가 되었으며, 동방에

서는 불교와 융합되어 미트라는 미래불 미륵이 되었습니다. 미륵은 실크로드를 거쳐 당나라에 전해지고 한반도의 신라나 일본에서도 독실한 신앙의 대상이 되었습니다. 이처럼 아미타여래 역시 미륵불과 마찬가지로 미트라 신앙이 불교에서 변형된 것으로 추측됩니다. 이와 관련하여 아미타불이 미트라의 태양숭배와 관련되었다는 자료가 있는데, 이러한 주장의 근거는 다음과 같습니다.

> "아미타불 신앙은 태양숭배와 밀접한 관계가 있으며, 아미타불은 태양
> 숭배의 불교화라는 주장으로서 아미타불의 본신이 태양이다. 아미타불의
> 산스크리트어 Amitabha는 '무한한 광명'을 의미하며, 그 밖에 '무한한 수
> 명'을 뜻하는 Amitayus이다. 인도 아리안인들은 옛날부터 성화聖火를 숭
> 배했으며 동시에 태양을 신으로 생각했는데, 미트라가 태양신의 이름이
> 다.[5]"

그 밖에도 일본 정토계 용곡대학교 과생진륭웅瓜生津隆雄 교수의 이론과 『무량수경』에 나오는 아미타불의 다른 이름인 무량광불無量光佛, 무변광불無邊光佛, 무애광불無碍光佛, 무대광불無對光佛, 염왕광불焰王光佛, 청정광불淸淨光佛, 환희광불歡喜光佛, 지혜광불智慧光佛, 부단광불不斷光佛, 난사광불難思光佛, 무칭광불無稱光佛, 초일월광불超日月光佛 등에 한결같이 빛을 나타내는 光이 들어가는데, 이것 역시 아미타불

---

5) 「阿弥陀佛的真相_阿弥陀佛是太阳崇拜的佛教化」
    http://cclw.net/gospel/explore/fjbhwzxj/amtfzx/5.htm

이 태양신 미트라 숭배와 관련이 있다는 주장의 근거였습니다.

〈표 26-1〉 부처와 이란 신의 관련성

불교	이란 종교	불교 유입 시기
Metteya/Maitreya/ Mitra 미륵불	지상의 미트라 (Earthly Mithra)	초기 불교
Miroku 미륵불	지상의 미트라, saosyant	BC 2세기~ AD 2세기
Buddha-Mazda	Ahura Mazda	BC 1세기
Amitabha (無量光) 아미타불	천상의 미트라 (Celestial Mithra)	AD 1세기~ 2세기
Amitayus (無量壽) 아미타불	Zurwan	AD 1세기~ 2세기
Mahavairocana 大日如來	천상의 미트라 (Celestial Mithra)	AD 7세기 전

또한 〈일본 미트라에움〉 의장인 도조 마사토 박사에 의하면 부처와
이란의 신들 간의 관계는 〈표 26-1〉과 같습니다. 표에 따르면 앞에서
소개한 미트라와 미륵불의 관계는 지상의 미트라가 불교에서는 미륵
불이 된 것이며, 천상의 미트라는 불교에서 아미타불이 된다는 것이

죠. 따라서 석굴암의 본존불이 미트라와 관련된 아미타여래이기 때문에 본존불이 바라보는 방향이 그의 탄생일인 동지의 일출점으로 바라보고 있다고 추정하는 것은 너무나 합당한 일일 것입니다.

이것은 또한 경주의 주요 조형물이 동지 일출선상에 위치하고, 청도 범곡리의 고인돌군 역시 동지 일출선상으로 나열되어 있는 이유가 되는데, 이 모든 것들이 월지족의 미트라 숭배와 관련이 있었던 것입니다. 결국 인조 동굴로 이루어진 석굴암은 일종의 미트라에움이었으며, 석굴암 중앙에 모셔진 아미타불은 미트라의 불교적 변형이었던 것이죠. 그리고 이것은 서역에 위치한 수많은 돈황 석굴 역시 마찬가지 의미일 것으로 추정됩니다.

이처럼 석굴암의 본존불이 동지 일출점을 보는 방향으로 배치되어 있고, 청도 고인돌군 역시 동지 일출선상으로 배열되어 있으며, 서울 석촌동 적석총 움무덤의 방향이 동지 일출 방향으로 조성되어 있는 것은 그들이 숭배하던 태양신 미트라의 생일인 동지에 태양신인 미트라의 출현(부활)을 맞이하기 위한 것임을 알 수 있습니다.

27강

성소로서의 동굴과 우물의 비밀

   오늘은 태양신 미트라를 예배하는 장소인 미트라에움과 관련하여 성소로서의 동굴과 우물의 비밀에 대해서 살펴보겠습니다.

   앞에서 몇 번 말씀드렸듯이 미트라교의 예배 장소는 미트라에움이라고 불리는 지하 동굴이었는데, 최대 수용인원이 백 명을 넘지 않을 정도의 규모였습니다. 모든 미트라에움은 어떤 공통적인 특징을 가졌는데, 그것은 모두 동굴 안에 있거나 동굴을 표현하기 위해 만들어졌고 장식되어 있다는 것이며, 동굴에는 항상 우물 혹은 샘이 있었습니다. 동굴 출입은 지하통로 구조로 이루어져 있는데, 지하통로는 또한 입회식에서 입회자의 용기를 시험하는 데 이용되었습니다.

   미트라에움은 어둡고 창문이 없었는데, 지하 공간이나 천연 동굴에 위치하지 않은 경우에도 그러하였습니다. 미트라에움은 가능한 한 기존 건물 내부나 아래에 건설되었으며, 별도의 입구 또는 현관이 있었습니다. 이 입구 또는 현관은 스페라에움 또는 스페룬카라 불렸는데, 이 두 라틴어 낱말은 모두 동굴을 뜻합니다. 스페라에움을 지나면 양쪽 벽을 따라 올림형 의자가 놓여 있는데, 이 의자들은 식사

27강 성소로서의 동굴과 우물의 비밀　339

의식에 사용되었습니다. 그리고 지성소가 안쪽 끝에 놓여 있었는데, 주로 우묵 들어간 벽감에 위치하였고, 이 지성소 앞에는 대좌 모양의 제단이 놓여 있었습니다.

이러한 기본 배치를 하고 있는 많은 미트라에움들이 로마 제국 전역에 산재하였습니다. 특히 로마 군대가 주둔하였던 브리튼 섬과 같은 국경 지대를 따라서 미트라에움들이 여기 저기 흩어져 있었습니다. 미트라에움은 기독교 교회의 지하실, 특히 묘지로 쓰인 지하실로 바뀐 경우가 많은데, 이런 경우 그 특징적인 배치를 보고 그것이 미트라에움이었는지 아니었는지를 판별할 수 있었습니다.

제가 중학교 무렵에 읽었던 헨리크 센케비치의 소설 『쿼바디스』에는 그리스도교인들이 지하 예배장소인 카타콤베에서 비밀 집회를 열고, 비밀 모임 장소 표지로서 카타콤베 문 앞에 두 마리의 물고기가 그려져 있는 내용이 있었습니다. 요즘도 기독교인들의 차 뒤에 물고기 무늬가 붙어 있는 것을 가끔씩 보는데, 카타콤베 입구에 그려진 두 마리의 물고기가 '예수 그리스도가 하느님 아들이자 구원자'라는 첫 글자를 따서 만든 그리스어 익투스(ΙΧΘΥΣ; 물고기를 의미)에서 비롯된 것인지, 혹은 그 이전의 페르시아 신화에 나오는 '생명의 나무'를 지키는 물고기 모양의 신에서 비롯된 것인지는 불분명하지만 저는 후자의 가능성에 더 무게를 두고 있습니다.

왜냐하면 앞에서 말씀드린 적이 있듯이 초기 기독교에서는 포교의 효율성을 높이기 위해 많은 사람들이 그 이전부터 믿었던 소위 이교異敎에 해당하는 미트라교에 포함된 내용을 대거 수용하였기 때문입니다. 그 대표적인 것이 미트라의 탄생일인 12월 25일을 예수의 탄생일로 바꾼 것인데, 쌍어문 역시 그러한 미트라교의 특징을 기독교에서 수용한 결과로 저는 판단합니다.

즉, '예수 그리스도가 하느님 아들이자 구원자'라는 첫 글자를 따서 만든 그리스어 익투스에서 기독교의 '물고기' 표시가 나왔다는 주장은 생명의 나무를 지키는 쌍어 무늬를 기독교에 수용한 이후에 그럴듯하게 끼워 맞추는 과정에서 나온 것으로 판단하는 것이죠. 그리고 이러한 제 추측을 뒷받침하는 증거 중 하나가 로마 카톨릭 교황이 머리에 쓰고 있는 물고기 모양의 미트라 관입니다. 만약 카타콤베에 그려진 두 마리 물고기가 '예수 그리스도가 하느님 아들이자 구원자'라는 첫 글자를 따서 만든 그리스어 익투스에서 나왔다면, 교황이 쓰고 있는 물고기 모양의 관 이름 역시 '익투스 관'이라고 했을 것입니다. 그런데 '미트라 관'이라는 이름이 붙었다는 것은 관의 물고기 모양을 미트라교로부터 가져왔기 때문인 것이죠.

〈그림 27-1〉 미트라 부조

〈그림 27-1〉은 1926년에 이탈리아 피아노 로마노에서 발견된 기원 후 2~3세기의 고대 로마의 양면 부조의 뒷면으로 만찬 장면이 부조되어 있습니다. 부조의 오른쪽에는 미트라의 시종인 카우테스가 왼손에 횃불을 위로 향해 들고 있고 오른손에 카듀서스를 잡고 제단의 아래 부분을 향해 내뻗고 있습니다. 부조의 왼쪽에는 카우토파테스가 왼손에 횃불을 아래로 향해 들고 있고 오른손으로 뿔잔(리톤)을 태양신 솔에게 바치고 있습니다.

필립 파커는 이처럼 카우테스가 횃불을 위로 들고 있는 것을 일출, 춘분, 또는 부활을 표현하는 것으로, 그리고 카우토파테스가 횃불을 아래로 들고 있는 것을 일몰 혹은 추분을 상징하는 것으로 해석했습니다. 카우테스와 카우토파테스는 미트라의 중요성을 강조하기 위해 미트라보다는 작은 모습으로 묘사되어 있는데, 고구려 고분 벽화에도 중앙에 앉아 있는 주인공보다 시종들은 작게 그려져 있습니다. 그리고 미트라교의 기원이 동양, 즉 페르시아라는 것을 강조하기 위해 카우테스와 카우토파테스는 페르시아 양식의 의복을 입고 있는데 특히 프리기아 모자(고깔모자)가 그러합니다.

미트라가 알 모양의 바위에서 태어나는 〈그림 7-1〉과 마찬가지로 여타 미트라의 탄생 부조에도 머리에 프리기아 모자를 쓰고 나오는데, 우리나라 고대국가 삼한 중 변한弁韓의 弁은 이 프리기아 모자 형태인 고깔모자를 의미합니다. 즉, 변한 사람들이 고깔모자를 즐겨 썼기 때문에 변한이라고 한 것이죠. 물론 고깔모자를 즐겨 쓴 변한은 앞에서 설명한 두 시기의 삼한 중 월지족이 한반도에 이주한 후의 변한을 말합니다. 또한 김병모는 고구려의 절풍이나 천마총에서 출토된 자작나무 껍질로 만들어진 삼각모도 고깔 모양이라고 주장하고 있습니다.

카우테스는 횃불을 위로 향해 들고 있는 반면 카우토파테스는 횃불을 아래로 향해 들고 있으며, 대체로 카우테스는 아이콘의 오른쪽에, 카우토파테스는 아이콘의 왼쪽에 있는 것으로 묘사되는데 항상 그런 것은 아닙니다. 횃불을 든 카우테스와 카우토파테스는 종종 빛을 상징하는 것으로 해석되는데, 카우테스는 떠오르는 태양을, 카우토파테스는 지는 태양을 나타내는 것으로 해석된다고 합니다. 또한 카우토파테스는 죽음을, 카우테스는 새로운 삶 또는 생명을 상징하는 것일 수도 있다는군요. 이러한 해석과는 달리, 데이빗 울란지는 카우테스와 카우토파테스에 대해 다음과 같은 취지로 해석하였습니다.

> "카우테스는 춘분을 카우토파테스는 추분을 나타낸다. 이 때문에 카우테스는 죽은 황소의 왼쪽에, 카우토파테스는 죽은 황소의 오른쪽에 있다. 이러한 점에서 볼 때, 카우테스와 카우토파테스는 황소자리 시대(Age of Taurus) 동안 두 분점, 즉 춘분점과 추분점 사이에 보이는 천구의 적도와 별자리들을 통괄하여 나타내는 상징물로서의 인물 그룹이다."

위에서 설명한 태양신 미트라의 탄생 신화와 예배 장소인 미트라에움에서 중요한 모티프는 '동굴'입니다. 이러한 동굴 모티프는 서왕모 신화에서도 '혈거穴居'라고 하여 나타나며, 『삼국지』〈위서동이전 고구려조〉에는 "그 나라의 동쪽에 큰 굴이 있는데 그것을 수혈隧穴이라

부른다. 10월에 온 나라에서 크게 모여 수신隧神을 맞이하여 나라의 동쪽 [강] 위에 모시고 가 제사를 지내는데, 나무로 만든 수신을 신의 좌석에 모신다."고 기록되어 있습니다.

또한 신라의 수도인 경주에 위치한 석굴암도 인위적으로 만들어진 석굴(동굴)인데, 이것 역시 지난 강의에서 말씀드린 것처럼 미트라와 관련이 있습니다. 또한 이와 관련하여 고도 평양에는 미트라에움과 관련이 있는 것으로 추정되는 기린굴과 조천석을 중심으로 하는 동명왕 전설이 널리 알려져 있는데, 『신증동국여지승람』 평양부 고적 조에 기린굴과 조천석에 대해 다음과 같이 기록하고 있습니다.

> "기린굴 〈구제궁 안 부벽루 아래에 있다. 동명왕이 이곳에서 기린말을 길렀다고 하는데, 뒷사람이 비석을 세워 기념하였다. 세상에서 전하기를, 왕이 기린말을 타고 이 굴에 들어오니 땅속에서 조천석이 나와 하늘로 올라갔다 한다. 그 말발굽 자국이 지금까지 돌 위에 있다.〉
>
> 조천석 〈기린굴의 남쪽에 있다. 위에도 보인다.〉"

또한 기린굴과 관련하여 고려 시대 문인 김극기의 다음과 같은 시가 전해지고 있습니다.

> "朱蒙駕馭欲朝進 주몽이 말을 이끌어 천상으로 오르려고
> 嶺半金塘養玉麟 고개 중턱 황금 연못에서 옥기린을 키우네.
> 忽墮寶鞭終不返 언뜻 보석 채찍을 떨어트리고 영영 돌아오지 않는구나.
> 梯宮誰復上秋旻 구제궁에서 어느 누가 다시 가을 하늘로 오르랴."

『신증동국여지승람』에서는 "기린굴에서 기린말을 길렀다"고 기록되어 있는데, 김극기의 시에는 '황금 연못'에서 기린을 키운다고 하여 결국 기린굴 내에 연못이 있음을 알 수 있습니다. 강경구는 기린굴 신화가 태양신으로서의 주몽을 나타내는 것으로 주몽이 기린마를 타고 지하세계로 내려갔다가, 아침에 조천석을 통하여 하늘로 올라가는 것이 일몰과 일출을 나타내는 것이라고 분석했습니다. 그리고 태양신 주몽이 기린굴 안으로 이동하는 것은 일본의 천조대신이 천암호 동굴로 들어간 것과 같은 의미를 가지는 것으로 파악했습니다. 다만 일본 천암호 신화에서는 천조대신이 굴속에 갇혔다가 다시 얼굴을 드러내는 것으로 짜여져 있어서, 지하세계에서의 긴 여행이 생략, 축약되어 있다는 점만이 주몽 신화와 다르다고 주장했습니다.

또한 전관수는 기린굴 신화는 죽은 주몽이 해의 신으로 숭배되면서(여타의 주몽 신화와는 구별되면서) 새롭게 만들어진 신화인 것으로 파악하면서, 그 시점을 기린굴의 소재가 평양성에 있기 때문에 장수왕이 평양으로 천도한 뒤에 생겼을 것으로 추정하고 있습니다. 그렇지만 천제를 지낸 수혈이 있는 것으로 보아 평양성 이전의 수도인 국내성에도 기린굴과 같은 구조물이 존재했을 가능성을 열어 두었는데, 『평양속지』〈고적조〉에는 기린굴의 흔적에 대하여 다음과 같이 기록되어 있습니다.

"갑오년(1594, 선조 27) 북성 공사를 할 때 옛날부터 기린굴이라고 부르는 곳의 동쪽에서 흙을 실어왔다. 이때 석축이 발견되었는데, 양쪽이 서로 마주보고 있어 마치 물을 흐르게 하는 돌물길(水口城) 같았다. 그 폭은 한 길을 채 넘지 않았다. … 동굴 속으로 들어가면 층계가 있기도 하고 판판한 기단이 있기도 하고 연못 형태를 한 곳도 있으면서 구불구불하게 이어졌다. 참으로 기이했다. 쌓은 돌은 크기가 대충 한 뼘 정도 되었는데 돌은 서로 단단하게 끼워져 있어 마치 옛날 사람들이 말하는 귀문성龜文城같았다. 지금까지도 들어가거나 삐져나온 것도 없고 움직이거나 흔들리는 곳도 없었다. 이렇게 튼튼하게 지은 공법은 성채를 쌓는 사람들이 반드시 본받아야 할 것이다. 석축은 왜 만들어졌는지는 모르겠다. 대개 동명왕의 구제궁 터가 지금 영명사가 되었으니, 아마도 옛날 궁전에 있던 은밀한 건축물(隱構)이었을 것 같다."

위에서 기록된 평양에 남아 있던 기린굴의 유적지에는 모든 미트라에움에서 갖추고 있다는 연못이 역시 등장하며, 구조물이 아주 튼튼한 공법으로 지어졌다고 찬탄하고 있는데, 고구려 무덤의 윗부분을 장식하는 말각조정식 천장의 예에서 알 수 있듯이 당시 페르시아 계통인 월지족들의 건축 기술이 아주 뛰어났음을 알 수 있습니다. 또한 전관수는 동명왕이 동굴 속으로 다녀야 했던 것에 대해서, 강경구와 마찬가지로 일본 신화에서 "해의 신인 아마테라스 오호미카미(天照大御神) 역시 아메노이하야(天岩屋)라고 부르는 동굴로 들어간다."는 사실을 주목할 필요가 있다고 지적하고 있습니다. 그리고 이에 대한 일본 학자들의 다음과 같은 주장을 소개하고 있습니다.

"예전부터 天岩屋(아메노이하야) 이야기를 둘러싸고 어떤 神話인가라는 논의가 적지 않았다. 그중에서 유명했던 것은 동지 의례의 반영설(松村武

雄, 『일본 神話의 연구』, 培風館, 1954~1958 등)과 일식(日蝕) 신화설(大林太郎,
『일본 신화의 기원』, 角川選書, 1973, 초판 1961년 등)이었다. 전자는 아마테라스
오호미카미(天照大御神)를 끌어내기 위하여 신들이 행한 것의 의례적 요소
에 착목하고, 후자는 이야기의 구성요소와 구성을 비교 고찰한다. 어디를
보는가가 다르기 때문에 어느 쪽이 옳은가 하는 형태로, 같은 무대에서 검
토할 수 있는 일이 아니다. 다만 모두 신화적으로 태양신으로서의 아마테
라스 오호미카미라고 하는 점을 부동의 전제로 해서 보고 있다. ……동굴
로 은거하는 이야기를 동지와 결부하는 동지 의례설이라 해도 일식과 결부
시키는 일식 신화설이라고 해도 논의하는 것 그 자체에 무리가 있다.”

위의 언급처럼 일본 학자들은 해의 신인 아마테라스 오호미카미가
동굴로 들어가는 것을 동지 의례나 일식 신화로 풀고 있는데, 오호미
카미의 신화를 이처럼 동지 의례와 결부시키는 일부 일본 학자들의
의견은 미트라에움의 주인공인 미트라의 탄생일이 동지라는 사실과
맞물려 탁견이라고 할 수 있습니다.

한편 2015년 3월 18일에 문화재청은 사적 제16호인 경주 월성의 중
앙 지역 시굴조사 성과를 공개했는데, 월성은 『삼국사기』 기록에 의하
면, “파사왕 22년(101년)에 금성 동남쪽에 성을 쌓아 월성 혹은 재성
이라고 불렀는데 둘레가 1,023보였다.”고 기록되어 있습니다. 그런데
이 시굴조사에서 지면에서 불과 52㎝ 깊이의 표토층만 발굴했는데,
건물지와 담장의 흔적은 물론 삼국 시대부터 통일신라 시대 전반에
걸친 토기와 기와 등 다량의 생활도구가 발견됐습니다.

우선 기단, 초석, 적심 등 건물지 6동과 담장 12기 등이 확인됐는

데, 이 중 정면 12칸, 측면 2칸의 3호 건물지(28m×7.1m)는 적심 위에 초석을 올렸고 담장과 배수로가 딸려 있었습니다. 유물은 고배, 병, 등잔, 벼루, 막새기와, 귀면기와, 치미 등 통일신라 시대의 것들이 대부분이며, 특히 토기에는 '정井', '구口'자 형태의 음각기호가 새겨진 것도 있었습니다. 토기류와 기와류의 경우 월성 해자, 동궁 및 월지와 유물 출토 양상이 비슷한 것도 특징이라는군요.

이처럼 토기에 우물 井자가 새겨진 것은 풍납토성의 발굴 조사에서도 발견되었는데요. 즉, 1999년 서울 송파구 풍납토성 경당지구 1차 발굴 조사에서 '대부大夫'가 새겨진 토기와 '井'자가 새겨진 토기가 발견됐습니다. 두 개의 토기는 같은 모양, 같은 크기였으며, 이 토기들이 발견된 유구는 10마리의 말 뼈와 더불어 약 1,200점에 달하는 제기용 토기가 깨진 채 쌓여 있는 제사용 폐기장으로 밝혀졌습니다. '大夫'에 대해서는 백제의 중앙관직명이라는 추측이 제기됐는데, 이와 관련해 1999년 시루봉 고구려 보루에서도 '大夫井'이 새겨진 명문 토기가 발견됐다고 합니다. 권오영은 "고구려와 백제의 문화적 친연성을 고려할 때 '大夫'와 '井'이 종교 의례와 관련된 개념이었을 가능성이 있다"고 분석했습니다.

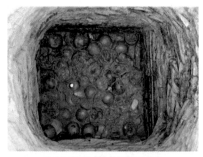

〈그림 27-2〉 풍납토성 우물터

또한 1999년 1차 발굴에 이은 2008년의 재발굴 조사를 통하여 풍납토성 안에서 〈그림 27-2〉와 같은 우물터를 발견했습니다. 그 밖에도 경주에는 박혁거세의 탄생과 관련된 '나정'

과 알영의 탄생과 관련된 '알영정'이 있으며, 첨성대의 상부 입구는 우물 #자의 형태로 이루어져 있습니다. 이처럼 신라·고구려·백제 지역의 주요 유적·유물에서 공통적으로 발견되는 우물과 우물 #자의 의미는 과연 무엇이며, 왜 삼국의 유적지에서 공통적으로 발견되는 것일까요?

풍납토성의 탄소연대측정 결과는 그 중심 연대가 기원전 199±50년이며, 토성 밑바닥에서 나온 자료는 기원전 109년±50년으로 나왔습니다. 역사학자 이종욱은 이러한 결과를 백제 역사와 결부시키면서 백제의 역사가 기록보다 훨씬 앞으로 당겨질 수 있다고 해석한 반면, 저는 전작에서 풍납토성의 중심연대가 백제 건국 시기보다 빠른 것은 이곳이 백제의 유적지가 아니라 선도성모 집단이 대동강에서 한강 유역으로 이동한 시점의 흔적이기 때문으로 파악한 바 있습니다.

앞에서 살펴본 바와 같이 미트라교의 의식 장소인 미트라에움에는 우물이 있었으며, 평양성의 기린굴 유적지에도 연못의 형태를 발견할 수 있었습니다. 그리고 고구려 주몽 신화의 기린굴에 대한 고려 시대 문인 김극기의 시에도 황금 연못이 등장하는데, 이 황금 연못도 일종의 동굴 내에 있는 우물의 개념으로 파악해도 큰 무리는 없을 듯합니다. 그렇다면 미트라 신화와 관련하여 한반도 여러 곳에서 등장하는 우물의 의미는 무엇일까요?

김명숙은 첨성대 입구의 정자석#字石에서 표현된 우물을 신라 건국의 두 주역인 혁거세와 알영 탄생 설화에서 우물이 등장하는 것과 연관시켜 우물을 탄생의 장소로 파악하였습니다. 또한 우물을 왕권의 상징으로 파악했으며, 첨성대 입구의 #자 모양을 여성의 성기로,

그리고 첨성대 내부의 잘 다듬어지지 않고 돌출된 형태를 자연 상태의 동굴을 형상화하고자 한 것으로 파악했습니다.

그리고 이 동굴을 서술성모의 거주처 혹은 여신의 성소이자 여신의 자궁으로 파악하였는데, 신화학자 김화경 역시 우물이나 샘, 굴과 같은 것들은 여성의 자궁과 밀접한 관련을 가진다고 보았습니다. 이와 관련하여 삼국 시대 고대 우물의 구조 및 성격에 대한 연구도 다수 진행되고 있는데, 이들 연구는 대부분 백제와 신라 우물에서 출토된 유물을 바탕으로 제의와의 관련성이 연구되고 있습니다.

이처럼 우물을 여성의 신체 혹은 제의와 관련시키는 주장과는 달리 다른 세계로 들어가는 입구의 상징으로 파악하는 경우도 있습니다. 즉, 신라인들에게 우물은 용궁으로 통하는 출입구로 여겨졌는데, 『삼국유사』에서는 선덕여왕대 고승인 명랑법사가 당나라에서 돌아오는 길에 바다용의 청에 따라 용궁에 들어가 비법을 전한 후 자기 집 우물에서 솟아나왔다는 기록이 있습니다. 이처럼 우물이 용궁으로 통하는 출입구로 여겨진 것은 고려 때도 마찬가지여서 왕건의 조부 작제건은 서해 용왕의 딸과 결혼하여 송악산 남쪽 기슭에서 집을 짓고 살았는데, 용녀는 우물을 통하여 서해 용궁 출입을 했다고 『고려사』「고려세계」에는 김관의가 편찬한 역사서 『편년통록』을 인용하여 왕건의 선대에 있었던 일에 대해 설명하고 있습니다.

이와 관련하여 고대 페르시아의 신화에서 미트라의 현신인 Khorshid 왕자는 달의 상징인 약혼녀를 구하기 위하여 우물을 통해서 내려가는 장면이 나오는데, 여기서도 우물은 지하세계의 출입구를 상징하는 것이었습니다. 여기서 'Khorshid'는 '태양' 또는 '찬란한 태양'

을 의미하며, 그 어원은 『아베스타』에 등장하는 신 Hvare-khshaeta(찬란한 태양)와 관련이 있다고 합니다. 그리고 저는 전작에서 주몽 설화에 등장하는 동부여의 시조 해부루는 태양을 의미하는 아베스타어 'Hvar(발음; 흐바르)'에서 파생되었을 것으로 추정한 바 있습니다.

아무튼 Khorshid 왕자는 지하세계에서 탈출하여 자신의 왕국으로 돌아가기 위해 시무르그를 타고 가며, 시무르그는 그에게 비행하는 동안의 양식으로 삼기 위하여 일곱 마리의 소를 잡아서 7개의 주머니에 담고, 마찬가지로 다른 일곱 개의 주머니에는 물을 담도록 시킵니다. 로마와 이란의 미트라의 큰 차이가 소 살해 의식이 이란의 미트라에게는 발견되지 않는다는 점이었는데, 비록 우화이기는 하지만 미트라와 관련된 소 살해 장면이 여기서 등장하며, 또한 신화적인 새 시무르그가 미트라와 관련하여 등장하는 것이 특징적인 우화입니다.

그리고 Khorshid 왕자는 시무르그를 타고 비행하는 도중 소가 하나 부족해서 자신의 팔을 대신해서 먹이는데, 이러한 고대 페르시아 신화와 비슷한 모티프가 한국의 전래 신화인 〈조왕신 여산부인과 문왕신 녹두생이〉에 나옵니다. 즉, 여산부인의 막내아들인 녹두생이는 물에 빠져 죽은 어머니를 환생시키기 위해 서천 꽃밭으로 학을 타고 떠나는데, 학의 먹이로 잉어를 준비합니다. 나중에는 잉어가 떨어지고 없자 자신의 팔목을 학의 입에다 집어넣고 무사히 서천 꽃밭에 도착했다는 것인데, 이처럼 고대 페르시아와 한반도 전래 신화에 등장하는 모티프의 유사성이 결코 우연일 리는 없겠죠.

또한 미트라의 현신인 Khorshid 왕자 이야기는 일종의 〈야래자 설화〉의 변형이라고 할 수도 있습니다. 야래자 설화란 남자로 변한 괴물이 밤에 처녀를 찾아와 관계를 하고, 이를 통해 낳은 아이가 뛰어난 인물이 된다는 내용의 설화인데요. 우리나라에서는 『삼국유사』에 나오는 견훤의 탄생담이 그 예이며, 일본의 경우 『고사기』 숭신천황 조의 〈삼륜산 전설〉에 이와 동일한 내용이 실려 있다고 합니다.

이러한 야래자 설화는 비교적 이른 시기부터 한반도에 존재한 것으로 여겨지는데, 장덕순은 일본의 북규슈 지역에서 초기 농경문화를 바탕으로 한 야요이 문화가 시작된 때를 같이 하여 이 설화가 일본에 들어간 것으로 추정하고 있더군요. 아울러 그는 일본의 〈삼륜산 전설〉과 거의 일치하는 자료로 충청남도 연기군 '수리'산에 얽힌 구전 설화를 거론하였고, 김화경도 이 설화가 5세기 무렵 백제계의 유이민 집단에 의해 횡혈식 석실 고분 문화와 함께 일본으로 건너갔을 것이라 추정하였습니다.

그런데 페르시아의 Khorshid 왕자 이야기도 야래자 설화의 모티프로 시작됩니다. 즉, 세 명의 왕자 중 막내인 Khorshid 왕자가 살고 있던 왕궁 정원의 석류나무에는 석류 세 개가 달려 있었는데, 이 석류는 미인으로 변해서 세 명의 왕자와 결혼을 할 예정이었습니다. 그래서 부왕이 세 명의 왕자에게 매일 밤 이 석류나무를 지키게 하였는데, 첫째 왕자와 둘째 왕자는 밤중에 잠이 들어서 두 개의 열매를 도난당하게 됩니다. 셋째 날 Khorshid 왕자는 잠이 들지 않도록 일부러 손가락을 자르면서 지키고 있다가 구름 속에서 나타난 손이 마지막 열매를 따는 것을 칼로 벤 뒤에 그 핏자국을 따라가서 지하세계의

상징인 우물에 도달하게 되는 것입니다. 따라서 고대 한반도나 일본
의 야래자 설화의 기원도 그들의 뿌리 월지족의 연원인 페르시아의
설화에서 비롯된 것으로 추정할 수 있겠습니다.

동북공정론과 성문을 활짝 연 주류 역사학자들

　오늘은 마지막 강의로 요즘 코로나19로 전 세계적으로 민폐를 끼치고 있는 중국인들이 근래에 주장하고 있는 동북공정론의 허실과 그에 대한 우리나라 주류 역사학자들의 어이없는 대응에 대해서 살펴보고자 합니다.

　동북공정론이란 고구려와 관련된 내용만 간단하게 말씀드리자면 중국의 다음과 같은 주장입니다.

　1. 고구려는 중국 땅에 세워졌고, 독립국가가 아닌 중국의 지방정
　　권이다.
　2. 고구려는 중국 고대 동북 지방 소수 민족 중 하나이고, 고구려
　　유민은 상당수 중국에 흡수되었다.

　이러한 동북공정론이 나오게 된 배경에 대해서 고려대학교 최광식 교수는 다음과 같이 설명하고 있습니다.

"중국은 1980년대 개혁·개방정책을 추진하면서 '통일적 다민족국가론'을 내세워 소수 민족정책에 대해 각별한 관심을 갖기 시작하였다. 특히 소수 민족들이 사는 신장 위구르 자치주와 운남성 등 국경 지방에 대해 많은 관심을 갖게 되었다. 이에 중국은 1983년 사회과학원 직속에 국경 지방의 역사와 지리에 대한 연구를 수행하는 '중국변강사지연구중심中國邊疆史地研究中心'이라는 연구센터를 세웠다.

이후 중국은 1989년 동구권이 변화하고, 1991년 소련이 해체되면서 국경 지방의 소수 민족의 민족문제에 대해 더욱 관심을 갖게 되었으며, 1992년 한국과 중국이 수교한 이후 동북 지방에 더 많은 관심을 갖기 시작하였다. 특히 한국인들이 이 지역에 와서 고구려와 발해의 유적을 답사하면서 한국 역사와 관련된 발언을 할 때 매우 긴장하였으며, 한국인들의 출입을 감시하고 통제하기도 하였다.

한편 중국당국은 조선족들이 코리안 드림을 꿈꾸며 한국으로 몰려가는 것을 보며 조선족들의 정체성에 대해 불안감을 드러내기도 하였다. 더구나 1990년대 중반 이후 탈북자들이 대거 중국으로 넘어오면서 동북 지방의 정체성에 대해 매우 심각하게 고민을 하고 이에 대한 대책을 세우게 된 것이다. 따라서 이때부터 동북 지방의 연구기관들을 통하여 동북 지방의 역사와 지리 및 민족문제와 관련된 연구 프로젝트를 진행하기 시작하였다."

최광식 교수의 설명을 요약하자면 1980년대 중국의 개방정책, 그리고 1990년대 초반 소련의 해체 및 한·중 수교 이후 동북 지방에 대한 관심을 집중적으로 가지기 시작하면서 동북공정론이 시작되었다는 것입니다. 이것은 또한 중국의 소수 민족 대응정책과도 관련이 있는데요. 뉴스에서 심심찮게 등장하는 신장 위구르와 티베트의 독립운동과 관련하여 중국 당국이 강력하게 대응하는 이유는 그 지역의 광활한 영토와 자원 때문이라고 할 수 있습니다.

그런데 이러한 중국의 동북공정론에 대하여 소위 우리나라 주류 역사학자들이 대응하는 양상을 보면 참으로 기가 막히지 않을 수 없습니다. 제가 왜 이런 말씀을 드리느냐 하면 중국의 동북공정론을 반박하기 위하여 주류 역사학자들이 주축인 동북아역사재단이 행하고 있는 모든 작업을 비유적으로 표현하자면 중국의 동북공정론 침공에 맞서 성문을 걸어 잠그고 싸웠으면 쉽게 이겼을 싸움을, 성문을 활짝 열어서 적이 성안으로 들어오게 허용한 상태에서 힘겹게 싸우는 형국이기 때문입니다.

즉, 주류 역사학자들은 신라와 고구려의 뿌리가 다르다고 주장합니다. 그런데 이처럼 주류 역사학자들이 신라와 고구려의 뿌리가 다르다고 주장한 순간, 중국과의 역사전쟁에서 성문은 이미 활짝 열렸던 것이죠. 쳐들어오는 적군을 두 손 들어 환영하면서. 왜냐하면 중국은 동북공정론을 내세우면서 요동 지방에 나라를 세운 고구려는 중국의 소수 민족이고 지방정권이라고 주장하면서도 한반도 남부 지역에 나라를 세운 신라·백제·가야가 중국의 소수 민족이거나 지방정권이라는 주장은 하지 않습니다.

따라서 고구려와 신라·백제·가야가 같은 민족이라는 것이 증명되기만 하면 동북공정론은 사상누각이 되고 마는 것이죠. 그런데 한국의 주류 역사학자들은 고구려와 신라가 서로 다른 종족 출신이라고 주장합니다. 중국과의 역사전쟁에서 성문을 활짝 연 것이죠. 결국 주류 역사학자들은 중국과의 역사전쟁에서 스파이 역할을 한 것입니다.

예전 강의에서 한 번 언급한 적이 있는데, 한때 같은 학교에서 근무했던 서울대 출신의 신라사 전공 교수에게 신라와 고구려가 다른 민족이라고 주장하는 근거가 무엇인지를 물었더니, 역사 기록이 그러하고 신라와 고구려 지역에서 출토되는 유물이 서로 다르다는 것을 그 근거로 제시하더군요. 그러나 그러한 주장은 전혀 말도 안 되는 것으로, 유물 하나만 보더라도 지금까지의 강의에서 설명했듯이 신라와 고구려에서 발견되는 것 중 같은 것이 너무나 많습니다.

그뿐만 아니라 제가 지금까지의 강의에서 밝혔듯이 신라 시조 박혁거세, 고구려 시조 주몽, 그리고 가야 시조 수로왕의 난생 신화는 이들이 당시 믿었던 조로아스터교 태양신 미트라의 난생 신화에서 차용한 것이며, 이들 세 사람 각각의 이름이 나타내는바 역시 태양을 의미하는 것이었습니다. 부여와 백제도 마찬가지인데, 부여 시조 해부루는 태양을 나타내는 아베스타어 'hvar흐바르'의 음차였으며, 백제에서 왕의 호칭인 '어하라' 혹은 '어라하'는 조로아스터교 주신인 '아후라' 마즈다의 음차였기 때문입니다.

즉, 부여·신라·고구려·백제·가야는 월지족이라는 하나의 뿌리에서 나왔던 국가였던 것입니다. 그리고 이와 관련하여 단재 신채호 선생은 지금으로부터 100년도 이전에 이미 『독사신론』에서 다음과 같이 부여·신라·고구려·백제·가야가 한 뿌리임을 다양한 증거를 제시하면서 주장한 바 있습니다.

"아, 단군이 각 부락을 정복한 이후 2천 년이 넘는 오랜 세월을 지나도록 우리 부여족의 광명이 한쪽 구석에 오래도록 감춰져 있었던 이유가 무엇인지, 지금에 와서는 그 원인을 알아낼 길이 없다.

그러나 삼국이 처음 일어나던 시대의 전후 1백여 년간에 부여족의 성세 (聲勢: 명성과 위세)가 갑자기 동서 1만여 리 사이에 날아올랐으니, 이는 고대 부여족이 제1차로 발달한 시대이다.

해부루도 이때에 났고, 해모수(아베스타어 'Haoma'와 관련 있을 것으로 추정되는데, 하오마는 조로아스터교에서 제사를 지낼 때 사용하는 술의 이름이자 신의 이름이기도 합니다: 필자 주)도 이때에 났으며, 고주몽, 유리왕도 이때에 났고, 대무신왕, 비류, 온조도 이때에 났으며, 박혁거세, 김알지, 석탈해, 김수로도 이때에 났고, 부분노, 부위염도 이때에 났으며, 을음도 이때에 났고, 기타 어질고 현명한 위인들이 배출되어 부여족의 성세와 광영을 드높이고, 우수리강 유역에 한 대국을 건설하였으니 곧 동부여, 북부여이고, 압록강 유역에 한 대국을 건설하였으니 곧 고구려이며, 한강 유역에 한 대국을 건설하였으니 곧 백제이며, 낙동강 유역에 양 대국을 세웠으니 곧 가락, 신라이다.

혹자가 말하기를, "이상에 열거한 여러 어질고 현명한 위인들이 모두 부여족이란 것은 사적에서도 찾아볼 수 있지만, 다만 신라와 가락의 시조까지 부여에서 나왔다고 하는 것은 혹시 억지 단정에 가깝지 않은가?"하였다.

그러나 그렇지 않다. 이를 의심하는 자들도 간혹 있으나, 내가 연구한 바에 의하면, 신라도 부여에서 나왔음은 의심의 여지가 없다. 이제 그 증거를 들어보면 다음과 같다.

대저 삼국 시대 이전에는 우리 동국민족은 여전히 신정 시대의 상태에 있었다. 그러므로 당시 영명한 철인들은 모두 다 신화에 의지하여 인민들을 불러 모으고 단합시켰던 것이다. 신라, 고구려, 가락 삼국에는 거의 똑같은 신화가 매우 많은데, 고주몽도 알에서 나왔다고 하고, 혁거세, 김수로도 알에서 나왔다고 하고, 석탈해도 알에서 나왔다고 하였다.

고주몽이 송양과 기이한 기술을 겨룰 때 위응(爲鷹; 무술 시합이나 싸울 때 매의 자세를 취하는 것), 위취(爲鷲; 수리의 자세를 취하는 것), 위작(爲鵲; 까치의 자세를 취하는 것)을 하였다고 했는데, 석탈해가 수로왕과 기이한 기술을 겨룰 때에도 역시 위응, 위취, 위작을 하였다고 하였다.

해모수가 천제의 자식이라 자칭하였는데, 가락국의 신정도 천신이 낳은 바라고 하였으니, 같은 땅 같은 종족에게서 난 것이 아니라면 어찌 신화가 이와 같이 똑같을 수 있겠는가. 이것이 그 하나이다.

또 신라의 지명에는 고구려의 지명과 똑같은 것이 많은데, 고구려에도 태백산이 있고 신라에도 태백산이 있으며, 고구려에도 계룡산이 있고 신라에도 계룡산이 있으며, 고구려에도 묘원산이 있고 신라에도 묘원산이 있으며, 기타 같은 이름의 소소한 산천들이 매우 많은데, 이는 한쪽이 다른 쪽에서 쓰던 것을 가지고 그대로 쓴 것이 분명한지라, 이것이 그 둘이다.

또 삼국의 관제를 살펴보면, 이쪽(고구려)에는 태대형이 있는데 저쪽(신라)에는 태대각간이 있으며, 이쪽에는 서불한이 있는데 저쪽에는 서발한이 있으며, 이쪽에는 구사자가 있는데 저쪽에는 구간이 있으며, 이쪽에는 주주, 군주가 있는데 저쪽에는 군주, 동주가 있으니, 이것이 그 셋이다.

또 이 외에도 성곽, 가옥, 음식, 풍속 등에 있는 서로 같은 것들은 일일이다 열거하기 어려울 지경이다. 이 몇 가지로 미루어 보더라도 고구려, 백제만 부여에서 나온 종족이 아니라 신라 또한 부여에서 나온 종족임이 명백하다.

(※원주: 혹자는 신라가 지나족의 일부라고 하나, 그러나 실제에 근거하여 미루어 볼 때, 신라가 가진 것 중에 지나족의 취미와 서로 같은 것이 무엇 한 가지라도 있는가? 그러므로 진한 6부가 진한秦漢의 유민이라고 하는 말은 고사에서 억측하여 단정한 말일 뿐이고, 설령 혹 몇 명의 진한 유민들이 이곳으로 물러나왔을지라도 그 전부를 지배한 것은 여전히 부여족이었음은 의심의 여지가 없다.)"

이상과 같이 단재 신채호 선생은 100년도 이전에 부족한 자료를 통해서도 이미 부여·신라·고구려·백제·가야가 하나의 뿌리에서 나왔음을 파악했던 것입니다. 그런데도 오늘날의 고대사학자들은 수많은 자료를 눈앞에 두고도 신채호 선생의 발바닥에도 못 미치니 참으로 한심하기 그지없는 일인 것이죠.

제가 고대사 연구를 하면서 느낀 점은 큰 틀에 있어서, 삼국 시대와 관련해서는 지금까지 단재 신채호 선생의 혜안을 따라갈 역사학자가 없었으며, 단군 신화와 관련해서는 육당 최남선 선생의 혜안을 따라갈 역사학자가 없었다는 것입니다. 100년도 이전에 그 정도 자료만 가지고 이 정도로 파악해낼 수 있었던 신채호 선생의 혜안이 정말 존경스럽습니다!

이와 관련하여 김삼웅은 『단재 신채호 평전』에서 다음과 같이 언급하면서 핵심을 찌르고 있습니다.

"한국 사학계가 단재의 고대사만 제대로 연구하고 고증에 충실해왔다면 감히 중국이 요즘과 같이 황당무계한 역사 왜곡의 망설을 들고 나오지는 못하였을 터이다. 이런 의미에서도 단재의 고대사에 대한 인식과 100년 앞을 내다보는 혜안은 진정한 사가의 진면목을 보인다."

또한 김상태는 『엉터리 사학자 가짜 고대사』에서 주류 역사학자에 의해 좌지우지되는 동북아역사재단의 문제점에 대해 다음과 같이 언급하고 있습니다.

"어떤 정부도 학자 집단의 도움을 필요로 한다. 그리고 그 학자 집단이 주류 고대사학계처럼 집중적이고 유일하게 응결되어 있는 한 정부는 다른 수단을 갖기 어렵다. 고대사 분야가 역사 분야 전체에서 작은 부분이라고 해도 마찬가지다.

어차피 고대사는 필요하고 누군가는 해야 하는데 그 집단이 위에서부터 아래까지 한통속이라면 다른 방법이 없다. 현대사학자들을 대신 쓸 수는 없지 않은가? 따라서 동북아역사재단 개편은 정치적으로 허락된다 해도 불가능하다. 아무도 총대를 메지 않을 테니 동북아역사재단은 간판만 남은 텅 빈 건물이 될 공산이 크다.

나는 생각한다. 왜 노무현 정부는 김정배의 고구려연구재단을 해산하고 동북아역사재단을 다시 꾸렸을까? 그럼에도 불구하고 그 동북아역사재단이 김정배와 똑같은 무리의 아성이 되어버리고 만 이유가 무엇일까?

내가 슬퍼하는 사연은 이것이다. 한국의 주류 고대사학계는 무적이다. 윤내현과 북한의 고대사학이 아무리 호랑이라 해도 이들을 말려 죽이는 것은 일도 아니다.

　　어떤 정부, 어떤 관료도 이 소리 없는 집단을 건드릴 수 없다. 오늘도 이 주류 고대사학계는 안으로 중국 학자들을 따라 21세기의 새 식민사학을 무럭무럭 양성하는 중이며 그러나 바깥으로는 민족과 역사를 지키는 투사인 양 행세한다. 그러면서 수백억 국민세금으로 자신의 배를 불리고 자신의 드높은 회전의자를 지키는 데 여념이 없다.

　　누가 뭐래도 대한민국은 식민사학의 나라다."

　　1900년대 초반 일제 통치의 이론적 배경이었던 일제 식민사학에서 21세기 현재 동북공정론의 이론적 배경이 되는 중국 식민사학으로 그 내용은 바뀌었지만, 그것을 자행하는 주체는 동일하며, 서울대 국사학과 출신을 주축으로 하는 주류 고대사학계가 그 중심에 있다는 것이 김상태가 언급한 내용의 요점입니다.

　　그리고 이것이 바로 고대사라는 분야가 비록 재미없는 주제이고 알아주는 사람도 별로 없지만 제가 손을 놓지 못하는 이유입니다. 물론 진실을 밝혀야 한다는 학자적 사명감도 있지만요. 참으로 험난한 싸움이 될 듯합니다.

　　춘추오패 중 한 명인 진목공의 신하 중에 명마를 잘 알아보는 것으로 유명한 손양이라는 사람이 있었는데, 사람들은 그를 본명 대신에 백락伯樂이라는 별명으로 불렀습니다. 원래 백락은 전설에 나오는 천마를 관리하는 신선인데, 손양이 말에 대한 지식이 워낙 탁월하여 그렇게 불린 것이었죠. 그런데 『전국책』「초책」에는 한명이라는 유세객이 전국사군戰國四君 중 한 명인 춘신군에게 백락과 관련하여 다음과 같은 비유를 들려주고 있습니다.

"귀군께서도 준마에 대한 이야기를 들어 알고 계실 것입니다. 그것이 소
금 수레를 끌고 태항산太行山을 오르는데 발굽은 자라고, 무릎은 굽고, 꼬
리는 처지고, 발은 짜부라지고, 흐르는 땀은 땅에 떨어지고, 하얀 거품까지
뿜고 언덕 중도에서 비틀거리며 뒷걸음질을 치고, 멍에를 진 채 오를 수 없
게 되었습니다. 백락이 지나다가 이를 보고 수레에서 내려 매달려 통곡하
고 모시옷을 벗어서 덮어주었습니다. 그러자 준마가 엎드려서는 콧소리를
내고, 우러러서는 울부짖어 소리가 하늘에 달하고, 마치 금석에서 나는 소
리와 같은 것은 무슨 까닭이겠습니까? 백락이 자기를 이해해주었다는 것
을 알았기 때문입니다. 지금 나는 어리석기 때문에 세상의 한쪽 구석에서
괴로워하고, 뒷골목의 좁은 더러운 거리에서 외롭게 살면서 비속鄙俗 사이
에 빠져 흐르길 오래입니다. 귀군께서는 나의 재난을 막고, 양나라에서 괴
로워하고 있던 이 비분을 귀군을 위해 높이 울부짖게 해 주시려고는 생각
지 않으십니까?"

위에서 설명한 천리마가 그 가치를 알아주지 못하는 주인 때문에
소금 수레를 끌고 험한 태항산을 넘어가다가 마침내 자신의 가치를
알아주는 백락을 만나 하늘을 우러러 울부짖었다는 이러한 고사를
'기복염거驥服鹽車'라고 합니다. 최근 몇 년간 편의점에서 아르바이트
를 하면서 간신히 생활을 꾸려 나가는 저로서는 소금 수레를 끄는 천
리마가 남의 일 같지가 않군요. 당나라의 문장가 한유는 「마설馬說」이
라는 글에서 "世有伯樂然後有千里馬(세유백락연후유천리마; 세상에 백락

이 있고 난 다음에 천리마가 있다)"고 하였지만, 저를 알아주는 백락은 어디에서 찾아야 할 것이며, 이 세상에 있기는 있을 것인지 의문입니다.

그나마 이 책을 자비 출판할 수 있고 12일간의 답사 여행이 가능하게 경제적 도움을 준 몇몇 지인들이 제게는 백락입니다. 그들의 도움이 없었다면 이 책은 나올 수 없었을 테니까요. 그들의 도움에 감사하며 강의를 마칩니다.

융합형 인재 육성의 필요성

2019년 초반 원고를 마무리할 무렵에 서울대에서 인문·이공계의 경계를 허물고 모든 학생이 AI(인공지능)를 매개로 교류·연구하는 융합형 인재를 육성하겠다는 기사가 나왔습니다. 또한 2022학년도 수능 시험부터는 문·이과 통합과정을 실시한다는 뉴스가 2018년도에 나왔을 때, 이에 대해 과학계에서는 교육부 시안이 문·이과 통합이 아니라 문과로의 통합 구조라고 반발한다는 기사도 있었습니다.

원고 작성 도중 고등학교 단체대화방에 작성한 원고 내용을 소개할 때, 한 친구는 제가 사학과 출신이었다면 큰 족적을 남길 수 있었을 텐데 안타깝다는 반응을 보였습니다. 이에 대해 만약 제가 사학과 출신이었다면 우리나라의 풍토에서는 지도교수의 이론을 벗어나지 못할 것이므로 아무런 실적도 올리지 못했을 것이며, 오히려 대학에서는 독문학, 대학원에서는 사회과학인 경영정보학과 경영학을 전공했기 때문에 이런 결과물을 도출할 수 있었다고 대답했습니다. 또한 경영학자가 된 후에도 사회과학 분야에만 몰두한 것이 아니라 평소에 다양한 분야에 관심을 가지고 꾸준히 시간을 투자했기 때문일 것입니다. 그런 흔적들이 제 블로그에 고스란히 남아 있습니다.

한국에 '통섭'이라는 단어를 처음 소개했던 생물학자 최재천 교수가 "우물을 깊게 파려면, 처음 시작 단계에는 넓게 파야 한다"는 내용의 글을 쓴 것을 본 적이 있습니다. 결국 오늘날에는 예전처럼 한 우물만 파면 성공한다는 법칙이 모든 분야에서 공통적으로 적용될 수가 없고, 분야에 따라서는 여러 우물을 파서 그 우물들을 연결해야 성공할 수 있는 그런 시절이 된 것이죠.

제가 전작에서 "오늘날의 전문가들은 그 시야가 너무나 좁다. 그리하여 현실세계를 쪼개고 또 쪼개서 퍼즐 몇 조각으로 전체 그림을 파악하려고 하니 당연히 그 결과가 맞을 리가 없는 것이다. 전체 그림을 파악하기 위해서는 쪼개고 또 쪼개는 환원주의적인 접근방법이 아니라, 전체 그림을 통합적으로 파악하는 전일주의적인 접근방법인 융합만이 그 해답이다. 진정한 지식인은 포괄적인 지식의 소유자이다."라고 말한 것도 이런 맥락에서였습니다.

고고학편에서 소위 구석기 시대 동굴에서 발견된 열대성 동물들이 결코 자연적으로는 한반도에서 발견될 수 없는 이유를 밝혔지만, 만약 고고학자들이 좀 더 자연과학 분야에 대한 소양을 가지고 있었다면 이런 일은 결코 일어나지 않았을 일이었습니다.

제가 관련 내용을 연구하면서 깨달은 사실은 고고학 분야는 인문계 출신이 다룰 것이 아니라 자연계 분야에서 다뤄야 한다는 것이며, 더 좋은 방법은 고등학교부터 진정한 문·이과 통합과정을 실시하여 문과와 이과의 소양을 겸비한 인재가 고고학을 전공하는 것이 맞을 것입니다. 그리고 이것은 고고학 분야뿐이 아니라 모든 학문 분야에서도 마찬가지일 것으로 생각됩니다.

이를 위해 교육부가 시도하는 것처럼 문·이과 통합과정이 제대로 이루어진다면 좋겠지만, 과학계의 반발처럼 문·이과 통합이 아니라 문과로의 통합 구조로 진행된다면 원래 의도한 목적을 제대로 달성하지 못할 것은 불을 보듯 뻔한 일입니다.

함민복 시인이 "모든 경계에는 꽃이 핀다"고 절묘한 시 구절을 읊었듯이, 저는 '창의성'이란 두 분야 혹은 여러 분야의 경계선에서 피어난다고 생각합니다. 쉬운 예를 들자면, 바다에서 물고기가 많이 잡히는 수역은 난류와 한류가 만나는 경계 수역입니다. 이런 현상이 나타나는 것은 두 해류가 부딪치면서 바다 밑에 있는 플랑크톤을 바다 위로 떠오르게 하고 연쇄반응으로 플랑크톤을 먹이로 하는 물고기들이 몰리기 때문이죠.

마찬가지로 학문에서의 창의성도 서로 다른 영역을 아는 사람이 그 영역들을 연결할 때 창의성이 발현되는 것입니다. 세부적인 학문 영역을 떠나 좀 더 거시적인 세계사적으로 볼 때도 동·서양의 문물이 만났던 터키나 이탈리아에서 창의적인 문명의 꽃을 피운 것이 좋은 예가 될 것입니다.

이 논리를 적용하여 오늘날 창의적인 인재를 육성하기 위한 방법으로 제가 생각하는 것은 대학에서 복수 전공자를 많이 양성하고, 기업에서는 복수 전공자를 우대하는 것입니다. 물론 복수 전공자라고 해서 단순히 특정 어문학을 전공한 사람이 다른 어문학을 복수 전공으로 하는 그런 식이 아니라, 완전히 계열을 달리하여 복수 전공을 하는 것이죠. 예를 들면, 크게 봐서 인문 계열의 학생이 사회과학, 자연과학, 공학 혹은 예술 계열의 전공을 복수 전공하는 것처럼 완전히 계열을 달리해서 복수 전공을 하는 것입니다.

이처럼 하나의 고정된 시각으로 바라보지 않고 다양한 시각으로 바라볼 때 창의적인 아이디어가 떠오른다고 필자는 생각합니다. 고등학교 시절에 본 어느 독일 만화가의 작품 중에서 하늘에서 내려다 본 소를 그린 장면이 아직도 기억납니다. 이처럼 고정된 시각이 아니라 완전히 다른 시각에서 바라볼 때 창의성이 발현되는 것입니다. 물론 공부하는 학생 입장에서는 쉽지 않을 것이며, 그렇기 때문에 그런 복수 전공자들에게 마땅히 그 수고에 걸맞은 인센티브를 부여해야 할 것입니다.

예를 들어 서로 다른 계열의 복수 전공 과정을 마치기 위해서 1년의 시간이 더 걸린다면, 그런 학생들의 수업료를 대기업이 장학금으로 지원함으로써 경제적 부담을 없애주고, 신입사원 채용 때도 가산점을 부여하는 것이죠. 이런 학생들이 사회에 많이 진출할 때 창의적인 제품과 창의적인 새로운 산업을 만들어 낼 수 있을 것이라고 생각합니다.

그리고 복수 전공을 하는 경우 졸업이 다소 늦어지는 문제가 생기는 것과 관련하여 기업에서 입사 연령 상한을 제한하는 것 역시 없애야 한다고 봅니다. 소위 기업에서 요구하는 스펙에서 다양한 경험을 한 것을 우대한다고 해놓고는 실제로 해외에서 몇 년간 봉사 경험을 쌓고 온 신입사원 지망생의 경우 연령 상한에 걸려서 입사를 못 한다면, 결국 기업에서 요구하는 다양한 경험이란 것은 단지 스펙에 몇 줄 올리기 위한 형식적인 것으로 흐르고 말 것이기 때문이죠.

그러니 공무원들처럼 기업도 입사 시의 연령 상한을 철폐해야 하며, 그와 함께 정년 연령도 늦추어야 한다고 봅니다. 오늘날과 같이 평균 수명이 100~120세를 바라보는 21세기에 19세기 산업사회 시대에 철혈재상 비스마르크가 규정한 65세 정년에 얽매이는 것은 그야말로 시대착오적인 발상입니다. 따라서 본 연구에 의해서 기존의 고대사 패러다임이 바뀌는 것도 중요하지만, 지금 현재 사회에서 적용되고 있는 산업사회의 패러다임도 21세기 정보화 사회에 걸맞게 그 패러다임이 바뀌어야 한다고 생각합니다.